스토리텔링
연상한자
1800

스토리텔링
연상한자 1800

초판 1쇄 인쇄 2016년 1월 20일
초판 1쇄 발행 2016년 1월 29일

지은이 백락영

펴낸곳 도서출판 이비컴
펴낸이 강기원

편   집 주기선
표   지 박상헌
마케팅 강필중, 박선왜

주   소 서울 동대문구 천호대로81길 23 수하우스 201호
대표전화 (02)2254-0658 팩 스 (02)2254-0634
전자우편 bookbee@naver.com

등록번호 제6-0596호(2002.4.9)
ISBN 978-89-6245-122-1 (13710)

ⓒ 백락영, 2016

· 책값은 표지 뒤에 있습니다.
· 이 책은 도서출판 이비컴이 저작권자와의 계약에 따라 발행한 것이므로
  저작권자 또는 본사의 서면 허락을 통해 내용을 사용하실 수 있습니다.
· 파본이나 잘못 인쇄된 책은 구입하신 서점에서 교환해드립니다.

「이 도서의 국립중앙도서관 출판예정도서목록(CIP)은 서지정보유통지원시스템 홈페이지
(http://seoji.nl.go.kr)와 국가자료공동목록시스템(http://www.nl.go.kr/kolisnet)에서
이용하실 수 있습니다.(CIP제어번호: CIP2016001591)」

스토리텔링
연상한자
1800

백락영 지음

머리글

  한자! 배우기가 참으로 힘이 들지요.
많은 글자 수에, 갖고 있는 뜻도 여러 가지라 외우기도 어렵고, 급한 마음에 한자의 기본이 되는 부수(214자)글자는 제쳐두고 무작정 익히려니 지루하고 힘들고 많은 시간을 허비하는 것이 현실입니다.

  부수의 설명은 책마다 명칭과 뜻이 조금씩 다른 부분이 있기에 혼란스러울 수도 있지만 한자의 부수는 대략적인 의미의 방향만 제시할 뿐 그 이상도 그 이하도 아닙니다. 따라서 크게 염두에 둘 바는 아니며, 영어를 배우려면 알파벳을 알아야 하듯 한자의 부수만큼은 꼭 익혀야 할 필수 조건입니다.

  쉬운 한글이나 영문자와는 달리 복잡한 한자를 익히는 방법은 많으나, 오랜 세월 많은 변화를 거치며 이미 실생활에 맞게 체계가 잡힌 한자를 분분한 학설까지 무리하게 연결해가며 배울 필요는 없습니다. 오히려 배움에 커다란 방해 요소만 될 뿐 이 부분은 한자를 연구하는 학자들의 몫

이라 보겠습니다.

 이 책은 교육부와 한국어문회 지정 1,817자(8급~3급)에 상용자 200자를 더해 총 2,000자를 자획(字劃)으로 나눠 익힐 수 있도록 구성하였습니다. 그리고 그 요소를 공통으로 갖는 글자(부수, 비 부수)들끼리 모았고, 부수를 활용한 짧은 문장으로 만들어 연상 기억하도록 하였으므로 부수와 한자를 짧은 기간 내에 쉽고도 재미있게 외우고 쓸 수 있도록 정리하였습니다.

 하나를 모르고 열을 알기는 어려워도 열을 알면 백을 알기 쉬우니 조금만 익히다 보면 한자의 매력에 푹 빠져들 것입니다. 더 나아가 이 책이 중·고생들은 물론, 각종 한자를 익혀야 할 일반 독자 여러분의 한자 학습과 한자 어휘력 향상에 유용한 보탬이 되고 길잡이가 되었으면 합니다.

백 락 영

일러두기

1) 한자의 부수(요소)와 한자를 활용하여 만든 문장의 기본 구성은 다음과 같다.

   "해(日)와 달(月)이 밝은(明) 밤에, 그릇(皿)에 냉수 떠 놓고 맹세(盟)하여 식을 올리니, 땅(土)을 세 군데나 투기하면 영 파이(兀) 우뚝할 올)라 하시는 요(堯)임금께서…"

2) 동자, 약자, 속자는 작은 글씨체로 동, 약, 속, 통 으로 표기하였다.
   【예】峯 동 峰

3) 박스에 표시된 부수와 아래 문장에 인용된 한자는 대부분 같은 부수가 아니며, 문장을 구성하기 위해 그 부수를 요소로 구성된 글자로 도입한 것이다.

   예】 2-2-3 聿 붓 율

   "붓(聿)의 꼬리가 닳도록 가로왈(曰)하며 글(書)이라고, 밤 새워 한 일(一)자만 쓰다 보니 낮(晝)이라, 다 닳은 붓(聿)으로 밭(田) 모양도 한번(一) 그림(畵)으로 그려보고…" 에서

   글 서(書)는 가로 왈(曰), 낮 주(晝)는 해 일(日), 그림 화(畵)는 밭 전(田)이 각각 해당 부수이다.

4) 검은색의 괄호 안 글자는 문장 구성상 도입된 글자로 사전(후)에 기술된(될) 글자이거나, 문체부 지정 1,800자 이외의 글자이다.

【예】'꽃을 분별(揀)하며, 우리 집 문(門) 안으로 들어오더니 나무(木) 난간(欄) 위에 핀 …'

5) 표 보는 방법

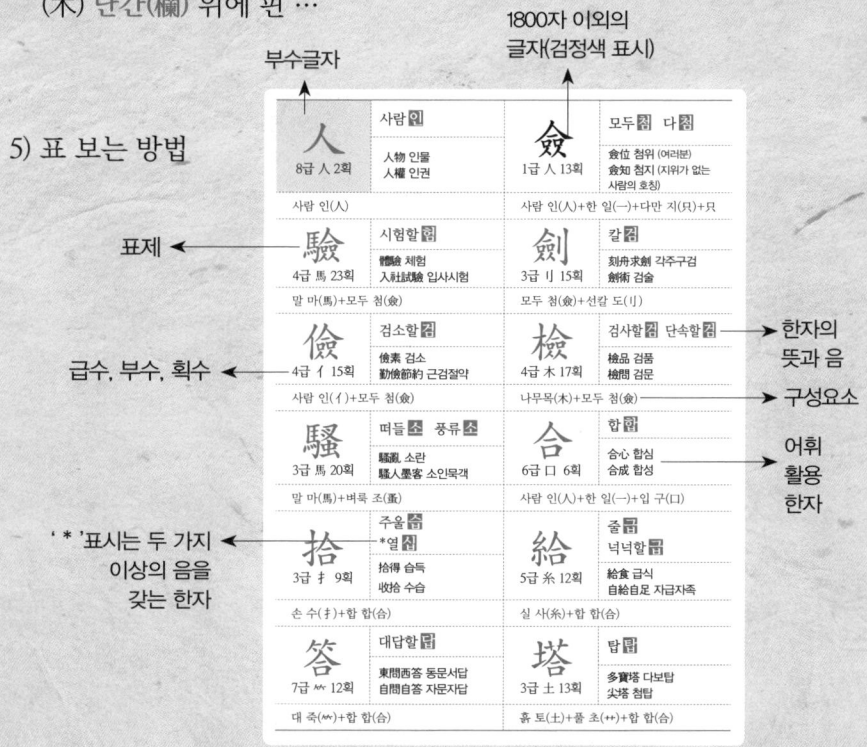

6) 본문에서 취급하지 않은 한자
기억 방법을 시도하기에 무리가 있는 28자는 책 뒤쪽에 별도 페이지로 남겨 두었으며, 그 글자들은 그냥 암기하여 주시기 바랍니다.

차 례

첫째마당
한자의 기본 익히기 · 11

- 01 | 부수(部首)의 분류 · 12
- 02 | 한자의 필순 · 13
- 03 | 부수(部首)의 명칭 · 14
- 04 | 부수 외우기 시작 · 21

둘째마당
사람 관련 한자 · 27

- 01 | 사람 관련 부수 연상한자 · 28
- 02 | 신체 관련 부수 연상한자 · 80
- 03 | 표현 관련 부수 연상한자 · 114
- 04 | 행동 관련 부수 연상한자 · 126
- 05 | 생사 관련 부수 연상한자 · 164

셋째마당
주거 관련 한자 ·173

01 | 주택 관련 부수 연상한자 · 174
02 | 도구 관련 부수 연상한자 · 194
03 | 곡식 관련 부수 연상한자 · 210
04 | 의류 관련 부수 연상한자 · 218
05 | 척도 관련 부수 연상한자 · 228
06 | 무기 관련 부수 연상한자 · 240

넷째마당
자연 관련 한자 ·265

01 | 천기 관련 부수 연상한자 · 266
02 | 동물 관련 부수 연상한자 · 320
03 | 식물 관련 부수 연상한자 · 344
04 | 색상 관련 부수 연상한자 · 348
05 | 산천 관련 부수 연상한자 · 354

다섯째마당
기타 연상한자 ·369

본문에서 다루지 않는 한자 · 376
한자 찾아보기 · 378

첫째마당

한자의 기본 익히기

01 | 부수(部首)의 분류

02 | 한자의 필순

03 | 부수(部首)의 명칭

04 | 부수 외우기 시작

01 부수(部首)의 분류

1~17획까지 214자의 부수(변형 부수)는 놓이는 위치에 따라서 변, 방, 머리, 엄, 발, 몸, 받침, 제 부수 등으로 분류한다.

1) **변** : 부수가 글자의 왼쪽에 놓인 것
　　　　記 仙 江 結 指

2) **방** : 부수가 글자의 오른쪽에 놓인 것
　　　　歌 改 相 次 和

3) **머리** : 부수가 글자의 위쪽에 놓인 것
　　　　花 草 星 安 答

4) **엄** : 부수가 글자의 위에서 왼쪽으로 덮여 있는 것
　　　　病 房 度 居 庭

5) **발** : 부수가 글자의 밑에 놓여 있는 것
　　　　念 兄 共 忠 盛

6) **몸** : 부수가 글자를 에워싸고 있는 것
　　　　國 困 區 門 街

7) **받침** : 부수가 왼쪽에서 밑으로 있는 것
　　　　建 遠 近 逃 廷

8) **제 부수** : 글자 자체가 부수인 것
　　　　日 月 木 里 金

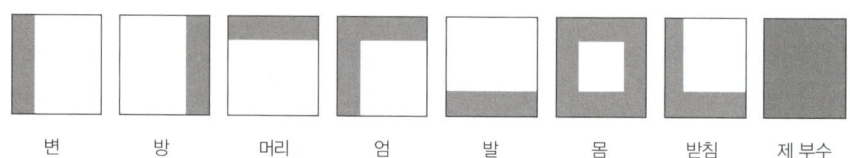

변　　방　　머리　　엄　　발　　몸　　받침　　제 부수

02 한자의 필순

　필순은 절대적인 것은 아니나 많은 사람들이 쓰는 필순을 그 한자의 일반적인 필순이라고 하며, 필순에 따라서 글씨를 쓰면 쓰기도 편하고 또 맵시가 있다. 아울러 한자의 기본적인 필순 원칙은 대략 다음과 같다.

1. 위에서 아래로　　　　　　　　　예) 三, 亥, 言, 工

2. 왼쪽에서 오른쪽으로　　　　　　예) 欽, 江, 伸

3. 좌우 대칭 시 가운데를 먼저　　　예) 山, 水, 小, 樂, 永

4. 가로와 세로 획이 겹칠 때 가로 획 먼저　예) 十, 末, 井, 土, 求

5. 가운데를 꿰뚫는 글자는 나중에　예) 中, 事, 車, 申

6. 허리 획은 나중에　　　　　　　예) 子, 女, 母

7. 받침은 나중에　　　　　　　　　예) 道, 近

8. 받침으로 쓰는 走는 먼저　　　　예) 起, 超, 赴

9. 아래로 에운 획은 나중에　　　　예) 也, 七

10. 위에서 아래로 싼 획은 먼저　　예) 力, 方, 施

11. 오른쪽 위에 있는 점은 나중에　예) 犬, 代, 伐

12. 몸과 안이 있을 때 몸쪽을 먼저　예) 國, 圖, 因

03 부수(部首)의 명칭

1획	
一	한 일
丨	송곳 곤, 뚫을 곤
丿	끈 별, 삐침
丶	불똥 주, 심지 주
乙(乚)	새 을
亅	갈고리 궐

2획	
亠	머리 두
二	두 이
人(亻)	사람 인
儿	어진사람 인
八	여덟 팔
冂	성 경, 멀 경
入	들 입
冖	민갓머리, 덮을 멱
冫	얼음 빙
几	책상 궤, 안석 궤
凵	입 벌릴 감

刀(刂)	칼 도(선칼 도)
力	힘 력
勹	쌀 포
匕	비수 비, 숟가락 비
匚	터진 입 구
卜	점 복
十	열 십
厂	민엄호, 기슭 엄
卩(㔾)	무릎마디 절, 병부 절
厶	사사 사, 사사로울 사
又	또 우, 오른손 우

3획	
口	입 구
囗	입구몸, 에워쌀 위
土	흙 토
士	선비 사
夂	뒤져 올 치
夕	저녁 석
宀	집 면, 갓머리
大	큰 대

子	아들 자	**4획**	
女	여자 여	欠	하품 흠
寸	마디 촌	斤	도끼 근
小	작을 소	手(扌)	손 수
尢	절름발이 왕	支	지탱할 지
尸	지붕 시, 주검 시	攴(攵)	칠 복
山	뫼 산	斗	말 두
川(巛)	내 천	戶	집 호, 지게문 호
工	장인 공	文	글월 문
巾	헝겊 건, 수건 건	心(忄㣺)	마음 심
己	자기 기, 몸 기	方	사방 방, 모 방
屮	싹날 철	无	없을 무
幺	어릴 요	木	나무 목
广	엄호, 집 엄	日	날 일, 해 일
干	방패 간	月	달 월
廴	길게 걸을 인, 끌 인	曰	가로 왈
弓	활 궁	止	그칠 지, 멈출 지
廾	받들 공	戈	창 과
弋	화살 익	歹	죽을 사, 뼈앙상할 알
彐(彑)	돼지머리 계	殳	몽둥이 수
彡	터럭 삼	毋	말 무
彳	두인변, 조금 걸을 척	父	아비 부
		毛	털 모

첫째마당 | 한자의 기본 익히기

爻	사귈 효	疒	병질 엄, 병질 녁
比	견줄 비	立	설 립
氏	뿌리 씨, 씨 씨	矛	창 모
气	기운 기	癶	걸을 발, 필발머리
水(氵)	물 수(氺 아래물 수)	目	눈 목
火(灬)	불 화	矢	화살 시
爪(爫)	손 조, 손톱 조	皮	가죽 피
牙	어금니 아	疋	필 필, 발 소
牛(牜)	소 우	白	흰 백
犬(犭)	개 견	禾	벼 화
爿	조각 장, 널쪽 장	冂	발자국 유
片	조각 편	穴	구멍 혈
辶	갈 착, 길갈 착	石	돌 석
艹	풀 초	示(礻)	보일 시, 지신 기
		皿	그릇 명
5획			
玄	검을 현	**6획**	
用	쓸 용		
田	밭 전	米	쌀 미
瓦	기와 와	竹	대 죽
玉	구슬 옥	缶	장군 부
瓜	오이 과	血	피 혈
生	날 생	罒(网)	그물 망, 넉 사
甘	달 감		

耒	쟁기 뢰	**7획**	
衣(衤)	옷 의	赤	붉을 적
耳	귀 이	身	몸 신
聿	붓 율	酉	닭 유, 술 유
糸	실 사	角	뿔 각
肉	고기 육(육달 월月)	見	볼 견
舛	어그러질 천	豆	콩 두
自	스스로 자	豕	돼지 시
臣	신하 신	豸	해태 치
臼	절구 구	言	말씀 언
舌	혀 설	貝	조개 패, 돈 패
艮	그칠 간	足(⻊)	발 족
行	다닐 행	走	달아날 주, 달릴 주
舟	배 주	車	수레 차, 수레 거
至	이를 지	邑	고을 읍(阝우부방)
虫	벌레 충	里	마을 리
虍	범 호, 범 무늬 호	谷	골짜기 곡
襾(覀)	덮을 아(서쪽 서)	辛	매울 신
色	빛 색	辰	별 진, 때 신
老	늙을 로	采	분별할 변
羊	양 양		
艸(艹)	풀 초(풀초머리)		
羽	날개 우, 깃 우		
而	수염 이, 말이을 이		

첫째마당 | 한자의 기본 익히기

8획	
阜	언덕 부(阝 좌부변)
長(镸)	긴 장
金	쇠 금
非	아닐 비, 비방할 비
門	문 문
雨(⻗)	비 우
隹	새 추
隶	잡을 이, 미칠 이
靑	푸를 청

9획	
韭	부추 구
韋	가죽 위
首	머리 수
頁	머리 혈
面	낯 면
食(飠)	밥 식
革	가죽 혁
音	소리 음
風	바람 풍
香	향기 향
飛	날 비

10획	
高	높을 고
骨	뼈 골
馬	말 마
髟	긴 머리 표
鬥	싸울 투
鬯	활집 창
鬲	솥 력, 솥 격
鬼	귀신 귀

11획	
魚	물고기 어
鳥	새 조
鹵	소금밭 로
麻	삼 마
鹿	사슴 록
麥	보리 맥

12획		15획	
黃	누를 황	齒	이 치
黍	기장 서		
黑	검을 흑	16획	
黹	바느질할 치	龍	용 용
		龜	거북 귀, 거북 구
13획		17획	
黽	맹꽁이 맹	龠	피리 약
鼎	솥 정		
鼓	북 고		
鼠	쥐 서		
14획			
鼻	코 비		
齊	가지런할 제, 재계할 재		

항 목	음과 훈	부 수	사 용 례
저자가 만든 부수와 부수명	머리 뿔, 뿔난 인 샘물 정 창 끝 누운 인, 뻗은 인 잠자리 기운달 월 세로 왈 안주인 주	ク 兯 マ ㄴ 圭 月 ㅁ 主	色 昔 予 乞 遲 祭 免 責
저자가 추가한 부수명	천천히, 서서히 조상 시 떨 감 넝쿨 목	夂 (뒤쳐올 치) 示 (보일 시, 　　지신 기) 廿 (스물 입) 朮 (차조 출)	後 宗 度 述

04 부수 외우기 시작

1획

한일一자로 커튼을 말아두려 송곳곤丨(뚫을 곤) 같은 끈별(삐침)丿을 당기니 창밖 하늘엔 불똥주丶 깜빡이고 날아가는 오리 같은 새을乙(乚)을 갈고리궐亅로 잡아채어

2획

솥뚜껑같이 생긴 머리두亠에 올려놓고 두이二자 젓가락으로 사람인人(亻)과 어진사람인儿이 안주로 구워 먹다 취한 걸음은 여덟팔八자로 성경(멀경)冂에 들입入하니 민갓머리(덮을 멱)冖 위로 차가운 얼음빙冫이 하나둘 떨어진다.

책상궤(안석 궤)几는 벌렁 뒤집혀 입벌릴감凵이 되었고 그 안에 칼도刀(선 칼 도 刂)가 있어 손잡이를 달아 힘력力을 써보려고 쌀포勹한 보리 가마도 찔러도 보았다.

날카로운 비수비(숟가락 비)匕를 디귿자로 터진입구몸匸에 물고 'ㅏ' 아 점복 卜을 보니 원수를 사랑하라는 계시가 있어 열십十자 십자가 들고 'ㄱ'자를 돌려놓은 민엄호厂 아래서 무릎마디절㔾(卩)이 저리고 구부린 팔이 시리도록 사사(사사로울)사厶하며 또우又 기도를 했다.

3획

열십자를 지평선에 세우는 흙토土일을 마치고 선비사士는 뒷짐을 지고 뒤쳐올치夂(서서히)하여 입구口를 크게 벌려 큰입구몸囗으로 하품흠欠(4획)하며 저녁석夕에 집면(갓머리)宀에 들어가자 큰대大자 아들자子와 여자

여女는 손가락 마디촌寸을 걸고 결혼을 약속하고 있더라.

작을소小하고 삐딱한 큰대자의 절름발이왕尢은 입구 아래를 삐침한 자기 집 지붕시(주검 시)尸 밑에서 뫼산山 내천巛(川)에 사는 솜씨 좋은 장인공工에게 헝겊(수건)건巾으로 옷의衣(衤)(6획)를 만들어 자기기己가 봄날 싹 날철屮 주례 볼 때 입게 해 달라 부탁하더라.

사사사가 겹친 어릴요幺 아기를 엄호广에 숨겨놓고 한일자와 열십으로 만든 방패간干으로 막으며 시간을 끌인廴한 후 갖고 있던 활궁弓을 두 손으로 받들공廾하여 화살익弋을 쏘아 삼지창 같은 돼지머리계彐(彑)를 맞추니 터럭삼彡단 머리털의 돼지가 조금 걸을척(두인변)彳하다 쓰러지더라.

4~9획

도끼근斤을 손수手(扌)로 잡고 열십자 아래 또우가 몸을 지탱할지支하여 올라 왼쪽 가지를 칠복攴(攵)해 말두斗에 담은 땔감을 지붕시 위에 불똥주 밝힌 집호(지게문 호)戶마다 다니며 글월문文을 읽으면 준다고 소리치나 마음심心(忄, 㣺)에서 우러나는 목소리만 사방방(모 방)方으로 흩어진다.

없을무无 녀석은 나무목木을 껴안고 날일(해 일)日 달월月마다 가로왈曰 만하니 그칠지止하고 그칠간艮하라고 죽을사歹(뼈앙상할 알)하도록 몽둥이수殳로 때리고 어미모처럼 하지 말라 말무毋도 했다.

늙을로老 아비부父는 사귈효爻도 잘하시고 친구들과 견줄비比하면 뿌리씨氏는 기운기气가 물수水(氵, 氺 아래물 수)처럼 흐르고 불화火(灬) 같은 붉은 손톱조(손 조)爪(爫)와 튼튼한 어금니아牙를 유지하시어 소우牛(牜)와 머리두가 어릴요한 검을현玄의 개견犬(犭)도 잘 드시며 쓸용用한 밭전田에서 기와와瓦 위에 열린 구슬옥玉의 이슬을 머금은 오이과瓜가 달감

甘맛이 날生생면 따오시니 그 모습을 나무 조각장爿과 그 반대편의 조각편片에 새겨두었다.

병질엄(병질 녁)疒든 아비에게 고기를 해드리려고 화살익에 삐침한 창과戈와 창모矛를 들고 걸을발(필발머리)癶하다가 멧돼지를 잡으니 가죽피皮에서 피혈血이 흘러 그릇명皿에 받아 두었다.

돌석石과 화살시矢를 들고 두이자 아래 작을소 하게 보일시示(礻)한 발자국유内를 따라가 갓머리 밑을 뒤지니 여덟팔의 구멍혈穴에는 나무목 위에 열렸던 두 알의 쌀미米가 대죽竹(𥫗)바구니에 담겨 있고 나무목에 삐침처럼 피어난 벼화禾는 날일에 익어가며 향기향香을 바람풍風에 날비飛하고 있더라.

장군부缶에서 흰백白의 필필疋 모시와 양양羊의 털모毛와 어릴요의 작을소 발을 감싼 실사糸가 나오니 그것으로 그물망(넉 사)罒(罓)을 만들어 두었다.

턱 밑에 날개우羽 같은 수염이(말이을 이)而는 계속 자리 잡고 있는 쟁기뢰耒를 덮고 들리지 않는 귀이耳에 걸어 둔 붓율聿을 눈목目으로 찾는 몸신身은 이제 허망한 고기육肉(육달 월月)이로다.

스스로자自의 신하신臣이 절구구臼를 메고 무거워 혀설舌을 내두르며 배주舟에 이를지至하니 술유(닭 유)酉 먹고 어그러질천舛하게 춤추는 뱃사공의 얼굴 빛색色은 붉을적赤하고 풀초머리艹는 헝클어졌구나.

벌레충虫을 잡고 있는 범호虍를 맨몸으로 덮을아襾(覀)하여 때려잡아 둘러메고 다닐행行 하니 뿔각角난 염소가 볼견見하다 무섭다 골짜기곡谷으로 도망을 친다.

첫째마당 | 한자의 기본 익히기

콩두豆 먹은 돼지시豕의 눈은 해태치豸 같지만 조개패(돈패)貝 안에 진주를 훔쳐 빠른 발족足으로 달아날주走하니 빠르기는 수레차(거)車와 같다고들 말씀언言한다.

고을읍邑(阝우부방) 마을리里 언덕부阜(阝좌부변) 긴장長(镸) 동네로 갈착(길갈 착)辶하여 쇠금金의 문문門에 별진(때 신)辰이 그려진 고급 식당을 찾아 밥식食(飠)에 부추구韭 김치를 맛있는 것으로 분별할변采하여 먹기도 했다.

우두머리수首가 머리혈頁의 낯면面이 익지 아닐비非한 푸를청靑한 청년이 가죽위韋로 만든 가죽혁革의 혁대로 비우雨 속에서 설립立하여 소리음音만 듣고 날아가는 새추隹를 잡을이隶 하는 것을 보고 감탄을 하더라.

10획

가을 하늘은 높을고高 하고 솥격(솥 력)鬲 속에 여물을 먹던 건강한 뼈골骨을 갖춘 말마馬는 긴머리표髟 갈기를 날리며 싸우러 싸울투鬥구장으로 가는데 활집창鬯에 무늬가 마치 귀신귀鬼처럼 보이더라.

11획

물고기어魚와 새조鳥를 잡아 소금밭로鹵에 절임하고 사슴록鹿의 뿔은 보리맥麥주에 담아서 삼마麻로 된 포대에 보관하였다.

12획

누를황黃한 기장서黍에서 나온 검을흑黑의 낟알을 기막힌 솜씨로 바느질할치黹라.

13획

맹꽁이맹黽의 가죽을 솥정鼎에 삶아 북고鼓를 만들어 치자 쥐서鼠방이 놀라 도망을 가네.

14획

스스로자 밭전에서 두 손 받들공 하며 코비鼻를 후비는 손자는 가지런할제齊하게,

15획

이치齒가 15개 나온 어린 녀석으로,

16획

용용龍 죽겠지 하며 거북귀(거북 구)龜를 잡아 당기며,

17획

피리약龠을 불며 놀더라.

사람 관련 한자

01 | 사람 관련 부수 연상한자

02 | 신체 관련 부수 연상한자

03 | 표현 관련 부수 연상한자

04 | 행동 관련 부수 연상한자

05 | 생사 관련 부수 연상한자

둘째마당 | 사람 관련 한자

01

사람 관련 부수 연상한자

人 8급 人 2획	사람 인 人物 인물 人權 인권	僉 1급 人 13획	모두 첨 다 첨 僉位 첨위 (여러분) 僉知 첨지 (지위가 없는 사람의 호칭)
사람 인(人)		사람 인(人)+한 일(一)+다만 지(只)+只	
驗 4급 馬 23획	시험할 험 體驗 체험 入社試驗 입사시험	劍 3급 刂 15획	칼 검 刻舟求劍 각주구검 劍術 검술
말 마(馬)+모두 첨(僉)		모두 첨(僉)+선칼 도(刂)	
儉 4급 亻 15획	검소할 검 儉素 검소 勤儉節約 근검절약	檢 4급 木 17획	검사할 검 단속할 검 檢品 검품 檢問 검문
사람 인(亻)+모두 첨(僉)		나무목(木)+모두 첨(僉)	
騷 3급 馬 20획	떠들 소 풍류 소 騷亂 소란 騷人墨客 소인묵객	合 6급 口 6획	합 합 合心 합심 合成 합성
말 마(馬)+벼룩 조(蚤)		사람 인(人)+한 일(一)+입 구(口)	
 3급 扌 9획	주울 습 *열 십 拾得 습득 收拾 수습	給 5급 糸 12획	줄 급 넉넉할 급 給食 급식 自給自足 자급자족
손 수(扌)+합 합(合)		실 사(糸)+합 합(合)	
答 7급 ⺮ 12획	대답할 답 東問西答 동문서답 自問自答 자문자답	塔 3급 土 13획	탑 탑 多寶塔 다보탑 尖塔 첨탑
대 죽(⺮)+합 합(合)		흙 토(土)+풀 초(艹)+합 합(合)	

연상한자 1800

| 1-1-1 | 人 사람 인 |

僉
모두 첨

驗
시험 험

劍
칼 검

儉
검소할 검

檢
검사할 검

騷
떠들 소

덩치 큰 사람(人) 한(一) 친구와 다만지(只)씨네 형제 둘이 **모두 첨(僉)**들, 말(馬)을 타고 가서 세관 **시험(驗)**에 합격해, 업무용 긴 칼(刂)의 **검(劍)**을 받아, 사람(亻)이 **검소(儉)**하지 않은 여행객의 보따릴 찢어보고, 통관되면 나무(木) 도장으로 **검사한 검(檢)**자를 찍어주니, 말(馬)이 벼룩(蚤)에 물려 날뛰듯 공항 검사대가 **떠들썩(騷)**하구나.

合
합 합

拾
주울 습

給
줄 급

答
대답할 답

塔
탑 탑

합바지 입은 사람(人) 하나(一)가 등산로 입구(口)에서 힙합인지 **합합(合)**인지 추기에, 내가 길에서 손수(扌) **주운(拾)** 동전을, 실(糸)에 꿰어 **줄까(給)** 물어보니 건방지게도, 대(竹) 바구니에 담아 달라 **대답(答)**하기에, 흙(土)이 묻은 동전을 풀(艹)이 무성한 **탑(塔)**에다 던져 버렸지.

29

둘째마당 | 사람 관련 한자

倉 3급 人 10획	창고 **창** 곳집 **창** 倉庫 창고 彈倉 탄창	蒼 3급 艹 14획	푸를 **창** 蒼空 창공 蒼白 창백
그냥 외우기		풀 초(艹)+창고 창(倉)	
創 4급 刂 12획	시작할 **창** 비롯할 **창** 創刊 창간 創造 창조	滄 2급 氵 13획	큰바다 **창** 차가울 **창** 滄海 창해 滄茫 창망
창고 창(倉)+선칼 도(刂)		물 수(氵)+창고 창(倉)	
琴 3급 王 12획	거문고 **금** 心琴 심금 伽倻琴 가야금	吟 3급 口 7획	읊을 **음** 吟味 음미 吟風弄月 음풍농월
구슬 옥(玉)+王+이제 금(今)		입 구(口)+이제 금(今)	
陰 4급 阝 11획	응달 **음** 陰刻 음각 陰謀 음모	今 6급 人 4획	이제 **금** 今年 금년 今後 금후
언덕 부(阝)+이제 금(今)+이를 운(云)		사람 인(人)+한 일(一)+몸 구부린 모습(㇆) '亼'	
令 5급 人 5획	명령할 **령** 벼슬 **령** 법 **령** 訓令 훈령 令夫人 영부인	冷 5급 冫 7획	찰 **냉** 冷煖房 냉난방 冷戰 냉전
이제 금(今)+송곳 곤(丨)		얼음 빙(冫)+명령할 령(令)	
零 3급 雨 13획	비올 **령** 작을 **령** 零雨 영우 零細民 영세민	命 7급 口 8획	목숨 **명** 운수 **명** 天命 천명 運命 운명
비 우(雨)+명령할 령(令)		亼+입 구(口)+무릎마디 절(卩)	

연상한자 1800

倉 창고 창	
蒼 푸를 창	느리고 서툰 솜씨로 **창고(倉)**를 짓다 보니, 지붕 위에 풀(艹)은 어느덧 **푸르게(蒼)** 자라, 칼(刂)로 베어 버리고 다시 짓기 **시작(創)**하자, 몸은 물(氵)이 흐르듯 땀에 젖어 큰 **바다(滄)**로 나가 헤엄치다 왔네.
創 시작할 창	
滄 큰바다 창	

琴 거문고 금	
吟 읊을 음	옥구슬(王) 같이 예쁜 두 여가수가 이제금(今) 타던 **거문고(琴)**와, 입(口)으로 **읊던(吟)** 시조창을 마치자, 언덕(阝) 야외 관중석에서는 지금(今)까지 본 공연 중에 최고라 운운(云)하며 **응달(陰)**진 무대까지 찾아와 싸인 해달라더라.
陰 응달 음	

今 이제 금	
令 명령할 령	'슥' 하며 **이제 금(今)**방 훔친 것을, 송곳(丨)을 들이대며 도로 내놓아라 **명령(令)**하며, 얼음(冫) 같이 **차고(冷)**, 저기압에 비(雨)**올(零)**듯한 쭈그린 표정을 짓자, 녀석은 '스'승님하며 큰 입(口)으로 나를 부르며 무릎(卩) 꿇고 **목숨(命)**만 살려달라고 하더라.
冷 찰 냉	
零 비올 령	
命 목숨 명	

둘째마당 | 사람 관련 한자

領 5급 頁 14획	거느릴 령 깨달을 령 領土 영토 要領 요령	嶺 3급 山 17획	고개 령 재 령 分水嶺 분수령 大關嶺 대관령
명령할 령(令)+머리 혈(頁)		뫼 산(山)+거느릴 령(領)	
齒 4급 齒 15획	이빨 치 齒科 치과 蟲齒 충치	齡 1급 齒 20획	나이 령 年齡 년령 妙齡 묘령
이빨 치(齒) (제 부수)		이빨 치(齒)+명령할 령(令)	
含 3급 口 7획	머금을 함 含蓄 함축 包含 포함	念 5급 心 8획	생각 념 理念 이념 記念式 기념식
이제 금(今)+입 구(口)		이제 금(今)+마음 심(心)	
貪 3급 貝 11획	탐할 탐 貪慾 탐욕 小貪大失 소탐대실	余 3급 人 3획	나 여 余等 여등 (우리들)
이제 금(今)+돈 패(貝)		사람 인(人)+어조사 우(于)+여덟 팔(八)	
斜 3급 斗 11획	비낄 사 傾斜面 경사면 斜陽 사양	敘 3급 攴 11획	베풀 서 차례 서 敘勳 서훈 敘述 서술
나 여(余)+말 두(斗)		나 여(余)+칠 복(攴)	
餘 4급 食 16획	남을 여 餘生 여생 餘力 여력	除 4급 阝 10획	덜 제 섬돌 제 解除 해제 庭除 정제
밥 식(食)+나 여(余)		언덕 부(阝)+나 여(余)	
途 3급 辶 11획	길 도 途中下車 도중하차 開途國 개도국	塗 3급 土 13획	칠할 도 진흙 도 塗色 도색 塗炭 도탄
나 여(余)+갈 착(辶)		물 수(氵)+나 여(余)+흙 토(土)	

| 領 거느릴 령
| 嶺 고개 령
| 齒 이빨 치
| 齡 나이 령
| 含 머금을 함
| 念 생각 념
| 貪 탐할 탐

명령(令)을 하여 우두머리(頁)들만 **거느리고(領)**, 산(山)이 높은 **고개(嶺)**을 넘나들던 시절도 옛날이라, **이빨(齒)**은 빠지고 나이(齡)는 먹고, 이제금(今) 늙은 몸은 술 한 모금 입(口)에 **머금(含)**고, 마음(心)속으로 **생각(念)**에 잠겨보니, 산적 놈의 내 인생은 수시로 남의 돈(貝)이나 **탐(貪)**했었구나.

| 余 나 여
| 斜 비낄 사
| 敍 베풀 서
| 餘 남을 려
| 除 덜 제
| 途 길 도
| 塗 칠할 도

사람(人)의 탈을 쓴 어조사우(于) 여덟(八) 놈이 **나(余)**에게 쌀을 뺏으려 덤비기에, 말(斗)에 담긴 쌀을 비스듬히 **비껴서(斜)** 쏟고, 장작개비로 놈들을 쳐서(攴) 잡아 아량을 **베풀고자(敍)**, 밥(食)이 **남아(餘)** 쉰 것을, 언덕(阝)에 올라가 먹으라고 **덜어(除)**주니, 고맙다고 가지고 가다(辶) **길(途)**에 버리고, 물(氵)가로 가서 나(余)에게 맞아 생긴 상처에 고운 흙(土)을 **칠하더라(塗)**.

둘째마당 | 사람 관련 한자

茶 3급 ++ 10획	차 다 *차 차 茶道 다도 綠茶 녹차	來 7급 人 8획	올 래 外來種 외래종 來年 내년
풀 초(++)+사람 인(人)+십팔(十八)		나무 목(木)+사람 인(人)+人	
論 4급 言 15획	논할 논 卓上空論 탁상공론 論功行賞 논공행상	輪 4급 車 15획	바퀴 륜 車輪 차륜 輪廻 윤회
말씀 언(言)+생각할 륜(侖)		수레 거(車)+생각할 륜(侖)	
珍 4급 王 9획	보배 진 山海珍味 산해진미 珍貴 진귀	參 5급 厶 11획	삼 삼 (석 삼) *참여할 참 壹貳參 일이삼 參加 참가
구슬 옥(王)+사람 인(人)+터럭 삼(彡)		사사 사(厶)+厶+厶+사람 인(人)+터럭 삼(彡)	
蔘 2급 ++ 15획	삼 삼 山蔘 산삼 乾蔘 건삼	慘 3급 忄 14획	참혹할 참 慘敗 참패 悲慘 비참
풀 초(++)+삼 삼(參)		마음 심(忄)+삼 삼(參)	
介 3급 人 4획	중개할 개 낄 개 介入 개입 一介 일개	界 6급 田 9획	세계 계 지경 계 世界 세계 境界線 경계선
사람 인(人)+받들 공(廾)-한 일(一)		밭 전(田)+중개할 개(介)	
付 3급 亻 5획	줄 부 付託 부탁 納付 납부	卒 5급 十 8획	군사 졸 마칠 졸 卒兵 졸병 卒業 졸업
사람 인(亻)+마디 촌(寸)		머리 두(亠)+사람 인(人)+人+열 십(十)	
醉 3급 酉 15획	취할 취 醉客 취객 宿醉 숙취	率 0급 玄 11획	거느릴 솔 *비율 율 率先垂範 솔선수범 比率 비율 能率 능률
술 유(酉)+군사 졸(卒)		머리 두(亠)+사방+어릴 요(幺)+열 십(十)	

茶 차 다	잡초(艹)를 뽑는다며 인부(人) 십팔(十八) 명과 실컷 놀다가 **다(茶)**원을 내려오니, 나무(木) 뒤에 숨어 보던 주인 부부 두 사람(人)이 씩씩대며 모두들 이리 **올래(來)** 하더라.
來 올 래	
論 논할 논	우리 주지 '스'님은 책(冊)을 묶은 돌출된 끈이 다 닳도록 많이 읽고 생각(侖)하며, 말씀(言) **논하기를(論)** 좋아하시며, 설법을 다니시느라 수레(車) **바퀴(輪)**가 성할 날이 없더라.
輪 바퀴 륜	
珍 보배 진	예전엔 옥(王) 같이 빛나던 그 사람(人)의 터럭삼(彡)단 머리카락은 **보배(珍)**였지, 지금도 사(厶)사사하게 눈에 **삼삼(參)**한데, 귀한 풀(艹)뿌리 백 년 묵은 산 **삼(蔘)**도 효용이 없고, 암 투병에 머리 빠진 그를 보니 마음(忄)은 **참혹(慘)**하고 서글프구나.
參 삼(석) 삼	
蔘 삼 삼	
慘 참혹할 참	
介 중개할 개	사장이란 사람(人)은 친절하여 손님을 받들지(廾) 못하는 한일(一)씨를 자르고 부동산을 **중개(介)**하여 번 돈으로, 밭(田)을 사고 **세계(界)**일주 여행을 가니, 만사가 철저한 그 사람(亻)은 손톱마디(寸)만한 피해도 고객에게 **주지(付)** 않았더라.
界 세계 계	
付 줄 부	
卒 군사 졸	커다란 머리(亠)의 두 사람(人)이 열(十)명의 **군사(卒)**를 보니, 술(酉)에 **취해(醉)** 있어 잡아 족치자, 머리(亠) 숙이며 사방에 어린(幺) 식솔을 열(十)씩 **거느린다(率)**고 빌고 빌더라.
醉 취할 취	
率 거느릴 솔	

둘째마당 | 사람 관련 한자

亻 0급 亻 2획	사람 **인**	位 5급 亻 7획	자리 **위** 位置 위치 順位 순위
사람 인(亻)		사람 인(亻)+설 립(立)	
主 7급 丶 5획	주인 **주** 임금 **주** 主權 주권 自主國防 자주국방	住 7급 亻 7획	살 **주** 住居 주거 住民登錄 주민등록
불똥 주(丶)+임금 왕(王)		사람 인(亻)+주인 주(主)	
伴 3급 亻 7획	짝 **반** 伴奏 반주 伴侶者 반려자	注 6급 氵 8획	물댈 **주** 부을 **주** 注射 주사 注油所 주유소
사람 인(亻)+반쪽 반(半)		물 수(氵)+주인 주(主)	
柱 3급 木 9획	기둥 **주** 버틸 **주** 電信柱 전신주 支柱 지주	素 4급 糸 10획	흴 **소** 본디 **소** 素服 소복 平素 평소
나무 목(木)+주인 주(主)		안주인 주(主)+실 사(糸)	
假 4급 亻 11획	거짓 **가** 假面劇 가면극 假定 가정	暇 4급 日 13획	한가할 **가** 틈 **가** 餘暇 여가 休暇 휴가
사람 인(亻)+빌릴 가(叚)		날 일(日)+빌릴 가(叚)	

1-1-2　亻 사람 인

位 자리 위
主 주인 주
住 살 주
伴 짝 반
注 물댈 주
柱 기둥 주
素 흴 소

사람(亻)들이 받들어 세운(立) 왕위 **자리(位)**에서 쫓겨나, 열 받아 머리에 뿔난(丶) 왕(王)은 산골짝 **주인(主)**을 찾아가, 동네 사람(亻)과 **살게(住)** 해달라며, 촌색시를 나의 반쪽(半) **짝(伴)**으로 삼고, 물(氵)도 길어 물독에 **부어(注)**주겠다며, 나무(木) **기둥(柱)**을 붙잡고 통사정을 하더니, 주인(主) 닮은 안주인(主)에게 흰 실(糸)로 짠 **소복(素)**도 선물하더라.

假 거짓 가
暇 한가할 가

은행에서 돈을 빌릴가(叚) 아니면 아는 사람(亻)에게 **거짓(假)**말로 돈을 챙겨서, 날(日)을 넉넉히 잡아 **한가(暇)**로이 외국여행이나 갈까.

둘째마당 | 사람 관련 한자

偶 3급 亻 11획	짝 **우** / 우연 **우** 配偶者 배우자 偶然 우연	遇 4급 辶 13획	만날 **우** / 대접할 **우** 遭遇 조우 禮遇 예우
사람 인(亻)+원숭이 우(禺)		원숭이 우(禺)+갈 착(辶)	
萬 8급 艹 13획	일만 **만** 萬壽無疆 만수무강 萬歲 만세	愚 3급 心 13획	어리석을 **우** / 우매 **우** 愚鈍 우둔 愚昧 우매
풀 초(艹)+원숭이 우(禺)		원숭이 우(禺)+마음 심(心)	
勵 3급 力 17획	힘쓸 **려** 獎勵 장려 激勵 격려	仕 5급 亻 5획	벼슬 **사** / 섬길 **사** 仕途 사도 (벼슬 길) 仕樣書 사양서 (설명서)
민엄호(厂)+일만 만(萬)+힘 력(力)		사람 인(亻)+선비 사(士)	
仙 5급 亻 5획	신선 **선** 神仙 신선 仙女 선녀	壬 3급 士 4획	북방 **임** 壬辰倭亂 임진왜란
사람 인(亻)+뫼 산(山)		삐침(丿)+선비 사(士)	
任 5급 亻 6획	맡길 **임** 任用 임용 重任 중임	在 6급 土 6획	있을 **재** 所在 소재 現在 현재
사람 인(亻)+북방 임(壬)		한 일(一)+사람 인(亻)+흙 토(土)	
存 4급 子 6획	있을 **존** 存在 존재 存廢 존폐		
한 일(一)+사람 인(亻)+아들 자(子)			

偶 짝 우

遇 만날 우

萬 일만 만

愚 어리석을 우

勵 힘쓸 려

갑옷(甲) 입고 성(冂)에서 보초 서며 벌레(虫) 입(口)을 먹은 원숭이(禺)가 우연히 사람(亻) 닮은 제 **짝(偶)**이, 지나가자(辶) 다음에 **만나(遇)**면, 풀(艹)도 아닌 바나나 **일만(萬)** 개를 주겠다며, 원숭이(禺)는 마음(心)에도 없는 **어리석은 우(愚)**를 범하고, 민엄호(厂)에 처박혀 일만(萬) 번을 생각하니 힘(力)이 빠져 **힘쓸 여(勵)**력이 없다하네.

仕 벼슬 사

仙 신선 선

壬 북방 임

任 맡길 임

在 있을 재

存 있을 존

사람(亻)다운 선비(士)가 **벼슬(仕)**을 버리고, 산(山)에 들어가 **신선(仙)**이 되겠다고, 삐침(丿)하게 모자 쓴 선비(士)의 **북방임(壬)** 사장에게, 어떤 사람(亻)에게 내가 하던 일을 **맡길(任)**까 하니, 그러지 말고 첫(一)째 가는 벼슬(仕)을 주겠으니 더 **있자(在** 모양주의**)** 하자, 어린 아들(子)도 집에 같이 **있자(存)**고 조르더라.

둘째마당 | 사람 관련 한자

頃 3급 頁 11획	이랑 **경** 잠깐 **경** 頃田 경전 頃刻 경각 (잠시잠깐)	傾 4급 亻 13획	기울 **경** 傾向 경향 左傾 좌경
숟가락 비(匕)+머리 혈(頁)		사람 인(亻)+이랑 경(頃)	
促 3급 亻 9획	재촉할 **촉** 촉박할 **촉** 督促 독촉 促迫 촉박	債 3급 亻 13획	빚 **채** 債務 채무 負債 부채
사람 인(亻)+발 족(足)		사람 인(亻)+안주인 주(主)+돈 패(貝)	
母 8급 毋 5획	어미 **모** 父母兄弟 부모형제 母國語 모국어	侮 3급 亻 9획	업신여길 **모** 侮辱 모욕 受侮 수모
그냥 외우기		사람 인(亻)+매양 매(每)	
僚 3급 亻 14획	동료 **료** 同僚 동료 閣僚 각료	伯 3급 亻 7획	맏 **백** 우두머리 **백** 伯父 백부 畵伯 화백
사람 인(亻)+*횃불 료(尞)		사람 인(亻)+흰 백(白)	
佐 3급 亻 7획	도울 **좌** 輔佐官 보좌관 上佐 상좌	佳 3급 亻 8획	아름다운 **가** 漸入佳境 점입가경 佳人薄命 가인박명
사람 인(亻)+왼 좌(左)		사람 인(亻)+흙 토(土)+土	
保 4급 亻 9획	보호할 **보** 지킬 **보** 保護 보호 醫療保險 의료보험	申 4급 田 5획	납 **신** 거듭 **신** 알릴 **신** 甲申年 갑신년 申請 신청
사람 인(亻)+입 구(口)+나무 목(木)		가로 왈(曰)+송곳 곤(丨)	
伸 3급 亻 7획	펼 **신** 伸縮 신축 伸張 신장		
사람 인(亻)+납 신(申)			

연상한자 1800

頃	이랑 경
傾	기울 경
促	재촉할 촉
債	빚 채
母	어미 모
侮	업신여길 모

달랑 숟가락(匕)에 둔한 머리(頁)에 물려받은 알량한 밭떼기 **이랑(頃)**을 비교하니, 사람(亻)이 아무래도 **기울어(傾)**, 발(足)을 **재촉(促)**하여, 안주인(主)을 찾아가 돈(貝)을 **빚내(債)** 맘에 둔 그 처녀와 혼인해야, 돈 없이 장가가지 말라(毋)는 **어미(母)**가, 사람(亻)들한테 매양(每) **업신여김(侮)**을 당하지 않겠지.

僚	동료 료
伯	맏 백
佐	도울 좌

사람(亻)이 조난을 당해 큰대(大)자에 불똥(丶) 두 개 켜고 날(日)이 밝기 전 작은(小) **동료(僚)**와 구조를 가려니, 백(白)씨네 **맏이(伯)** 백부님도, 왼쪽(左)에 앉아계시다 **돕겠다며(佐)** 같이 가자 하시네.

*횃불 료(尞) = 큰 대(大) + 불똥 주(丶) + 丶 + 날 일(日) + 작을 소(小)

佳	아름다운 가
保	보호할 보
申	납 신
伸	펼 신

사람(亻)들아 여기 쌍토(圭서옥 규) 마을이 얼마나 **아름다운가(佳)**, 사람(亻)들아 동네 입구(口) 아래 나무(木)도 잘 **보호하라(保)**, 가로왈(曰)하며 송곳(丨) 같은 이쑤시개를 물고 원숭이 **납신(申)**이, 사람(亻)들 앞에서 팔을 **펼쳐(伸)** 가며 일장 연설을 하네.

둘째마당 | 사람 관련 한자

한자	뜻·음	예시
偉 5급 亻 11획	위대할 **위** 거룩할 **위**	偉人 위인 偉業 위업

사람 인(亻)+가죽 위(韋)

한자	뜻·음	예시
圍 4급 口 12획	둘레 **위** 에울 **위**	包圍 포위 周圍 주위

입구몸(口)+가죽 위(韋)

한자	뜻·음	예시
違 3급 辶 13획	어길 **위**	違反 위반 違和感 위화감

가죽 위(韋)+갈 착(辶)

한자	뜻·음	예시
件 5급 亻 6획	사건 **건** 물건 **건**	事件 사건 物件 물건

사람 인(亻)+소 우(牛)

한자	뜻·음	예시
緯 3급 糸 15획	씨 **위**	緯度 위도 經緯書 경위서

실사糸+가죽 위(韋)

한자	뜻·음	예시
休 7급 亻 6획	쉴 **휴**	休日 휴일 休暇 휴가

사람 인(亻)+나무 목(木)

한자	뜻·음	예시
仲 3급 亻 6획	버금 **중**	仲秋節 중추절 仲買 중매

사람 인(亻)+가운데 중(中)

한자	뜻·음	예시
伍 1급 亻 6획	대오 **오** 다섯 사람 **오**	伍列 오열 落伍者 낙오자

사람 인(亻)+다섯 오(五)

한자	뜻·음	예시
例 6급 亻 8획	법식 **례** 본보기 **례**	事例 사례 例題 예제

사람 인(亻)+벌릴 렬(列)

한자	뜻·음	예시
侯 3급 亻 9획	제후 **후** 임금 **후** 과녁 **후**	諸侯 제후 侯爵 후작

사람 인(亻)+그+화살 시(矢)

한자	뜻·음	예시
候 4급 亻 10획	기후 **후** 염탐할 **후**	氣候 기후 候補者 후보자

제후 후(侯)+송곳 곤(丨)

한자	뜻·음	예시
喉 2급 口 12획	목구멍 **후**	喉頭炎 후두염

입 구(口)+제후 후(侯)

한자	뜻·음	예시
侍 3급 亻 8획	모실 **시**	侍女 시녀 侍從 시종

사람 인(亻)+절 사(寺)

| 偉
위대할 위

| 圍
둘레 위

| 違
어길 위

허접한 사람(亻)이 가죽(韋) 잠바를 입고 나는 **위대(偉)**하다며, 목장 입구(口) 울타리 **둘레(圍)** 근처에, 가지(辶) 말라는 경고를 **어기고(違)** 들어가다, 그 사람(亻)을 소(牛)가 들이받는 **사건(件)**이 일어나, 실(糸)로 짠 그물 위로 가죽(韋) 잠바 녀석은 날아가 **씨줄(緯)**에 걸리니, 사람(亻)들은 나무(木) 그늘에서 **쉬다(休)**가 놀라고, 가운데(中) 있던 **버금중(仲)**씨는, 다섯(五) 명과 **대오(伍)**를 이뤄 구조하러 가더라.

| 件
사건 건

| 緯
씨 위

| 休
쉴 휴

| 仲
버금 중

| 伍
대오 오

| 例
법식 례

| 侯
제후 후

귀한 사람(亻)을 접대 시에 가슴은 활짝 벌려서(列) **례(例)**를 갖추고, '그' 자가 화살(矢)을 메고 있는 **제후(侯)**이면, 송곳(|)처럼 매섭고 추운 **기후(候)**에, 입(口)에 찬바람 들어 **후(喉)**두염에 걸리지 않도록, 스님께 부탁하여 그 사람(亻)을 절(寺)에 **모시도록(侍)** 하자.

| 候
기후 후

| 喉
목구멍 후

| 侍
모실 시

둘째마당 | 사람 관련 한자

倭 왜나라 **왜**	倫 인륜 **륜**
특급 亻 10획 / 倭軍 왜군 / 壬辰倭亂 임진왜란	3급 亻 10획 / 倫理 윤리 / 天倫 천륜
사람 인(亻)+벼화(禾)+여자 여(女)	사람 인(亻)+생각할 륜(侖)

依 의지할 **의**	傲 오만할 **오** / 거만할 **오**
4급 亻 8획 / 依存 의존 / 依他心 의타심	3급 亻 13획 / 傲慢 오만 / 傲氣 오기
사람 인(亻)+옷 의(衣)	사람 인(亻)+*오만할 오(敖)

信 믿을 **신** 소식 **신**	侵 침노할 **침**
6급 亻 9획 / 信念 신념 / 通信 통신	4급 亻 9획 / 侵略戰爭 침략전쟁 / 侵入 침입
사람 인(亻)+말씀 언(言)	사람 인(亻)+Ⓐ

浸 잠길 **침**	寢 잘 **침**
3급 氵 10획 / 浸水 침수 / 浸透 침투	4급 宀 14획 / 寢具 침구 / 寢臺 침대
물 수(氵)+Ⓐ	집 면(宀)+조각 장(爿)+Ⓐ

仁 어진 **인**	他 다를 **타**
4급 亻 4획 / 仁者無敵 인자무적 / 仁山智水 인산지수	5급 亻 5획 / 他意 타의 / 他界 타계
사람 인(亻)+두 이(二)	사람 인(亻)+어조사 야(也)

仇 원수 **구**	仔 자세할 **자**
1급 亻 4획 / 仇家 구가(원수집) / 仇恨 구한	1급 亻 5획 / 仔詳 자상 / 仔細 자세
사람 인(亻)+아홉 구(九)	사람 인(亻)+아들 자(子)

代 대신할 **대** 세대 **대**	貸 빌릴 **대**
6급 亻 5획 / 代表 대표 / 時代 시대	3급 貝 12획 / 賃貸 임대 / 貸出 대출
사람 인(亻)+화살 익(弋)	대신할 대(代)+돈 패(貝)

倭 왜나라 왜	
倫 인륜 륜	사람(亻)이 벼(禾)보다 작은 여자(女)같이 속 좁은 **왜나라(倭)**놈은, 생각(侖) 않고 살아 **인륜(倫)**이 없고, 훈도시란 옷(衣)에 **의지(依)**해 살며, 땅(土)이나 사방(方)으로 쳐(攵) 빼앗고 **오만(傲)**하니, 말(言)에는 **믿음(信)**이 없고, 돼지 같은 머리(彐)통에 민갓머리(冖)하고 또(又) **침노(侵)**하다, 물(氵)에서 이 장군에게 **침몰(浸)**을 당했지, 집(宀)안 나무 조각(丬) 침상에서 낮잠이나 **자면(寢)** 세상은 조용할 터인데. *오만할 오(敖) = 흙 토(土) + 사방 방(方) + 칠 복(攵) Ⓐ = 돼지머리 계(彐)+민갓머리(冖)+또 우(又)
依 의지할 의	
傲 오만할 오	
信 믿을 신	
侵 침노할 침	
浸 잠길 침	
寢 잘 침	
仁 어진 인	
他 다를 타	사람인변(亻)에 두이(二)자 즉 **어진인(仁)**씨가, 어조사야(也) 아들에게 저자는 우리네와 질적으로 **다른(他)**놈이라며, 사람(亻) 아홉 명(九)을 해친 **원수(仇)** 같은 놈을 붙잡으니, 아들(子)은 이 사실을 **자세(仔)**하게 글로 써서, 화살(弋)에 매달아 아비를 **대신(代)**하여 쏘아 날리자, 돈(貝)을 **빌려주고(貸)** 빼앗기고 다친 사람들이 이를 읽어 보고 이내 달려오더라.
仇 원수 구	
仔 자세할 자	
代 대신할 대	
貸 빌릴 대	

技 5급 扌 7획	재주 **기** 기량 **기** 技倆 기량 技巧 기교	伏 4급 亻 6획	엎드릴 **복** 숨을 **복** 哀乞伏乞 애걸복걸 伏兵 복병
손 수(扌)+지탱할지(支)		사람 인(亻)+개 견(犬)	
伐 4급 亻 6획	칠 **벌** 討伐 토벌 殺伐 살벌	何 3급 亻 7획	어찌 **하** 如何 여하 何必 하필
사람 인(亻)+창 과(戈)		사람 인(亻)+옳을 가(可)	
父 8급 父 4획	아비 **부** 父母 부모 父子有親 부자유친	交 6급 亠 6획	사귈 **교** 바꿀 **교** 交際 교제 交易 교역
아비 부(父)		머리 두(亠)+아비 부(父)	
校 8급 木 10획	학교 **교** 高校 고교 學校 학교	較 3급 車 13획	비교할 **교** 견줄 **교** 比較 비교 日較差 일교차
나무 목(木)+사귈 교(交)		수레 차(車)+사귈 교(交)	
效 5급 攵 10획	본받을 **효** 배울 **효** 效果 효과 特效 특효	郊 3급 阝 9획	성 밖 **교** 들 **교** 郊外線 교외선 近郊 근교
사귈 교(交)+칠 복(攵)		사귈 교(交)+고을 읍(阝)	

伎 재주 기

伏 엎드릴 복

伐 칠 벌

何 어찌 하

사람(亻)처럼 발로 아니 손(扌)으로도 지탱(支)하여 거꾸로 설 줄 아는 **재주(技**동**伎)** 있는, 개(犬)가 꼼짝 않고 **엎드려(伏)** 복지부동하고 있으니, 창(戈)로 **쳐서(伐)** 잡는 것이, 옳은(可) 일인지요 이 사람(亻)이 **어찌 하(何)**오리까 하자 주인은 오늘이 복날이니 그리하라 카더라.

| 1-1-3 | **父** 아비 부 |

交 사귈 교

校 학교 교

較 비교할 교

效 본받고 효

郊 성밖 교

머리(亠)가 하얀 우리 아비(父)가 친구를 **사귀려(交)**, 나무(木) 우거진 노인 대**학교(校)**에 다니시는데, 누구의 차(車)가 좋은지 **비교(較)**하는 자는 멀리하고, 매를 맞아(攵)며 스승의 지혜를 본받고 **효(效)**과적으로 한자를 배운 옛 친구들과는, 고을(阝)에서 먼 **성 밖 교(郊)**외까지 회식하러 자주 가신다.

둘째마당 | 사람 관련 한자

子 7급 子 3획	아들 **자** 孝子 효자 孫子 손자	**老** 7급 耂 6획	늙을 **노** 익숙할 노 不老草 불로초 老鍊 노련
아들 자(子)		늙을 로(耂)+숟가락 비(匕)	
孝 7급 子 7획	효도할 **효** 孝誠 효성 孝婦 효부	**考** 5급 耂 6획	생각할 **고** 상고할 **고** 考案 고안 思考力 사고력
늙을 로(耂)+아들 자(子)		늙을 로(耂)+공교할 교(丂)	
字 7급 子 6획	글자 **자** 誤字 오자 脫字 탈자	**孔** 4급 子 4획	구멍 **공** 毛孔 모공 孔雀 공작
집 면(宀)+아들 자(子)		아들 자(子)+새을(乚)	
孟 3급 子 8획	맹랑할 **맹** 맏 **맹** 孟浪 맹랑 孟子 맹자	**猛** 3급 犭 11획	사나울 **맹** 猛獸 맹수 猛禽 맹금
아들 자(子)+그릇 명(皿)		개 견(犭)+맹랑할 맹(孟)	
委 4급 女 8획	맡길 **위** 委託 위탁 委員長 위원장	**季** 4급 子 8획	계절 **계** 끝 **계** 季刊誌 계간지 季子 계자 (막내아들)
벼 화(禾)+여자 여(女)		벼 화(禾)+아들 자(子)	
孤 4급 子 8획	외로울 **고** 孤獨 고독 孤立 고립		
아들 자(子)+오이 과(瓜)			

연상한자 1800

| 1-1-4 | 子 아들 자 |

老 늙을 노
孝 효도할 효
考 생각할 고

내가 이제는 늙어(耂) 숟가락(匕) 잡을 힘도 없는 **늙은이(老)** 되었지만, 아들(子)이 **효도(孝)**를 잘하니, 5살 손주의 귀여운 모습이 자꾸 **생각(考)**나는구나.

字 글자 자
孔 구멍 공
孟 맹랑할 맹
猛 사나울 맹

집(宀)에 어린 아들(子) 자식이 **글자(字)**를 잘 읽어 기특하나, 가끔은 새(乚) 알을 **구멍(孔)**에 처박고, 그릇(皿) 위에 올라서서 **맹랑(孟)**하게 굴기도 하고, 개의 변(犭)을 밟았다고 **사나운 맹(猛)**수처럼 울기도 한다.

委 맡길 위
季 계절 계
孤 외로울 고

벼(禾)농사는 시집간 여식(女)의 사돈집에 **맡겨(委)** 위탁을 하다, 벼(禾)가 익자 아들(子)을 바쁜 **계절(季)**이 오기 전 서둘러 장가를 보내고 나니, 빈집에서 아들(子)을 그리는 나는 마른 넝쿨에 달린 오이(瓜) 모양 **외롭구(孤)**나.

둘째마당 | 사람 관련 한자

享 3급 亠 8획	누릴 **향** 享樂 향락 享有 향유	郭 3급 阝 11획	성곽 **곽** 둘레 **곽** 城郭 성곽 外郭 외곽
머리 두(亠)+입 구(口)+아들 자(子)		누릴 향(享)+고을 읍(阝)	
敦 3급 攵 12획	도타울 **돈** 敦篤 돈독 敦化門 돈화문	丸 3급 丶 3획	둥글 **환** 알 **환** 彈丸 탄환 丸藥 환약
누릴 향(享)+칠 복(攵)		아홉 구(九)+불똥 주(丶)	
孰 3급 子 11획	누구 **숙** 어느 **숙** 익을 **숙** 孰是孰非 숙시숙비 (옳고 그름이 분명치 않음)	熟 3급 灬 15획	익을 **숙** 익숙할 **숙** 熟成 숙성 熟練 숙련
누릴 향(享)+둥글 환(丸)		누구 숙(孰)+불 화(灬)	
了 3급 亅 2획	마칠 **료** 修了 수료 終了 종료	亨 3급 亠 7획	형통할 **형** 萬事亨通 만사형통
아들 자(子)-한 일(一)		누릴 향(享)-한 일(一)	
烹 특급 灬 11획	삶을 **팽** 兎死狗烹 토사구팽		
누릴 향(享)+불 화(灬)			

享
누릴 향

郭
성곽 곽

敦
도타울 돈

丸
둥글 환

孰
누구 숙

熟
익을 숙

머리(亠)와 입(口)이 반듯한 아들(子)은 향락을 **누리(享)**기에 아직 어리나, 고을(阝) 저편 **성곽(郭)**, 친구 집 방에서 서로 치고(攵)받고 하며 **도탑게(敦)** 지내고, 아홉(九) 개의 불똥(丶)을 **둥글(丸)**게 만들어 던지며, 어느 **누구(孰)**하고도 잘 놀고, 아궁이에 불(灬)피우는 솜씨도 **익히 숙(熟)**달한 아이다.

了
마칠 료

亨
형통할 형

烹
삶을 팽

우리 아들(子)이 팔 접어 배움을 **마쳤다(了)** 하자, 옆집 돌머리 누릴향(享)이도 팔 접고 모든 걸 **형통(亨)**했다고 까불다, 불(灬) 지핀 뜨거운 물에 **팽(烹)** 당했지.

> 둘째마당 | 사람 관련 한자

女 8급 女 3획	여자 **여** / 딸 **여** 甲男乙女 갑남을녀	市 7급 巾 5획	저자 **시** / 시가 **시** 市場 시장
여자 여(女)		머리 두(亠)+수건 건(巾)	
肺 3급 月 8획	허파 **폐** 肺炎 폐렴 肺病 폐병	姉 4급 女 8획	누이 **자** / 맏누이 **자** 姉兄 자형 姉母會 자모회
*육달월(月)+저자 시(市)		여자 여(女)+저자 시(市)	
妹 4급 女 8획	누이 **매** 妹弟 매제 男妹 남매	某 3급 木 9획	아무 **모** 某處 모처 某月某日 모월모일
여자 여(女)+아닐 미(未)		달 감(甘)+나무 목(木)	
謀 3급 言 16획	꾀할 **모** / 도모할 **모** 謀略 모략 參謀 참모	媒 3급 女 12획	중매 **매** 媒介體 매개체 觸媒 촉매
말씀 언(言)+아무 모(某)		여자 여(女)+아무 모(某)	
昏 3급 日 8획	저물 **혼** / 어두울 **혼** 黃昏 황혼 昏睡狀態 혼수상태	婚 4급 女 11획	혼인할 **혼** 婚姻 혼인 華婚 화혼
씨 씨(氏)+날 일(日)		여자 여(女)+저물 혼(昏)	
好 4급 女 6획	좋을 **호** 好材 호재 好評 호평		
딸 여(女)+아들 자(子)			

1-1-5 女 여자 여, 딸 여

市 저자 시
肺 허파 폐
姉 누이 자
妹 누이 매
某 아무 모
謀 꾀할 모
媒 중매 매
昏 저물 혼
婚 혼인할 혼
好 좋을 호

머리(亠)에 수건(巾) 쓰고 **저자(市)** 거리에, 반달(月) 같은 **허파(肺)** 안주 사러 간, 손위의 여자(女) **누이자(姉)** 언니가 시집갈까 한다고, 여자(女)가 아직은 아닌(未) 동생 **누이매(妹)**의 거짓말을 들은, 달감(甘) 나무(木) 장사꾼 **아무모(某)**씨가, 말(言)로서 **꾀(謀)**를 부리며, 여자(女) 언니를 **중매(媒)**한다며, 그 아저씨(氏)는 날(日)이 **저물(昏)** 때 까지, 여자(女)들의 **혼인(婚)**이야기도 하며, 댁의 딸(女)과 우리 아들(子)이 서로 **좋아(好)**하고,

*月 : 변(왼쪽)에 오면 肉육달월로 몸이나 고기 등과 관련됨

둘째마당 | 사람 관련 한자

如 4급 女 6획	같을 여 缺如 결여 或如 혹여	恕 3급 心 10획	용서할 서 容恕 용서
딸 여(女)+입 구(口)		같을 여(如)+마음 심(心)	
妾 3급 女 8획	첩 첩 少妾 소첩 妾室 첩실	接 4급 扌 11획	접대할 접 이을 접 接對 접대 近接 근접
설 립(立)+여자 여(女)		손 수(扌)+첩 첩(妾)	
姑 3급 女 8획	시어머니 고 姑婦 고부 姑從四寸 고종사촌	妃 3급 女 6획	왕비 비 王妃 왕비 大妃 대비
여자 여(女)+오랠 고(古)		여자 여(女)+자기 기(己)	
妨 4급 女 7획	방해할 방 妨害 방해 妨電 방전	姦 3급 女 9획	간사할 간 간음할 간 姦惡 간악 姦通 간통
여자 여(女)+사방 방(方)		여자 여(女)+女+女	
妙 4급 女 7획	묘할 묘 妙妓 묘기 絕妙 절묘	娘 3급 女 10획	아가씨 랑 娘子 낭자
여자 여(女)+적을 소(少)		여자 여(女)+어질 량(良)	
姪 3급 女 9획	조카 질 姪婦 질부 堂姪 당질	樓 3급 木 15획	다락 루 문 루 樓閣 누각 望樓 망루
여자 여(女)+이를 지(至)		나무 목(木)+*별이름 루(婁)	
屢 3급 尸 14획	자주 루 여러 루 屢次 누차 屢屢 누누	數 7급 攵 15획	셀 수 數學 수학 數理 수리
지붕 시(尸)+별이름 루(婁)		별이름 루(婁)+칠 복(攵)	

如 같을 여	입(口)도 같게(如) 했으니, 넓은 마음(心)으로 용서(恕)하고 빨리 결혼을 시키자 하네.
恕 용서할 서	
妾 첩 첩	지팡이 짚고 서(立) 있는 여자(女) 저 첩(妾)은, 손님을 손수(扌) 접대(接)도 못 하면서, 오래(古)전부터 시어머니(姑)노릇을 하더니, 자기(己)가 무슨 왕비(妃)나 된 것처럼, 사방(方)에다 내 흉이나 보며 방해(妨)를 하고, 여자(女) 셋만 모이면 간사(姦)하게 굴더라.
接 접대할 접	
姑 시어머니 고	
妃 왕비 비	
妨 방해할 방	
姦 간사할 간	
妙 묘할 묘	여자(女) 시누이가 나이는 적지만(少) 묘(妙)하게도 예쁘고, 어진(良) 아가씨(娘)라, 내게 와서는(至) 예쁜 조카(姪) 낳아 달라 조르네.
娘 아가씨 랑	
姪 조카 질	
樓 다락 루	나무(木) 계단 옆 출입구(口) 둘을 열십(十)자 열쇠로 열고 여자(女)가 다락(樓)에 올라가, 지붕(尸) 아래서 자주(屢) 창을, 치며(攵) 문짝이 몇 개인가 세더라(數).
屢 자루 루	
數 셀 수	*별이름 루(婁) = 입 구(口) + 口 + 열 십(十) + 여자 여(女)

> 둘째마당 | 사람 관련 한자

慧 3급 心 15획	지혜로울 혜 슬기로울 혜	智慧 지혜 慧眼 혜안
*꼬리별 혜(彗)+마음 심(心)		
掃 4급 扌 11획	쓸 소	淸掃 청소 掃蕩 소탕
손 수(扌)+*비 추(帚)		
婦 4급 女 11획	며느리 부 아내 부	孝婦 효부 夫婦 부부
여자 여(女)+비 추(帚)		
妻 3급 女 8획	아내 처	賢母良妻 현모양처 妻弟 처제
열십(十)+돼지머리 계(彐)+여자 여(女)		
悽 2급 忄 11획	슬퍼할 처	悽然 처연 悽慘 처참
마음 심(忄)+아내 처(妻)		
性 5급 忄 8획	성품 성 바탕 성	性品 성품 性格 성격
마음 심(忄)+날 생(生)		
星 4급 日 9획	별 성 세월 성	北斗七星 북두칠성 星霜 성상 (세월)
날 일(日)+날 생(生)		
姓 7급 女 8획	성씨 성	百姓 백성 本姓 본성
여자 여(女)+날 생(生)		
亡 5급 亠 3획	망할 망 달아날 망	滅亡 멸망 亡命 망명
그냥 외우기		
盲 3급 目 8획	소경 맹	盲人 맹인 色盲 색맹
망할 망(亡)+눈 목(目)		
忙 3급 忄 6획	바쁠 망	多忙 다망 忙中閑 망중한
마음 심(忄)+망할 망(亡)		
妄 3급 女 6획	허망할 망 망령될 망	虛妄 허망 輕擧妄動 경거망동
망할 망(亡)+여자 여(女)		
忘 3급 心 7획	잊을 망	健忘症 건망증 白骨難忘 백골난망
망할 망(亡)+마음 심(心)		
荒 3급 艹 10획	거칠 황	荒漠 황막 虛荒 허황
풀 초(艹)+망할 망(亡)+내 천(川)		

慧 지혜로울 혜	
掃 쓸 소	예쁜(丰) 파란 지폐 두 장을 돼지머리(彐) 코에 꽂고 마음(心)은 **지혜(慧)**롭게 복을 빌고 보니, 돼지머리(彐)를 덮던(冖) 수건(巾)을 빗자루(帚) 삼아 손수(扌) 마루를 **쓰는 (掃)**, 저 여자(女)가 못된 큰 **며느리(婦)**요, 십자가(十) 아래서 돼지머리(彐)를 향해 기도하는 여자(女)가 내 아내 **처(妻)**인데, 마음(忄)에 상처를 받아 늘 **슬퍼(悽)**하지만, 마음(忄)씨 곱게 태어난(生) **성품(性)**은, 날(日)마다 다시 태어나는(生) 아름다운 **별(星)**과 같고, 그 여자(女)가 태어나(生) 얻은 **성씨(姓)**는 K 씨다.
婦 며느리 부	
妻 아내 처	
悽 슬퍼할 처	
性 성품 성	
星 별 성	*꼬리별 혜(彗) = 예쁠 봉(丰) + 丰 + 돼지머리 계(彐) *비 추(帚) = 지머리 계(彐) + 덮을 멱(冖) + 수건 건(巾)
姓 성씨 성	
亡 망할 망	
盲 소경 맹	**망할망(亡)**하게도, 눈(目)을 다쳐 **소경(盲)**이 되자, 마음(忄)속으로 망(亡)했다고 **바쁘게(忙)**, 여자(女)가 발 돌리니 **허망(妄)**하고, 세월은 흘러 마음(心)에 **잊을(忘)** 때가 되다 보니, 풀(艹)뿌리 같던 머리털도 망(亡)하게 빠지고 냇물(川)도 말라 **거친 황(荒)**무지가 되었구나.
忙 바쁠 망	
妄 허망할 망	
忘 잊을 망	
荒 거칠 황	

둘째마당 | 사람 관련 한자

己 5급 己 3획	몸 기 자기 기 利己心 이기심 自己 자기	選 5급 辶 16획	고를 선 뽑을 선 選出 선출 選擇 선택
자기 기(己)		뱀 사(巳)+巳+함께 공(共)+갈 착(辶)	
已 3급 己 3획	이미 이 不得已 부득이 已往之事 이왕지사	巳 3급 己 3획	뱀 사 乙巳條約 을사조약 巳時 사시 (오전 9시-11시)
그냥 외우기		그냥 외우기	
邑 7급 邑 7획	고을 읍 邑內 읍내 都邑地 도읍지	絶 4급 糸 12획	끊을 절 으뜸 절 絶交 절교 絶頂 절정
입 구(口)+뱀 파(巴) (제 부수)		실 사(糸)+빛 색(色)	
起 4급 走 10획	일어설 기 起死回生 기사회생 起床喇叭 기상나팔	紀 4급 糸 9획	벼리 기 紀綱 기강 紀元 기원
달아날 주(走)+몸 기(己)		실 사(糸)+몸 기(己)	
配 4급 酉 10획	짝 배 나눌 배 配匹 배필 配給 배급	忌 3급 心 7획	꺼릴 기 禁忌 금기 忌避 기피
술 유(酉)+몸 기(己)		몸 기(己)+마음 심(心)	
記 7급 言 10획	적을 기 외울 기 記錄 기록 記憶 기억	巷 3급 己 9획	거리 항 巷間 항간 巷說 항설
말씀 언(言)+몸 기(己)		함께 공(共)+뱀 사(巳)	
港 4급 氵 12획	항구 항 空港 공항 漁港 어항		
물 수(氵)+거리 항(巷)			

1-1-6　己 몸 기, 자기 기

選 고를 선
已 이미 이
巳 뱀 사
邑 고을 읍
絕 끊을 절

진열장에서 예쁜 뱀(巳) 두 마리를 함께공(共)씨가 집에 갈(辶) 때 **골라서(選)** 가다 보니, 몸(己)을 **이미(已)** 낮추고, 더 낮춰 숨은 뱀(巳)이 있어 잡아다, 동네 입구(口) 아래 뱀파(巴) 경기장에서 삼파전 달리기 경주를 시킨 후 **고을(邑)** 뒷산에다가, 실(糸)처럼 길고 색깔(色)이 고운 그 뱀의 목숨을 **끊지(絕)** 않고 살려 주더라.

起 일어설 기
紀 벼리 기
配 짝 배
忌 꺼릴 기
記 적을 기
巷 거리 항
港 항구 항

술 못하는 내가 달아나려(走) 몸(己)을 **일어서니(起)**, 실사(糸)씨는 나의 목줄 **벼리(紀)**를 잡고, 술(酉)고래를 **짝(配)**으로 정해주기에, 내 몸(己)이 피곤하고 마음(心)이 얹잖다 **꺼리자(忌)**, 말(言)을 자기(己)가 잘못했다고 용서를 빌며 요리 방법을 **적어(記)** 주면서, 집에 가서 먹으라며 함께공(共)씨에게 뱀(巳)을 들려서 복잡한 **거리(巷)**를 지나, 물(氵)가 **항구(港)**까지 바래다주더라.

둘째마당 | 사람 관련 한자

| 臣 5급 臣 6획 | 신하 **신** / 臣妾 신첩 / 功臣 공신 | 臥 3급 臣 8획 | 누울 **와** / 臥龍 와룡 / 臥病 와병 |

신하 신(臣) / 신하 신(臣)+사람 인(人)

| 臨 3급 臣 17획 | 임할 **임** / 臨終 임종 / 臨戰無退 임전무퇴 | 緊 3급 糸 14획 | 긴할 **긴** / 팽팽할 **긴** / 緊迫 긴박 / 緊縮 긴축 |

신하 신(臣)+누운 인(⺁)+물건 품(品) / 신하 신(臣)+또 우(又)+실 사(糸)

| 堅 4급 土 11획 | 굳을 **견** / 堅固 견고 / 堅實 견실 | 賢 4급 貝 15획 | 어질 **현** / 賢明 현명 / 賢母良妻 현모양처 |

신하 신(臣)+또 우(又)+흙 토(土) / 신하 신(臣)+또 우(又)+돈 패(貝)

| 監 4급 皿 14획 | 살필 **감** / 볼 **감** / 監視 감시 / 監房 감방 | 鑑 3급 金 22획 | 거울 **감** / 龜鑑 귀감 / 鑑査 감사 |

신하 신(臣)+누운 인(⺁)+한 일(一)+그릇 명(皿) / 쇠 금(金)+살필 감(監)

| 濫 3급 氵 17획 | 넘칠 **람** / 퍼질 **람** / 氾濫 범람 / 濫用 남용 | 覽 4급 見 21획 | 볼 **람** / 展覽會 전람회 / 閱覽 열람 |

물 수(氵)+살필 감(監) / 살필 감(監)-그릇 명(皿)+그물 망(罒)+볼 견(見)

| 鹽 3급 鹵 24획 | 소금 **염** / 鹽分 염분 / 鹽藏 염장 |

신하 신(臣)+누울 인(⺁)+소금 로(鹵)+그릇 명(皿)

1-1-7　臣 신하 신

臥 누울 와
臨 임할 임
緊 급할 긴
堅 굳을 견
賢 어질 현

우리 대감 신하(臣)가 퇴청하자 웬 사람(人)이 **누워(臥)** 있어, 신하(臣)가 살피니 이미 누운인(亻)은 너저분한 물건(品) 위에서 죽음에 **임한(臨)** 걸인이라, 신하(臣)는 또우(又)에게 실(糸)이 고운 삼베옷을 **긴급(緊)**히 준비케 하고, 신하(臣)와 또우(又)는 흙(土)을 발로 밟아 **굳고 견고(堅)**한 묘를 만들어 주니, 이를 전해 들은 왕은 많은 돈(貝)의 상금과 **어질현(賢)**자를 휘호로 써주셨더라.

監 살필 감
鑑 거울 감
濫 넘칠 람

신하(臣)가 보니까 반쯤 누운인(亻)이 한(一) 팔로 그릇(皿) 모양의 작은 배를 잡고 주위를 **살피고(監)**, 쇠(金)로 만든 **거울(鑑)**로 구조 신호를 보내며, 물(氵)이 **넘치면(濫)** 퍼내더라.

覽 볼 람
鹽 소금 염

신하(臣)가 구조한 누운인(亻)은 고기 하나(一) 없는 그물(罒)을 보고(見) 또 **보며(覽)**, 신하(臣)에게 누운인(亻)은 고맙다더니 땀을 쏟아 힘들다고 소금(鹵) 그릇(皿)에다 **소금(鹽)** 좀 담아 달라 하더라.

둘째마당 | 사람 관련 한자

士 5급 士 3획	선비 **사** 博士 박사 碩士 석사	吉 5급 口 6획	길할 **길** 吉兆 길조 吉凶 길흉
선비 사(士)		선비 사(士)+입 구(口)	
結 5급 糸 12획	맺을 **결** 結論 결론 結婚 결혼	志 4급 心 7획	뜻 **지** 意志 의지 志操 지조
실 사(糸)+길할 길(吉)		선비 사(士)+마음 심(心)	
誌 4급 言 14획	기록할 **지** 雜誌 잡지 日誌 일지	壽 3급 士 14획	목숨 **수** 나이 **수** 壽命 수명 壽宴 수연
말씀 언(言)+뜻 지(志)		선비 사(士)+(ㄱ)+장인 공(工)+한 일(一)+입 구(口)+마디 촌(寸)	
鑄 3급 金 22획	부어만들 **주** 鑄造 주조 鑄物 주물		
쇠 금(金)+목숨 수(壽)			

1-1-8	士 선비 사
吉 길할 길	
結 맺을 결	젊은 선비(士)의 입(口)을 보니 잘 먹고 잘 살 길(吉)할 운이라, 우리 딸과 실(糸)처럼 길게 인연을 맺자(結)며 양가가 합의를 하고, 선비(士) 마음(心)과 딸의 뜻(志)과, 양가의 오간 말(言)을 수첩에 기록했지(誌).
志 뜻 지	
誌 기록할 지	
壽 목숨 수	선비(士)도 한세상(一) 장인공(工)도 한세상(一) 입(口)에 풀칠 힘들고 마디(寸)만큼 짧은 목숨(壽), 잘살려고 쇠(金)를 녹여 가짜 돈을 부어 만들어(鑄) 쓰더라.
鑄 부어만들 주	

| 둘째마당 | 사람 관련 한자 |

工 7급 工 3획	장인 **공**		極 4급 木 13획	다할 **극**
	工業 공업 工房 공방			極樂 극락 至極 지극

장인 공(工)

나무 목(木)+공교할 교(丂)+입 구(口)+또우(又)+한 일(一)

巧 3급 工 5획	공교할 **교** 교묘할 **교**		差 4급 工 10획	어긋날 **차** 다를 **차**
	技巧 기교 巧妙 교묘			誤差 오차 千差萬別 천차만별

장인 공(工)+공교할 교(丂)

양 양(羊)+장인 공(工)

丑 3급 一 4획	소 **축**		靈 3급 雨 24획	신령 **령** 영혼 **령**
	丑生 축생 丑時 축시 (오전 1시-3시)			靈感 영감 靈魂 영혼

표-오른쪽 뿔

비 우(雨)+입 구(口)+口+口+무당 무(巫)

巨 4급 工 5획	클 **거** 많을 **거**		拒 4급 扌 8획	막을 **거** 물리칠 **거**
	巨人 거인 巨富 거부			拒逆 거역 拒否 거부

그냥 외우기

손 수(扌)+클 거(巨)

距 3급 足 12획	떨어질 **거**	
	距離感 거리감	

발 족(足)+클 거(巨)

1-1-9　工 장인 공

極 다할 극
巧 공교할 교
差 어긋날 차

대추나무(木)가 공교(丂)롭게 벼락을 맞아 동내 입구(口)에 쓰러져 있어 또우(又)와 한일(一)이 힘을 **다해(極)** 가져오니, 장인공(工)씨는 공교(丂)한 솜씨로 **공교(巧)**롭게, 삐뚤어진 양(羊) 꼬리 모양 같은 도장을 한 치의 **어긋(差)**남도 없이 만들었네.

丑 소 축
靈 신령 령
巨 클 거
拒 막을 거
距 떨어질 거

'표'씨네 오른 뿔 없는 **소(丑)**가, 비(⻗) 오는 날 절간 문 입구(口) 셋을 지나 칠성각을 오르니 무당(巫)이 **신령(靈)**에게 소머리를 놓고 빌자, 소가 터진 입구(匚)에 혓바닥을 뒤집어 **거(巨)**하게 틀어막고 무당에 덤비기에, 내가 손(扌)으로 **막고(拒)**, 발(𧾷)로 차며 멀리 **떨어지거라(距)** 하며 혼을 냈지.

둘째마당 | 사람 관련 한자

| 紅 4급 糸 9획 | 붉을 **홍**
紅一點 홍일점
紅顏 홍안 | 江 7급 氵 6획 | 강 **강**
江南 강남
江北 강북 |

실 사(糸)+장인 공(工) / 물 수(氵)+장인 공(工)

| 鴻 3급 鳥 17획 | 큰기러기 **홍**
鴻聲 홍성
鴻毛 홍모 | 攻 4급 攵 7획 | 칠 **공**
다스릴 **공**
侵攻 침공
專攻 전공 |

강 강(江)+새 조(鳥) / 장인 공(工)+칠 복(攵)

| 恐 3급 心 10획 | 두려울 **공**
恐妻家 공처가
恐怖心 공포심 | 築 4급 ⺮ 16획 | 쌓을 **축**
建築 건축
築臺 축대 |

장인 공(工)+무릇 범(凡)+마음 심(心) / *쌓을 축(筑)+나무 목(木)

| 敢 4급 攵 12획 | 감히 **감**
용감할 **감**
果敢 과감
敢行 감행 | 嚴 4급 口 20획 | 엄할 **엄**
嚴格 엄격
嚴重 엄중 |

장인 공(工)-한 일(一)+귀 이(耳)+칠 복(攵) / 엄할 엄(吅)+민엄호(厂)+감히 감(敢)

紅
붉을 홍

江
강 강

鴻
큰기러기 홍

攻
칠 공

恐
두려울 공

築
쌓을 축

털실(糸)을 장인공(工)씨가 **붉게(紅)** 물들여 걸치고, 물(氵)도 맑은 **강(江)**에서 노는, 새(鳥)들 중에 **큰기러기(鴻)**를 유인한 후, 장인공(工)씨는 때리고(攵) **쳐서(攻)** 잡으니, 장인공(工)씨와 무릇 범(凡)인들의 죄의식 없는 마음(心)이 **두려워(恐)**, 접근치 못하게 대(竹)나무(木) 울타리를 **쌓았지(築)**.

*쌓을 축(築) = 대 죽(竹) + 장인 공(工) + 무릇 범(凡)

敢
감히 감

嚴
엄할 엄

장인공(工)씨가 술안주로 당나귀 귀(耳)를 뜯어먹고 때리고(攵) **감히(敢)** 내게 대들기에, 입이 둘(吅)이라도 말 못하게 민엄호(厂) 감방에 가두고 **엄(嚴)**하게 다스렸지.

둘째마당 | 사람 관련 한자

儿 0급 儿 2획	어진 **인**	兒 5급 儿 8획	아이 **아** 兒童 아동 育兒 육아
어진 인(儿)		절구 구(臼)+어진 인(儿)	
兄 8급 儿 5획	맏 **형** 兄嫂 형수 兄弟 형제	凶 5급 凵 4획	흉할 **흉** 흉년 **흉** 凶計 흉계 凶作 흉작
입 구(口)+어진 인(儿)		입 벌릴 감(凵)+乂	
克 3급 儿 7획	이길 **극** 克服 극복 克己訓鍊 극기훈련	先 8급 儿 6획	먼저 **선** 先輩 선배 先發隊 선발대
열 십(十)+맏 형(兄)		소 우(牛)+어진 인(儿)	
元 5급 儿 4획	으뜸 **원** 元素 원소 身元照會 신원조회	況 4급 氵 8획	모양 **황** 하물며 **황** 狀況 상황 況且 황차 (하물며)
두 이(二)+어진 인(儿)		물 수(氵)+맏 형(兄)	
說 5급 言 14획	말씀 **설** 說法 설법 說明 설명	稅 4급 禾 12획	세금 **세** 租稅 조세 登錄稅 등록세
말씀 언(言)+기쁠 태(兌)		벼 화(禾)+*기쁠 태(兌)	
脫 4급 月 11획	벗을 **탈** 脫出 탈출 解脫 해탈	悅 3급 忄 10획	기쁠 **열** 喜悅 희열 悅愛 열애
육달 월(月)+기쁠 태(兌)		마음 심(忄)+기쁠 태(兌)	

1-1-10 　儿 어진 인

兒 아이 아

兄 맏 형

凶 흉할 흉

克 이길 극

先 먼저 선

元 으뜸 원

절구(臼)모양 머리 큰 어진(儿) **아이(兒)**였던 형, 입(口)도 반듯하여 바른말도 잘하는 **맏형(兄)**은, 입 벌릴 감(凵) 안에 'ㄨ'같이 **흉한(凶)** 귀신도, 십자가(十) 들고 맏형(兄)은 싸워 **이기(克)**시기에, 내가 소(牛)꼬리를 사다가 어진(儿) 형에게 **먼저(先)** 해드렸지, 두(二) 번이나 **으뜸(元)**가는 꼬리 탕을.

況 모양 황

說 말씀 설

稅 세금 세

脫 벗을 탈

悅 기쁠 열

논두렁 물(氵)가에서 맏형(兄)은 **모양(況**속況**)**이 없는, 여덟팔(八)자 걸음을 하며 말씀(言)하고 **말씀(說)**하시길, 벼(禾)가 풍년들어 기쁘게(兌) **세금(稅)**을 낸다며, 빛나는 달(月)처럼 **벗겨져 탈(脫)**모 된 머리를 쓸면서, 몸과 마음(忄)이 즐겁고 **기쁘다(悅)** 하신다.

*기쁠 태(兌) = 여덟 팔(八) + 맏 형(兄)

둘째마당 | 사람 관련 한자

免 3급 儿 8획	면할 **면**	勉 4급 力 9획	힘쓸 **면**
	免除 면제 罷免 파면		勉學 면학 勸勉 권면

머리 뿔(⺈)+세로 왈(曰)+어진 인(儿) | 면할 면(免)+힘 력(力)

晩 3급 日 12획	저물 **만**	逸 3급 辶 12획	달아날 **일** 편안할 **일**
	晩鐘 만종 晩年 만년		逸脫 일탈 安逸 안일

날 일(日)+면할 면(免) | 면할 면(免)+불똥 주(丶)+갈 착(辶)

尢 0급 尢 3획	절름발이 **왕**	尤 3급 尢 4획	더욱 **우**
			尤甚 우심 尤妙 우묘

절름발이 왕(尢) | 절름발이 왕(尢)+불똥 주(丶)

就 4급 尢 12획	이룰 **취** 나갈 **취**	枕 3급 木 8획	베개 **침**
	成就 성취 進就 진취		高枕短命 고침단명 枕木 침목

서울 경(京)+더욱 우(尤) | 나무 목(木)+망설일 유(尤)

沈 3급 氵 7획	빠질 **침** *성씨 **심**		
	沈沒 침몰 沈滯 침체		

물 수(氵)+망설일 유(尤)

免
면할 면

勉
힘쓸 면

晚
저물 만

逸
달아날 일

머리뿔(⺈)난 세로왈(囗) 얼굴 모습의 어진인(儿)씨가 군대를 **면(免)**하려 한다면, 자기가 힘(力) **쓰면(勉)** 된다고, 날(日)이 **저물(晚)**도록 거짓말하기에, 내가 면하기(免) 싫다고 똥창에 불똥(丶) 놓아주니 간다(辶) 하며 똥질 빠지게 **달아나(逸)**더라.

| 1-1-11 | 尤 절름발이 왕 |

尤
더욱 우

就
이룰 취

枕
베개 침

沈
빠질 침

절름발이왕(尤)이 목에 불똥(丶)을 달고 **더욱 우(尤)**아하게 치장하고는, 서울(京) 나들이 소원을 **이뤘(就)**다며, 술 취한 절름발이왕(尤)은 양팔을 내리고 망설이더니(尤) 나무(木) **베개(枕)**를 안고, 시원한 물(氵)가에서 깊은 잠에 **빠지(沈)**더라.

둘째마당 | 사람 관련 한자

幺 0급 幺 3획	어릴 **요** 작을 **요** 幺弱 요약		畿 3급 田 15획	경기 **기** 京畿道 경기도 畿湖 기호
어릴 요(幺)			어릴 요(幺)+幺+창 과(戈)+밭 전(田)	
幾 3급 幺 12획	기미 **기** 몇 **기** 幾微 기미 (낌새) 幾日 기일 (몇날 며칠)		機 4급 木 16획	베틀 **기** 기계 **기** 기회 **기** 機械 기계 投機 투기
어릴 요(幺)+幺+창 과(戈)+사람 인(人)			나무 목(木)+기미 기(幾)	
顯 4급 頁 23획	나타날 **현** 顯微鏡 현미경 顯著 현저		濕 3급 氵 17획	젖을 **습** 濕氣 습기 高溫多濕 고온다습
가로 왈(日)+어릴 요(幺)+幺+불 화(灬)+머리 혈(頁)			물 수(氵)+가로 왈(日)+어릴 요(幺)+幺+불 화(灬)	
幼 3급 幺 5획	어릴 **유** 幼兒 유아 幼年 유년		幽 3급 幺 9획	숨을 **유** 그윽할 **유** 深山幽谷 심산유곡 幽靈 유령
어릴 요(幺)+힘 력(力)			어릴 요(幺)+幺+뫼 산(山)	
繼 4급 糸 20획	이을 **계** 繼承 계승 中繼 중계		斷 4급 斤 18획	끊을 **단** 斷指 단지 斷食 단식
실 사(糸)+어릴 요(幺)+幺+한 일(一)+幺+幺+ㄴ			어릴 요(幺)+幺+한 일(一)+幺+幺+ㄴ+도끼 근(斤)	

| 1-1-12 | 幺 어릴 요, 작을 요 |

畿
경기 기

幾
기미 기

機
베틀 기

어린(幺) 형제가 창(戈)을 품고서 임금이 관리하는 밭(田) **경기(畿)**도에서 보초를 서는데, 웬 사람(人)이 밭(田)을 몽땅 훔쳐간 **기미(幾)**가 있다며, 나무(木)의 **베틀(機)** 기계 옆에서 숨어 지켜보더라.

顯
나타날 현

濕
젖을 습

幼
어릴 유

幽
숨을 유

도란도란 가로왈(曰)하며 어린(幺)이 둘이 발에 불(灬)을 쬐는데 도깨비 머리(頁)가 **나타나자(顯)**, 놀라 물(氵)에 뛰어들어 발은 **젖어 습(濕)**하고, 어리고(幺) 힘(力)이 모자란 **어린(幼)** 유아들이라, 어린(幺)이 둘은 재빨리 산(山)속으로 **숨(幽)**더라

繼
이을 계

斷
끊을 단

실(糸)을 뽑는 'ㄴ'자 방직공장 일(一)자 작업대에서 어린(幺) 네 자매가 **연이어(繼)** 작업하다, 도끼(斤)로 비단 줄을 **절단(斷)**하는 실수를 했네.

둘째마당 | 사람 관련 한자

示 礻 5급 示 5획	보일 **시** 지신 **기**(땅 귀신) 提示 제시 示威 시위	社 6급 示 8획	모일 **사** 社會主義 사회주의 會社 회사
보일 시, 지신 기(示, 礻), 조상 시		조상 시(示)+흙 토(土)	
祝 5급 示 10획	빌 **축** 祝福 축복 祝祭 축제	祀 3급 示 8획	제사 **사** 祭祀 제사 告祀 고사
조상 시(示)+맏 형(兄)		조상 시(示)+뱀 사(巳)	
禁 4급 示 13획	금할 **금** 禁煙 금연 監禁 감금	神 6급 示 10획	정신 **신** 귀신 **신** 失神 실신 神話 신화
수풀 림(林)+지신 기(示)		지신 기(示)+납 신(申)	
坤 3급 土 8획	땅 **곤** 乾坤坎離 건곤감리 (태극기의 4괘)		
흙 토(土)+납 신(申)			
曲 5급 日 5획	굽을 **곡** 가락 **곡** 曲線 곡선 作曲 작곡	豊 4급 豆 13획	풍성할 **풍** 풍년 **풍** 豊富 풍부 豊作 풍작
가로 왈(日)+∥		굽을 곡(曲)+콩 두(豆)	
骨 4급 骨 10획	뼈 **골** 骨髓 골수 骨格 골격	體 6급 骨 23획	몸 **체** 體育大會 체육대회 全體 전체
뼈 골(骨) (제 부수)		뼈 골(骨)+풍성할 풍(豊)	
禮 6급 示 18획	예도 **예** 예절 **예** 禮儀凡節 예의범절 失禮 실례		
조상 시(示)+풍성할 풍(豊)			

1-1-13 示(礻) 보일 시, 지신 기
*조상 시(저가가 추가한 부수명)

社 모일 사	
祝 빌 축	조상(示)들의 혼이 토(土)방에 **모이자(社)**, 조상(示)에게 맏형(兄)은 가문에 영광을 **비는 축(祝)**문을 읽고, 뱀(巳)을 설렁설렁 끓여 **제사(祀)**를 올리더라.
祀 제사 사	
禁 금할 금	
神 정신 신	원숭이가 수풀(林)에 땅 귀신(示)의 출입을 **금하자(禁)**, 땅 귀신(示)이 원숭이 납(申)에게 **정신(神)** 나간 놈 하며, 땅(土)에다 **곤(坤)**두박질시키더라.
坤 땅 곤	
曲 굽을 곡	
豊 풍성할 풍	가로왈(曰) 하며 젓가락(‖)으로 고기를 마냥 집어 먹다 보니 배는 불러 허리는 **굽어(曲)**지지 않고, 곳간에 콩(豆)도 **풍성(豊)**하여 콩떡을 해 먹으니, **뼈(骨)**도 튼튼해지고, 풍성히 **몸(體)**도 살쪄, 조상(示)님께 **예도(禮)** 차릴 겸 고사 지냈네.
骨 뼈 골	
體 몸 체	
禮 예도 예	

둘째마당 | 사람 관련 한자

過 5급 辶 13획	과오 과 지날 과 過失 과실 通過 통과	禍 3급 示 14획	재앙 화 禍根 화근 轉禍爲福 전화위복
입 삐뚤어질 괘(咼)+갈 착(辶)		조상 시(示)+입 삐뚤어질 괘(咼)	
企 3급 人 6획	바랄 기 꾀할 기 企劃 기획 企業 기업	肯 3급 月 8획	수긍할 긍 즐길 긍 肯定的 긍정적 不肯 불긍(즐겨 않음)
사람 인(人)+멈출 지(止)		멈출 지(止)+육달 월(月)	
鬼 3급 鬼 10획	귀신 귀 鬼神 귀신 神出鬼沒 신출귀몰	醜 3급 酉 17획	추할 추 醜態 추태 醜物 추물
귀신 귀(鬼)		술 유(酉)+귀신 귀(鬼)	
愧 3급 忄 13획	부끄러울 괴 自愧 자괴 慙愧 참괴	塊 3급 土 13획	흙덩이 괴 金塊 금괴 塊石 괴석
마음 심(忄)+귀신 귀(鬼)		흙 토(土)+귀신 귀(鬼)	

過 과오 과	양악 수술(咼 뼈 발라낼 과) 잘못으로 입(口)이 삐뚤어져(咼) 병원에 다시 가니(辶) 의사는 자기의 **과오(過)**를 숨기려 해, 조상(示)께서 그자에게 무서운 **재앙(禍)**을 내려줄까 하니, 수술받으려던 사람(人)도 멈추어(止) 그러길 **바라고(企)**, 눈물을 그치고(止) 달월(月) 아가씨도 **수긍(肯)**을 하네.
禍 재앙 화	
企 바랄 기	
肯 수긍할 긍	

1-1-14 鬼 귀신 귀

醜 추할 추	감춰놓은 술(酉)을 귀신(鬼)같이 찾아 먹고 **추(醜)**하게, 마음(忄)에 **부끄러움(愧)**도 괴이치 않는 주정꾼이, 흙(土) **덩어리(塊)**를 금괴로 알고 가져가더라.
愧 부끄러울 괴	
塊 흙덩이 괴	

ク	머리 **뿔** 뿔난 **인** *저자가 만든 부수와 부수명	負 4급 貝 9획	질 **부** 負擔 부담 自負心 자부심
머리 뿔(ク)		머리 뿔(ク)+돈 패(貝)	
換 3급 扌 12획	바꿀 **환** 換算 환산 換錢 환전	煥 2급 火 13획	불꽃 **환** 빛날 **환** 煥爛 환란 (밝게 빛남) 輸入煥 수입환
손 수(扌)+*빛날 환(奐)		불 화(火)+빛날 환(奐)	
別 6급 刂 7획	나눌 **별** 다를 **별** 特別市 특별시 差別 차별	膽 2급 月 17획	쓸개 **담** 膽石症 담석증 熊膽 웅담
입 구(口)+머리 뿔(ク)+선칼 도(刂)		육달 월(月)+이를 첨(詹)	
擔 4급 扌 16획	멜 **담** 짊어질 **담** 擔保 담보 負擔 부담	澹 1급 氵 16획	담박(백)할 **담** 澹泊(淡白) 담박 澹澹 담담
손 수(扌)+이를 첨(詹)		물수(氵)+*이를 첨(詹)	
急 6급 心 9획	급할 **급** 急行 급행 急傾斜 급경사	久 3급 丿 3획	오랠 **구** 長久 장구 恒久的 항구적
머리 뿔(ク)+돼지머리 계(彐)+마음 심(心)		머리 뿔(ク)+사람 인(人)	
琢 2급 王 12획	쪼을 **탁** 다듬을 **탁** 琢磨 탁마 彫琢 조탁	象 4급 豕 12획	코끼리 **상** 모양 **상** 象牙 상아 赤潮現象 적조현상
구슬 옥(王)+돼지 시(豕)+심지 주(丶)		뿔난인(ク)+뒤집힌 뫼 산(山)+돼지 시(豕)	
豫 4급 豕 16획	미리 **예** 豫約 예약 豫測 예측	像 3급 亻 14획	모양 **상** 형상 **상** 肖像畵 초상화 虛像 허상
나 여(予)+코끼리 상(象)		사람 인(亻)+코끼리 상(象)	

1-1-15 ⺈ 머리 뿔, 뿔난 인

*저자가 만든 부수와 부수명

負 질 부
換 바꿀 환
煥 불꽃 환

머리뿔(⺈)난 놈이 많은 돈(貝)의 빚을 **지고(負)** 갚지를 않자, 손수(扌) 머리뿔(⺈)난 놈에게 성(冂)안에 사는 어진인(儿)은 큰대(大)자 총으로 **바꿔(換)** 들고, 불(火)을 댕겨 **불꽃(煥)**을 쏘니 아! 그 놈은 그놈은 갔네.

*빛날 환(奐) = 머리 뿔(⺈) + 성 경(冂) + 어진 인(儿) + 큰 대(大)

別 나눌 별
膽 쓸개 담
擔 멜 담
澹 담백할 담

동네 입구(口) 아래 머리뿔(⺈)난 곰이 있어 긴 칼(刂)로 잡아 부위별로 **나누자(別)**, 보름달(月)이 떴을 때는 머리뿔(⺈)난 놈의 쓸개가 좋다는 민엄호(厂)에 사는 어진인(儿)씨 말(言)이 생각나 **쓸개(膽)**만, 손수(扌) 어깨에 **메고(擔)** 와, 물(氵)에 씻어 **담백(澹)**하게 구워 먹었지.

*이를 첨(詹) = 머리 뿔(⺈) + 민엄호(厂) + 어진 인(儿) + 말씀 언(言)

急 급할 급
久 오랠 구

머리뿔(⺈)난 돼지머리(彐) 놈은 먹는데 마음(心)이 **급(急)**해, 사람(人)처럼 **오래(久)** 생각하지 않는다.

琢 쫄 탁
象 코끼리 상
豫 미리 예
像 모양 상

옥(玉)돌의 파편(丶)이 돼지(豕) 다리로 튀어 박히자 정으로 돌을 **쪼던(琢)**, 뿔난인(⺈)은 도망을 가고 온 산(山)을 뒤엎으며 돼지(豕)가 화풀이를 **코끼리(象)**에게 하니, 내(子) 옆에 있던 코끼리(象)는 **미리 예(豫)**측을 못 해, 개뿔 같은 사람(亻) 때문에 망신당했다며 **상(像)**을 쓰더라.

79

둘째마당 | 사람 관련 한자

02 신체 관련 부수 연상한자

首 5급 首 9획	머리 수	道 7급 辶 13획	길 도
	首席 수석 首相 수상		武道 무도 道理 도리
머리 수(首)		머리 수(首)+갈 착(辶)	

導 4급 寸 16획	인도할 도 이끌 도		
	導達 도달 誘導彈 유도탄		
길 도(道)+마디 촌(寸)			

頁 0급 頁 9획	머리 혈	須 3급 頁 12획	수염 수 모름지기 수
	油頁巖 유혈암		須髮 수발 必須 필수
머리 혈(頁)		터럭 삼(彡)+머리 혈(頁)	

煩 3급 火 13획	괴로울 번 번거로울 번	項 3급 頁 12획	목덜미 항 항목 항
	煩悶 번민 煩雜 번잡		項目 항목 事項 사항
불 화(火)+머리 혈(頁)		장인 공(工)+머리 혈(頁)	

類 5급 頁 19획	무리 류 비슷할 류	夏 7급 夊 10획	여름 하
	種類 종류 類似 유사		夏至 하지 春夏秋冬 춘하추동
쌀 미(米)+개 견(犬)+머리 혈(頁)		일자(一自)+서서히(夊)	

* 여름 하(夏) : 천천히 걸을 쇠(夊) 부수에 속함

1-2-1　首 머리 수

道 길 도	머리(首)를 박박 깎고 한자를 배우러, 절에 가다(辶) **길(道)**에서 만난 동자승이, 손가락 마디(寸) 걸고 나를 **인도(導)**하며 이 책으로 삼일만 공부하면 도사가 되니 그냥 집에 가지고 가라 하네.
導 인도할 도	

1-2-2　頁 머리 혈

須 수염 수	터럭삼(彡)단 머리(頁)털과 **모름지기 수(須)**염도, 불(火) 살라 버리자 **괴로운 번(煩)**민이 사라진, 장인공(工)씨는 머리(頁)와 **목덜미(項)**가 항상 시원하다더라.
煩 괴로울 번	
項 목덜미 항	
類 무리 류	쌀알(米)은 알대로 개(犬) 머리(頁)는 머리대로 비슷해 구분키 어려운 **무리(類)**지만, 날짜인지 일자(一自)인지 서서히(夂) 더워지는 **여름 하(夏)**절기 복날엔 쌀밥에 보신탕이 그만이더라.
夏 여름 하	

둘째마당 | 사람 관련 한자

亠 0급 亠 2획	머리 두	京 6급 亠 8획	서울 경 上京 상경 京鄕 경향
머리 두(亠)		머리 두(亠)+입 구(口)+작을 소(小)	
景 5급 日 12획	경치 경 볕 경 景觀 경관 好景氣 호경기	涼 3급 氵 11획	서늘할 량 納涼特輯 납량특집 淸涼劑 청량제
해 일(日)+서울 경(京)		물 수(氵)+서울 경(京)	
諒 3급 言 15획	헤아릴 량 믿을 량 諒解 양해 諒知 양지	掠 3급 扌 11획	노략질할 략 掠奪 약탈 侵掠 침략
말씀 언(言)+서울 경(京)		손 수(扌)+서울 경(京)	
影 3급 彡 15획	그림자 영 影響 영향 反影 반영	亭 3급 亠 9획	정자 정 亭子 정자 八角亭 팔각정
경치 경(景)+터럭 삼(彡)		머리 두(亠)+입 구(口)+덮을 멱(冖)+고무래 정(丁)	
毫 3급 毛 11획	붓 호 터럭 호 揮毫 휘호 秋毫 추호	豪 3급 豕 14획	호걸 호 豪傑 호걸 豪快 호쾌
머리 두(亠)+입 구(口)+덮을 멱(冖)+털 모(毛)		머리 두(亠)+입 구(口)+덮을 멱(冖)+돼지 시(豕)	
停 5급 亻 11획	머무를 정 停留場 정류장 停年 정년		
사람 인(亻)+정자 정(亭)			

| 1-2-3 | 亠 머리 두 |

京 서울 경

景 경치 경

涼 서늘할 량

諒 헤아릴 량

掠 노략질할 략

影 그림자 영

머리(亠)와 입이(口) 작은(小) 시골 친구가 밤차로 **서울(京)**에 올라와, 날(日)이 밝아 **경치(景)**를 구경하다, 물(氵)가 그늘이 **서늘하여(涼**속凉**)** 쉬려니, 말(言)을 하자면 **헤아려(諒)** 자릿세를 달라며, 손수(扌) **노략질(掠)**하는 놈 있어, 경치(景)를 구경하던 터럭삼(彡)단 긴 머리 총각은 쓸쓸한 **그림자(影)**를 남기며 서울 인심 박하다고 떠나가더라.

亭 정자 정

毫 붓 호

豪 호걸 호

停 머무를 정

머리(亠)와 입(口)을 가리고(冖) 고무래정(丁) 같은 못을 박아 **정자(亭)**을 지어놓고, 털(毛)이 거친 **붓(毫)**으로 멋진 휘호를 써서 걸고는, 멧돼지(豕) 같은 **호걸(豪)**이 떠나가자, 사람(亻)들은 정자(亭)를 찾아와 **머물며(停)** 누구냐고 두고두고 묻더라.

둘째마당 | 사람 관련 한자

目 6급 目 5획	눈 **목** 目標 목표 注目 주목	眞 4급 目 10획	참 **진** 眞善美 진선미 眞品 진품
눈 목(目)		비수 비(匕)+눈 목(目)+ㄴ+여덟 팔(八)	
愼 3급 忄 13획	삼갈 **신** 謹愼 근신 愼重 신중	鎭 3급 金 18획	진압할 **진** 누를 **진** 鎭壓 진압 鎭靜 진정
마음 심(忄)+참 진(眞)		쇠 금(金)+참 진(眞)	
眉 3급 目 9획	눈썹 **미** 兩眉間 양미간 蛾眉 아미	看 4급 目 9획	볼 **간** 看護 간호 看過 간과
지붕 시(尸)+송곳 곤(丨)+눈 목(目)		손 수(手)+눈 목(目)	
眼 4급 目 11획	눈 **안** 眼球 안구 眼目 안목	冒 3급 冂 9획	무릅쓸 **모** 冒險 모험 冒瀆 모독
눈 목(目)+그칠 간(艮)		쓰개 모(冃)+눈 목(目)	
直 7급 目 8획	곧을 **직** 直線的 직선적 直擊彈 직격탄	値 3급 亻 10획	값 **치** 期待値 기대치 數値 수치
열 십(十)+눈 목(目)+ㄴ		사람 인(亻)+곧을 직(直)	
植 7급 木 12획	심을 **식** 植木日 식목일 植樹 식수	置 4급 罒 13획	둘 **치** 放置 방치 配置 배치
나무 목(木)+곧을 직(直)		그물 망(罒)+곧을 직(直)	

1-2-4　目 눈 목

眞 참 진
愼 삼갈 신
鎭 진압할 진

비수(匕)같이 째진 눈(目)으로 날 보며 'ㄴ'자 의자에 팔(八)자로 앉아 시위하는 건방진 **참진(眞)** 놈을, 내가 마음(忄)을 **삼가지(愼)** 못하고, 쇠(金)파이프로 단번에 **진압(鎭)**을 했지.

眉 눈썹 미
看 볼 간
眼 눈 안
冒 무릅쓸 모

지붕(尸) 서까래(|)에 매단 거울에 눈(目)을 대고 **눈썹(眉)**을 보거나, 손(手)을 눈(目)에 얹고 밖을 **보면(看)** 잘 보이고, 눈(目)을 감아 오락을 그치고(艮) **눈 안(眼)**을 보면 심안이 열리나, 쓰개 모(冃쓰개, 복건)쓴 누구누구는 오락에 눈(目)을 **무릅쓰게(冒)** 혹사하다 눈 다 버렸네.

直 곧을 직
値 값 치
植 심을 식
置 둘 치

열(十) 번을 눈(目) 뜨고 봐도 'ㄴ' 자로 꼬부라진 나무줄기는 **곧게(直)** 자라지 않아 베어내고, 사람(亻)들이 좋아할 **값어치(値)** 나가는, 나무(木)줄기가 곧은(直) 것만 **심어(植)** 키우고, 또 자라서 시원한 그물(罒)막이 될 것들은 그냥 **방치(置)**해 두었지.

둘째마당 | 사람 관련 한자

且 3급 一 5획	또 **차** 구차할 **차** 且置 차치 苟且 구차		查 5급 木 9획	살필 **사** 조사할 **사** 監査 감사 搜査官 수사관

눈 목(目)+한 일(一) / 나무 목(木)+또 차(且)

租 3급 禾 10획	세금 **조** 구실 **조** 租稅 조세		組 4급 糸 11획	짤 **조** 구성할 **조** 組版 조판 組織 조직

벼 화(禾)+또 차(且) / 실 사(糸)+또 차(且)

具 5급 八 8획	갖출 **구** 具備 구비 家具 가구		俱 3급 亻 10획	함께 **구** 俱現 구현 俱備 구비 (함께 갖춤)

또 차(且)+여덟 팔(八) / 사람 인(亻)+갖출 구(具)

祖 7급 示 10획	조상 **조** 할아버지 **조** 始祖 시조 先祖 선조		宜 3급 宀 8획	마땅할 **의** 宜當 의당 便宜主義 편의주의

조상 시(示)+또 차(且) / 집 면(宀)+또 차(且)

且 또 차
查 살필 사
租 세금 조
組 짤 조
具 갖출 구
俱 함께 구
祖 조상 조
宜 마땅 의

눈(目) 아래가 일자로(一) 길게 주름진 **또차(且)**씨가, 나무(木)로 지은 곳간에 곡식을 **살피더니(查)**, 좋은 벼(禾)를 골라 **세금(租)**으로 내고, 또 실(糸)로 **짠(組)** 포대 자루에 담아, 여덟(八) 개 바퀴를 **갖춘(具)** 수레에 싣고, 옆집 사람(亻)과 **함께 구(俱)**락부에 가서 기금으로 내자, 조상(示)님께서 또차(且)가 **조상(祖)**을 빛냈으니, 좋은 집(宀)을 또차(且)에 물려주는 것이 의당 **마땅(宜)**하지 하신다.

둘째마당 | 사람 관련 한자

耳 5급 耳 6획	귀 **이** 耳目口鼻 이목구비 馬耳東風 마이동풍		**耶** 3급 耳 9획	아버지 **야** 어조사 **야** 耶蘇敎 야소교 有耶無耶 유야무야
귀 이(耳)			귀 이(耳)+고을 읍(阝)	
程 4급 禾 12획	규정 **정** 길 **정** 단위 **정** 規程 규정 旅程 여정		**聖** 4급 耳 13획	성인 **성** 성스러울 **성** 聖人君子 성인군자 聖經 성경
벼 화(禾)+입 구(口)+북방임(壬)			귀 이(耳)+입 구(口)+북방 임(壬)	
聞 6급 耳 14획	들을 **문** 所聞 소문 新聞 신문		**聲** 4급 耳 17획	소리 **성** 聲樂家 성악가 聲明 성명
문 문(門)+귀 이(耳)			*소리 성(殸)+귀 이(耳)	
聘 3급 耳 13획	부를 **빙** 사위 **빙** 招聘 초빙 聘父 빙부(장인)		**聯** 3급 耳 17획	나란할 **연** 잇닿을 **련** 聯合軍 연합군 關聯 관련
귀 이(耳)+까닭 유(由)+공교할 교(丂)			귀 이(耳)+어릴 요(幺)+幺+쌍상투 관(卝)	
關 5급 門 19획	빗장 **관** 관계할 **관** 稅關 세관 關聯 관련			
문 문(門)+어릴요(幺)+幺+쌍상투 관(卝)				

1-2-5　耳 귀 이

耶 아버지 야

程 규정 정

聖 성인 성

귀(耳)에 들리는 소문은 고을(阝)에서 **아버지(耶)**가 야소교 믿고, 벼(禾)를 그 동네 입구(口) 북방임(壬) 교회에 헌금으로 내는 십일조 **규정(程)**도 잘 지키고, 귀(耳)는 열어두고 입(口)은 무거워 북방임(壬) 교회에서 **성인(聖)** 같은 신자라네.

聞 들을 문

聲 소리 성

聘 부를 빙

聯 나란할 연

關 빗장 관

문(門)에 귀(耳)를 대고 몰래 **들으니(聞)**, 술 취한 선비(士)가 지붕(尸)을 뚫고(丨) 몽둥이(殳)로 치고 귀(耳)가 터지게 **소리(聲)** 지르고, 딸의 귀(耳)를 까닭(由)도 없이 때리고 술 짓는 솜씨가 공교한(丂) 사람을 **불렀으니(聘)** 그리 알라며, 귀(耳)가 터진 쌍둥이 어린(幺) 동생과 관이(卝)를 **나란히(聯)** 벌을 주고, 문(門)의 **빗장(關)**을 걸고 들어가더라.

*소리 성(殸) = 선비 사(士) + 지붕 시(尸) + 뚫을곤(丨) + 몽둥이 수(殳)

둘째마당 | 사람 관련 한자

口 7급 口 3획	입 **구** 입구몸 에워쌀 **위** 口頭契約 구두계약 口舌數 구설수	囚 3급 口 5획	가둘 **수** 죄수 **수** 囚人 수인 罪囚 죄수
입 구(口)		입구몸(口)+사람 인(人)	
困 4급 口 7획	곤궁할 **곤** 괴로울 **곤** 困窮 곤궁 困難 곤란	因 5급 口 6획	말미암을 **인** 인할 **인** 因習 인습 原因 원인
입구몸(口)+나무 목(木)		입구몸(口)+큰 대(大)	
姻 3급 女 9획	혼인할 **인** 아내 **인** 婚姻 혼인 姻戚 인척	只 3급 口 5획	다만 **지** 只今 지금 但只 단지
여자 여(女)+말미암을 인(因)		입 구(口)+여덟 팔(八)	
吐 3급 口 6획	토할 **토** 말할 **토** 嘔吐 구토 吐露 토로	品 5급 口 9획	물건 **품** 평할 **품** 品格 품격 品評 품평
입 구(口)+흙 토(土)		입 구(口)+口+口	
區 6급 匚 11획	구역 **구** 나눌 **구** 區內 구내 區分 구분	溫 6급 氵 13획	따뜻할 **온** 부드러울 **온** 溫帶 온대 溫和 온화
터진입구(匚)+물건 품(品)		물 수(氵)+가둘 수(囚)+그릇 명(皿)	

1-2-6　口 입 구, 입구몸, 에워쌀 위

囚 가둘 수
困 곤궁할 곤
因 말미암을 인
姻 혼인할 인

둘레를 좁게 에워싼(口) 담장 속에다 사람(人)이 **가두어(囚)** 키운, 나무(木)를 하는 나무꾼의 살림은 **곤궁(困)**하지만, 큰(大) **인(因)**연으로, 아름다운 여자(女) 선녀와 **혼인(姻)**을 하였으니 얼마나 기쁘랴.

只 다만 지
吐 토할 토
品 물건 품
區 구역 구
溫 따뜻할 온

동네 입구(口)에서 회를 먹은 여덟(八) 명이 **단지(只)** 배탈이 났다며, 체면 불고하고 흙(土)에다 **토해(吐)**, 내가 주둥이 입구(口)가 셋 달린 **물건(品)**에 쓸어 담아, 터진 입구(匸)의 **구역(區)**에 버리고, 물(氵)을 담는(囚) 보온 그릇(皿)에 보리차가 **따뜻해(溫)** 먹여주었네.

둘째마당 | 사람 관련 한자

燥 3급 火 17획	마를 **조** 乾燥 건조 燥渴 조갈	操 5급 扌 16획	잡을 **조** 부릴 **조** 操業 조업 操作 조작
불 화(火)+물건 품(品)+나무 목(木)		손 수(扌)+물건 품(品)+나무 목(木)	
菌 3급 ++ 12획	버섯 **균** 세균 **균** 細菌 세균 菌腫 균종	回 4급 口 6획	돌아올 **회** 횟수 **회** 回甲 회갑 回數 회수
풀 초(++)+곳집 균(囷)		입구몸(口)+입 구(口)	
圖 6급 口 14획	그림 **도** 지도 **도** 圖面 도면 地圖 지도	叫 3급 口 5획	부르짖을 **규** 絕叫 절규 阿鼻叫喚 아비규환
입구몸(口)+모+돌아올 회(回)		입 구(口)+丩	
糾 3급 糸 8획	얽을 **규** 糾彈 규탄 勞使紛糾 노사분규	否 4급 口 7획	아니 **부** *막힐 **비** 否認 부인 否運 비운 (운이 없음)
실 사(糸)+丩		아니 부(不)+입 구(口)	
固 5급 口 8획	굳을 **고** 固有 고유 固體狀態 고체상태	個 4급 亻 10획	낱 **개** 個別的 개별적 個性 개성
입구몸(口)+오랠 고(古)		사람 인(亻)+굳을 고(固)	
娛 3급 女 10획	즐거워할 **오** 娛樂室 오락실 娛樂物 오락물	誤 4급 言 14획	잘못 **오** 그르칠 **오** 誤謬 오류 誤解 오해
여자 여(女)+오나라 오(吳)		말씀 언(言)+오나라 오(吳)	

| 燥 마를 조
操 잡을 조
菌 버섯 균 | 불(火)탄 집에서 젖은 물건(品)들을 꺼내어 썩은 나무(木) 위에 널어 **말리며(燥)** 한숨짓는데, 노란 것이 솟아나 손(扌)에 **잡고(操)** 만져보니, 풀(艹)도 아닌 것이 곳집(囷)에서 천 년에 한번 피는 귀한 상황**버섯 균(菌)**사 이더라. |

| 回 돌아올 회
圖 그림 도 | 포구 입구(口)에서 빵떡 '모'자를 쓰고 **돌아오는(回)** 고깃배를, **그림(圖)**으로 그렸네. |

| 叫 부르짖을 규
糾 얽을 규
否 아니 부 | 섯다 판에서 내가 '口4'(구사)라며 **부르짖고(叫)** 텃다 하자, 땡 가진 녀석이 나를 실(糸)로 **얽어(糾)** 묶고 규탄을 해, 아니다(不) 입(口)으로 **아니다(否)**라 했네. |

| 固 굳을 고
個 낱 개 | 치과는 일을 하다 보니 입(口)안에 오래된(古) 치석이 **굳어(固)**, 사람(亻)마다 **한 개(個)** 또는 서너 개씩 이들이 썩어 있더라. |

| 娛 즐거워할 오
誤 잘못 오 | 남대문 입구(口) 등받이(ㄴ) 큰대(大)자 의자에 오나라(吳) 경비 녀석이 앉아서, 지나는 여자(女)를 희롱하며 **즐거워(娛)**해, 조용히 말(言)로서 **잘못(誤)**을 타일렀지. |

둘째마당 | 사람 관련 한자

舌 4급 舌 6획	혀 **설** 舌戰 설전 口舌數 구설수	舍 4급 舌 8획	집 **사** 舍宅 사택 舍利 사리

혀 설(舌)   사람 인(人)+혀 설(舌)

捨 3급 扌 11획	버릴 **사** 四捨五入 사사오입 捨生取義 사생취의	活 7급 氵 9획	살 **활** 活魚 활어 活動 활동

손 수(扌)+집 사(舍)   물 수(氵)+혀 설(舌)

話 7급 言 13획	이야기 **화** 說話 설화 話術 화술	

말씀 언(言)+혀 설(舌)

牙 3급 牙 4획	어금니 **아** 齒牙 치아 象牙 상아	芽 3급 ++ 8획	싹 **아** 發芽 발아 出芽 출아

어금니 아(牙)   풀 초(++)+어금니 아(牙)

雅 3급 隹 12획	우아할 **아** 맑을 **아** 優雅 우아 高雅 고아	邪 3급 阝 7획	간사할 **사** 邪惡 사악

어금니 아(牙)+새 추(隹)   어금니 아(牙)+고을 읍(阝)

邦 3급 阝 7획	나라 **방** 友邦 우방 異邦人 이방인

산란할 개(丯)+고을 읍(阝)

1-2-7   舌 혀 설

舍 집 사
捨 버릴 사
活 살 활
話 이야기 화

사람(人)들이 실없이 혀(舌)를 놀려 유언비어가 많은 기숙사 **집(舍)**에는, 손수(扌) 취사선택하여 **버릴 것(捨)**도 많지만, 흐르는 물(氵)처럼 혀(舌)가 **살아 활(活)**기가 넘치고, 말(言)들이 많아 재미있는 **이야기(話)**도 많더라.

1-2-8   牙 어금니 아

芽 싹 아
雅 우아할 아
邪 간사할 사
邦 나라 방

이빨도 못나고 어금니(牙)에 낀 풀(艹)**싹(芽)**을 빼다, 어금니(牙) 빠진 새(隹)는 **우아(雅)**하지 않고, 이런 까마귀 많은 섬나라 고을읍(阝)엔 **간사(邪)**하게 까악 하는 헛소리가 자주 나오고, 산란한 개(丰) 같은 놈들이 많은 이웃 **나라(邦)**이니 방도가 없어 참으로 골치 아프네.

둘째마당 | 사람 관련 한자

手 扌 7급 手 4획	손 수 / 手足 수족 / 纖纖玉手 섬섬옥수	攝 3급 扌 21획	당길 섭 / 다스릴 섭 / 攝弓 섭궁 / 攝政 섭정

손 수(手, 扌) / 손 수(扌)+귀 이(耳)+耳+耳

據 4급 扌 16획	누를 거 / 근거할 거 / 占據 점거 / 根據 근거	仰 3급 亻 6획	우러러볼 앙 / 믿을 앙 / 推仰 추앙 / 信仰 신앙

손 수(扌)+범 호(虍)+돼지 시(豕) / 사람 인(亻)+토끼 묘(卯)-삐침(丿)

推 4급 扌 11획	밀 추 / *밀 퇴 / 推仰 추앙 / 推敲 퇴고	迎 4급 辶 8획	맞이할 영 / 迎接 영접 / 送舊迎新 송구영신

손 수(扌)+새 추(隹) / 토끼 묘(卯)-삐침(丿)+갈 착(辶)

抑 3급 扌 7획	누를 억 / 抑制 억제 / 抑壓 억압	卿 3급 卩 12획	벼슬 경 / 卿相 경상(재상) / 樞機卿 추기경

손 수(扌)+토끼 묘(卯)-삐침(丿) / 토끼 묘(卯)+흰 백(白)+ㅑ

卽 3급 卩 9획	이제 즉 / 곧 즉 / 卽決處分 즉결처분 / 卽興的 즉흥적	

흰 백(白)+숟가락 비(匕)+무릎마디 절(卩)

1-2-9 手(扌) 손 수

攝 당길 섭
據 누를 거

손수(扌)씨와 귀이(耳)의 삼 형제가 **당기고(攝)** 꼬집고 하다, 결국에 손수(扌)씨가 범(虍) 같고 돼지(豕) 같은 강도를 **눌러(據)** 잡았지.

仰 우러러볼 앙
推 밀 추
迎 맞이할 영
抑 누를 억
卿 벼슬 경
卽 이제 즉

높은 정승 같은 사람(亻)에게 토끼(卯)가 삐침(丿)을 빼가며 **우러러(仰)** 보고, 손수(扌) 귀한 새(隹)를 **들이밀며 추(推)** 앙도 하고, 집에 가지(辶)도 않고 **맞이해(迎)** 주니, 정승은 손(扌)으로 격한 감정을 **누르며(抑)**, 관직을 주자 토끼(卯)는 흰(白) 얼굴로 'ㄕ' 내가 **벼슬(卿)**을 하다니, **이제 즉(卽)**시 흰(白) 쌀밥을 지어 숟가락(匕)에 듬뿍 떠먹고 무릎(卩) 펴고 편히 살겠구나 하네.

| 둘째마당 | 사람 관련 한자 |

又 3급 又 2획	또 **우** 오른손 **우** 日新又日新 일신우일신		**叔** 4급 又 8획	아저씨 **숙** 어릴 **숙** 叔父 숙부 堂叔 당숙	
또 우(又)			윗 상(上)+작을 소(小)+또 우(又)		
淑 3급 氵 11획	맑을 **숙** 靜淑 정숙 淑女 숙녀		**寂** 3급 宀 11획	조용할 **적** 고요할 **적** 寂寞 적막 寂寂 적적	
물 수(氵)+아저씨 숙(叔)			갓머리(宀)+아저씨 숙(叔)		
督 4급 目 13획	살필 **독** 재촉할 **독** 監督 감독 督促 독촉		**受** 4급 又 8획	받을 **수** 傳受 전수 受賞 수상	
아저씨 숙(叔)+눈 목(目)			손 조(爫)+덮을 멱(冖)+또 우(又)		
授 4급 扌 11획	줄 **수** 敎授 교수 授乳 수유		**友** 5급 又 4획	벗 **우** 友情 우정 友邦 우방	
손 수(扌)+받을 수(受)			한 일(一)+삐침(丿)+ 또 우(又)		
反 6급 又 4획	돌이킬 **반** *엎을 **번** 反省 반성 反畓 번답		**返** 3급 辶 8획	돌아올 **반** 돌이킬 **반** 返還 반환 返品 반품	
민엄호(厂)+또 우(又)			돌이킬 반(反)+갈 착(辶)		
飯 3급 食 13획	밥 **반** 茶飯事 다반사 飯羹 반갱 (밥과 국)		**板** 5급 木 8획	널 **판** 看板 간판 板子 판자	
밥 식(食)+돌이킬 반(反)			나무 목(木)+돌이킬 반(反)		
販 3급 貝 11획	팔 **판** 販賣 판매 販路 판로				
돈 패(貝)+돌이킬 반(反)					

1-2-10 又 또 우, 오른손 우

叔 아저씨 숙
淑 맑을 숙
寂 조용할 적
督 살필 독

항렬은 높지(上)만 작고(小) 젊은 또우(又) **아저씨(叔)**가 우리 숙부님인데, 깨끗한 물(氵)처럼 **맑고 정숙(淑)**하고, 갓(宀) 쓰신 모습에 성격은 **조용(寂)**하며, 아저씨는 눈(目)으로 예리하게 **살피며(督)** 공사감독도 잘하시더라.

受 받을 수
授 줄 수
友 벗 우

쑥스러워 손(爫)으로 얼굴을 가리고(冖) 또우(又)씨에게 "사랑을 고백하면 **받아줄 수(受)** 있겠니. 손(扌)도 **줄 수(授)** 있어" 했던 색시가, 한번(一) 비치자(丿) 또우(又)씨를 버리고 **벗(友)**을 찾아 나섰네.

反 돌이킬 반
返 돌아올 반
飯 밥 반
板 널 판
販 팔 판

민엄호(厂) 집에 홀로 남은 또우(又)씨는 색시야 맘을 **돌이켜(反)**라, 집을 오래도록 나가지(辶) 말고 빨리 **돌아오라(返)**며, 밥(食)상에서 **밥(飯)** 먹다 울다, 나무(木)를 반대로(反) 뒤집어 말리며 **널판(板**동**版)**대기를, 돈(貝) 많이 받고 **팔(販)**아 올 터이니 잘살아보자 하네.

둘째마당 | 사람 관련 한자

半 6급 十 5획	반 **반** 半身像 반신상 半生半死 반생반사	叛 3급 又 9획	배반할 **반** 背叛 배반 叛逆 반역
여덟 팔(八)+송곳 곤(丨)+두 이(二)		반 반(半)+돌이킬 반(反)	
判 4급 刂 7획	판단할 **판** 判別 판별 判事 판사	取 4급 又 8획	취할 **취** 가질 **취** 奪取 탈취 取得稅 취득세
반 반(半)+선칼 도(刂)		귀 이(耳)+또 우(又)	
最 5급 日 12획	가장 **최** 제일 **최** 最古 최고 最新 최신	趣 4급 走 15획	재미 **취** 뜻 **취** 趣向 취향 趣味 취미
가로 왈(日)+취할 취(取)		달릴 주(走)+취할 취(取)	
厶 0급 厶 2획	사사 **사** 사사로울 **사**	去 5급 厶 5획	갈 **거** 去來 거래 過去 과거
사사 사(厶)		흙 토(土)+사사 사(厶)	
却 3급 卩 7획	물리칠 **각** 退却 퇴각 忘却 망각	脚 3급 月 11획	다리 **각** 立脚 입각 健脚 건각
갈 거(去)+무릎마디 절(卩)		육달 월(月)+물리칠 각(却)	
蓋 3급 艹 14획	덮을 **개** 蓋然性 개연성 蓋瓦 개와 (기와지붕)		
풀 초(艹)+갈 거(去)+그릇 명(皿)			

半 반 반

叛 배반할 반

判 판단할 판

반쪽이가 황금 여덟(八) 덩이를 송곳(丨)으로 그어 두(二) 패로 나누고 **반(半)**을 몰래 가져가니, 반(半)만이라도 돌이켜(反) 생각하고 나를 **배반(叛)** 말라 해도 듣지 않자, 판사가 긴 칼(刂)로 내려치며 **판단해서(判)** 쓴맛을 보여 주었네.

取 취할 취

最 가장 최

趣 재미 취

보석상에서 예쁜 딸이 귀(耳)에다 또(又) 값진 귀걸이를 몰래 **취하여(取)** 왔구나, 가로왈(曰)하면 **가장 최(最)**고로 비싼 것을, 취해(取) 달려서(走) 도망 왔다니 너는 참 **재미있는 취(趣)**미가 있구나.

1-2-11　厶 사사 **사**, 사사로울 **사**

去 갈 거

却 물리칠 각

脚 다리 각

蓋 덮을 개

명령을 어기며 땅(土) 밑을 팔치 구부리고 사사(厶)로이 기어 **가서(去)**, 바지를 무릎(卩)까지 올리고 왜적을 **물리치다(却)**, 반달(月) 같은 종아리 **다리(脚)**를 다쳐, 풀(艹)뿌리처럼 머리를 위장하고 도망을 가려(去)다 커다란 그릇(皿)을 **덮고(蓋)** 숨어있었지.

둘째마당 | 사람 관련 한자

爪 1급 爫 4획	손 조 손톱 조		采 2급 采 8획	캘 채 풍채 채 喝采 갈채 風采 풍채
손 조(爪,爫)			손 조(爫)+나무 목(木)	
菜 3급 艹 12획	나물 채 菜蔬 채소 野菜 야채		採 4급 扌 11획	가려낼 채 캘 채 採用 채용 採掘 채굴
풀 초(艹)+캘 채(采)			손 수(扌)+캘 채(采)	
彩 3급 彡 11획	무늬 채 채색 채 光彩 광채 水彩畵 수채화		爭 5급 爪 8획	다툴 쟁 간할 쟁 爭取 쟁취 戰爭 전쟁
캘 채(采)+터럭 삼(彡)			손 조(爫)+돼지머리 계(彐)+갈고리 궐(亅)	
淨 3급 氵 11획	깨끗할 정 淨潔 정결 淨化 정화		愛 6급 心 13획	사랑 애 愛國歌 애국가 愛讀 애독
물 수(氵)+다툴 쟁(爭)			손톱 조(爫)+Ⓐ	
憂 3급 心 15획	근심 우 內憂外患 내우외환 識字憂患 식자우환		優 4급 亻 17획	넉넉할 우 뛰어날 우 優等 우등 優勢 우세
머리 혈(頁)-(一八)+Ⓐ			사람 인(亻)+근심 우(憂)	

1-2-12　爪(爫) 손 조, 손톱 조

采
캘 채

菜
나물 채

採
가려낼 채

彩
무늬 채

爭
다툴 쟁

淨
깨끗할 정

옆집 남매는 손(爫)으로 나무(木)를 **캐다**(采=採)가, 귀한 풀(艹)뿌리의 **나물**(菜)이 나오면, 손수(扌) **가려내고**(採), 캔(采) 것으로 터럭삼(彡)단 머리에 색색 **무늬**(彩)의 물도 들이고, 배고프면 손(爫)으로 돼지머리(크)를 갈고리(亅)에 꿰어 **다투지**(爭) 않고 구워 먹으며, 물(氵)에다 **깨끗이**(淨) 설거지도 하더라.

愛
사랑 애

憂
근심 우

優
넉넉할 우

손톱(爫)으로 민갓(冖) 밑을 긁으며 마음(心) 속으로는 서서히(夂) 빠지는 머리털에 **애**(愛)착을 느끼나, 머리(頁) 밑이 열여덟(一八) 개가 빠져 민 갓(冖)으로 덮고 마음(心)에 서서히(夂) **근심**(憂)이 쌓이지만, 그래도 사람(亻)은 인품이 **넉넉**(優)하면 되지 하며 위로를 하네.

Ⓐ = 민 갓(冖) + 마음 심(心) + 서서히(夂)

둘째마당 | 사람 관련 한자

淫 3급 氵 11획	음란할 **음** 방탕할 **음** 淫亂 음란 淫蕩 음탕	**妥** 3급 女 7획	편안할 **타** 온당할 **타** 妥協 타협 妥當 타당
물 수(氵)+ 손톱 조(爫)+북방 임(壬)		손 조(爫)+여자 여(女)	
乳 4급 乙 8획	젖 **유** 기를 **유** 乳母 유모 乳養 유양	**浮** 3급 氵 10획	뜰 **부** 떠다닐 **부** 浮揚 부양 浮浪者 부랑자
손 조(爫)+아들 자(子)+새을(乚)		물 수(氵)+손 조(爫)+아들 자(子)	
援 4급 扌 12획	도울 **원** 당길 **원** 援助 원조 應援 응원	**緩** 3급 糸 15획	느릴 **완** 느러질 **완** 緩衝地帶 완충지대 緩行列車 완행열차
손 수(扌)+곧 원(爰)		실 사(糸)+*곧 원(爰)	
暖 4급 日 13획	따듯할 **난** 온유할 **난** 暖房 난방 暖帶 난대	**隱** 4급 阝 17획	숨길 **은** 隱密 은밀 隱退 은퇴
해 일(日)+곧 원(爰)		언덕 부(阝)+손 조(爫)+장인 공(工)+ 돼지머리 계(彐)+마음 심(心)	

淫
음란할 음

妥
편안할 타

乳
젖 유

浮
뜰 부

물가(氵)에 앉아 손톱(爫)나 다듬고 북방임(壬)에게 **음란한(淫)** 생각을 품는, 손(爫)이 고운 여자(女)야 **편안한 타(妥)**령 마라, 손(爫)이 여린 아들(子)은 새(乚)알처럼 작고 **젖(乳)**먹는 어린애라, 물(氵)가에서 놀다가 **떠(浮)**내려가지 않도록 조심하라.

援
도울 원

緩
느릴 완

暖
따듯할 난

隱
숨길 은

탈북하다 손(扌)에 동상 걸려 손톱(爫)이 하나(一) 남은 벗(友)을 **도우려(援)**, 털실(糸)을 **느슨하게(緩)** 뜬 장갑을 끼워주고, 해(日)가 드는 곳에서 몸을 **따듯이(暖)** 해주니, 언덕(阝) 넘어 살며 손(爫)끝이 여문 족발집 장인공(工)씨는 돼지머리(彐)를 마음(心) 편히 먹으라며 몰래 **숨겨(隱)**와서 주고 가더라.

*곧 원(爰) = 손톱 조(爫) + 한 일(一) + 벗 우(友)

둘째마당 | 사람 관련 한자

寸 8급 寸 3획	마디 촌	寸數 촌수 / 寸志 촌지	寺 4급 寸 6획	절 사 / 寺刹 사찰 / 寺院 사원

마디 촌(寸)　　　　　　　　　　흙 토(土)+마디 촌(寸)

時 7급 日 10획	때 시	時間 시간 / 時節 시절	持 4급 扌 9획	지닐 지 / 가질 지 / 所持品 소지품 / 持論 지론

날 일(日)+절 사(寺)　　　　　　손 수(扌)+절 사(寺)

詩 4급 言 13획	시 시	敍事詩 서사시 / 詩集 시집	等 6급 ⺮ 12획	가지런할 등 / 등급 등 / 等式 등식 / 平等意識 평등의식

말씀 언(言)+절 사(寺)　　　　　대 죽(⺮)+절 사(寺)

將 4급 寸 11획	장수 장 / 장차 장	將校 장교 / 將來 장래	獎 4급 大 14획	장려할 장 / 獎勵賞 장려상 / 獎學金 장학금

뉘+기운달 월(月)+마디 촌(寸)　　장수 장(將)+큰 대(大)

業 6급 木 13획	직 업 / 업 업	職業 직업 / 業報 업보	對 6급 寸 14획	대답할 대 / 상대 대 / 相對 상대 / 對敵 대적

业+양 양(羊)+사람 인(人)　　　　业+丰+마디 촌(寸)

연상한자 1800

| 1-2-13 | 寸 마디 촌 |

寺 절 사

時 때 시

持 지닐 지

詩 시 시

等 가지런할 등

토(土)담이 마디(寸)만하게 낮은 **절(寺)**에서, 날(日)마다 **때(時)**를 알리는 종이 울리면, 스님은 손수(扌) **지니신(持)** 목탁을 치며, 하시는 말씀(言)은 모두가 멋진 **시(詩)**라, 이를 듣는 대나무(竹)도 절(寺)에서는 **가지런하게(等)** 자라더라.

將 장수 장

奬 장려할 장

業 직업 업

對 대답할 대

'爿'자 옆으로 기운달(月)이 손가락 마디(寸) 만 할 때 **장수(將)**는, 큰 대(大)자로 **장려(奬=통奬)**한다며, 넓은 초원에서 풀(业)을 뜯어다 양(羊)을 먹이는 사람(人)을 자르고 그 **업(業)**종을 없앨까 하니, 꼬리를 감추며 양(羊)의 마디촌(寸)만한 **대답(對)**은 아니요 하네.

둘째마당 | 사람 관련 한자

附 3급 阝 8획	붙을 **부**	符 3급 ⺮ 11획	부호 **부** 부신 **부** 들어맞을 **부**
	附屬室 부속실 附着 부착		符號 부호 符合 부합

언덕 부(阝)+줄 부(付) | 대 죽(⺮)+줄 부(付)

府 4급 广 8획	관청 **부** 마을 **부**	腐 3급 肉 14획	썩을 **부** 낡을 **부**
	政府 정부		不正腐敗 부정부패 腐蝕 부식

엄호(广)+줄 부(付) | 관청 부(府)+고기 육(肉)

耐 3급 而 9획	참을 **래**	討 4급 言 10획	칠 **토** 토론할 **토**
	忍耐心 인내심 耐熱性 내열성		討伐作戰 토벌작전 討論 토론

수염 이(而)+마디 촌(寸) | 말씀 언(言)+마디 촌(寸)

尋 3급 寸 12획	찾을 **심** 보통 **심**	射 4급 寸 10획	쏠 **사**
	手票推尋 수표추심 尋訪 심방(방문)		射擊 사격 注射 주사

돼지머리 계(彐)+장인 공(工)+입 구(口)+마디 촌(寸) | 몸 신(身)+마디 촌(寸)

封 3급 寸 9획	봉할 **봉**	謝 4급 言 17획	사례할 **사**
	封建社會 봉건사회 開封 개봉		感謝 감사 謝禮 사례

흙 토(土)+土+마디 촌(寸) | 말씀 언(言)+쏠 사(射)

慰 4급 心 15획	위로할 **위**
	慰勞 위로 慰問 위문

지붕 시(尸)+조상 시(示)+마디 촌(寸)+마음 심(心)

연상한자 1800

附 붙을 부	
符 부호 부	관청 사람(亻)에게 손가락 마디(寸)로 펜대 굴린 수고비를 줄까(付) 하다, 언덕(阝)에 벽보가 **붙어(附)** 있어, 대죽(竹)의 삿갓을 들치고 **부호(符)** 같은 한자를 읽어보니, 엄호(广)의 **관청(府)**에 근무하는, 배 나온 고기(肉)들이 **썩어 부(腐)**패했으니 뇌물주지 말라는 경고문이더라.
府 관청 부	
腐 썩을 부	
耐 참을 래	
討 칠 토	수염이(而) 짧은 마디촌(寸)씨는 한참을 **참다(耐)**가, 말(言)을 꺼낸 마디촌(寸)씨는 해코지한 그놈을 **치자(討)**며, 마을로 내려온 멧돼지(彐)를 장인(工)씨와 동네 입구(口)에서 마디촌(寸)씨가 **찾아(尋)**, 녀석의 몸(身)에 총을 마디촌(寸)씨가 **쏘아(射)**, 흙을 덮고 덮어(圭) **봉(封)**분을 만들어주니, 말씀(言)하시길 잘 쏘았다(射) 수고했다 **사례(謝)** 한다며, 지붕(尸)에서 내려 보던 조상(示)님이 마디촌(寸)씨에게 마음(心)으로 **위로(慰)**하더라.
尋 찾을 심	
射 쏠 사	
封 봉할 봉	
謝 사례할 사	
慰 위로할 위	

둘째마당 | 사람 관련 한자

疋 1급 疋 5획	발 **소** 필 **필** 짝 **필** 疋木 필목 疋練 필련	堤 3급 土 12획	둑 **제** 방죽 **제** 堤防 제방 防波堤 방파제
발 소(疋)		흙 토(土)+옳을 시(是)	
提 4급 扌 12획	끌 **제** 내놓을 **제** 提示 제시 提議 제의	題 6급 頁 18획	제목 **제** 표제 **제** 題目 제목 表題 표제
손 수(扌)+옳을 시(是)		옳을 시(是)+머리 혈(頁)	
疑 4급 疋 14획	의심할 **의** 疑惑 의혹 嫌疑 혐의	凝 3급 冫 16획	엉길 **응** 凝固 응고 凝集力 응집력
비수 비(匕)+화살 시(矢)+창 끝(マ)+발 소(疋)		얼음 빙(冫)+의심할 의(疑)	
楚 2급 木 13획	초나라 **초** 회초리 **초** 四面楚歌 사면초가 苦楚 고초	礎 3급 石 18획	주춧돌 **초** 基礎工事 기초공사 礎石 초석
수풀 림(林)+발 소(疋)		돌 석(石)+초나라 초(楚)	
流 5급 氵 10획	흐를 **유** 流速 유속 濁流 탁류	疏 3급 疋 12획	트일 **소** 소통할 **소** 疏開 소개 疏通 소통
물 수(氵)+채울 충(充)+송곳 곤(丨)		필 필(疋)+채울 충(充)+송곳 곤(丨)	
蔬 3급 艹 16획	나물 **소** 푸성귀 **소** 菜蔬 채소(식용 재배 풀) 采蔬 채소(나물 캠)		
풀 초(艹)+트일 소(疏)			

1-2-14 疋 발 소, 필 필, 짝 필

堤 둑 제
提 끌 제
題 제목 제
疑 의심할 의
凝 엉길 응
楚 초나라 초
礎 주추돌 초

흙(土)으로 옳고(是) 반듯한 **둑(堤)**을 쌓고, 손수(扌) 붓을 **끌어당겨(提)**, 둑 머리(頁)에 둑의 **제목(題)**을 써 붙이고 돌아서자, 비수(匕)에 화살(矢)에 창끝(龴)이 발(疋) 밑에서 나와 **의심(疑)**이가, 얼음(冫)이 녹아 땅에 **엉긴(凝)**, 수풀(林)의 발(疋)밑을 발굴하니 **초나라(楚)**의 돌(石) 같은 **주춧돌(礎)**이 나왔네.

流 흐를 류
疏 트일 소
蔬 나물 소

물(氵)가에서 물통에 물을 채우던(充) 어린 녀석이 가운데 다리(丨) 꺼내어 오줌을 싸 홍수가 나니 냇물은 **흘러(流)** 넘치고, 담가 놓았던 모시 여러 필(疋)을 건져 물길을 **트이게(疏** 모양주의, 동 疎**)** 하고, 떠내려오는 풀(⺾)뿌리 **나물(蔬)**을 건져서 널었네.

둘째마당 | 사람 관련 한자

彡 0급 彡 3획	터럭 **삼**	彦 2급 彡 9획	선비 **언**
			彦士 언사 英彦 영언(훌륭한 선비)

터럭 삼(彡)　　　　　　　　　　여섯 육(六)+민엄호(厂)+터럭 삼(彡)

諺 1급 言 16획	상말 **언** 俗諺 속언 世諺 세언	顔 3급 頁 18획	얼굴 **안** 색채 **안** 顔色 안색 顔料 안료

말씀 언(言)+선비 언(彦)　　　　선비 언(彦)+머리 혈(頁)

髟 0급 髟 10획	긴 머리 **표**	拔 3급 扌 8획	뺄 **발** 뽑을 **발** 拔本塞源 발본색원 拔萃 발췌

긴 머리 표(髟)　　　　　　　　　손 수(扌)+개 견(犬)+삐침(丿)

髮 4급 髟 15획	터럭 **발** 長髮 장발 假髮 가발		

긴머리 표(髟)+개 견(犬)+삐침(丿)

1-2-15 彡 터럭 삼

彦 선비 언
諺 상말 언
顔 얼굴 안

'六' 자처럼 민엄호(厂) 위에 떡하니 서 있는 터럭 삼(彡)단 머리채의 **선비(彦)**, 말(言)은 **상말(諺)**이요, 선비(彦)의 엉클어진 머리(頁)와 **얼굴(顔)**은 개떡이구나.

1-2-16 髟 긴 머리 표

拔 뺄 발
髮 터럭 발

손(扌)에서 도망간 개(犬)가 삐딱(丿)이 발을 뒤로 **빼고(拔)** 일을 보기에, 냉큼 잡아 긴 머리(髟)의 **터럭(髮)**을 다 뽑았지.

둘째마당 | 사람 관련 한자

03

표현 관련 부수 연상한자

心 忄 小 7급 心 4획	마음 **심** 가운데 **심** 心性 심성 中心 중심	惟 3급 忄 11획	생각할 **유** 오직 **유** 思惟 사유 惟獨 유독
마음 심(心, 忄, 小)		마음 심(忄)+새 추(隹)	
悔 3급 忄 10획	뉘우칠 **회** 後悔 후회 悔恨 회한	怪 3급 忄 8획	기이할 **괴** 怪談 괴담 怪物 괴물
마음 심(忄)+매양 매(每)		마음 심(忄)+또 우(又)+흙 토(土)	
憐 3급 忄 15획	불쌍할 **련** 어여삐여길 **련** 憐愍 연민 可憐 가련	隣 3급 阝 15획	이웃 **린** 隣近 인근 隣接 인접
마음 심(忄)+쌀 미(米)+어그러질 천(舛)		언덕 부(阝)+쌀 미(米)+어그러질 천(舛)	
恩 4급 心 10획	은혜 **은** 사랑할 **은** 恩人 은인 恩寵 은총	恣 3급 心 10획	방자할 **자** 마음대로 **자** 放恣 방자 恣行 자행
인할 인(因)+마음 심(心)		다음 차(次)+마음 심(心)	
息 4급 心 10획	숨쉴 **식** 아들 **식** 休息 휴식 令息 영식	怨 4급 心 9획	원망할 **원** 怨聲 원성 宿怨 숙원
스스로 자(自)+마음 심(心)		저녁 석(夕)+무릎마디 절(㔾)+마음심(心)	
必 5급 心 5획	그럴 **필** 반드시 **필** 必須 필수 必要 필요		
마음 심(心)+삐침(丿)			

1-3-1 心(忄, 㣺) 마음 심, 가운데 심

惟 생각할 유

悔 뉘우칠 회

怪 기이할 괴

憐 불쌍할 련

隣 이웃 린

그녀의 마음(忄)은 착하지만 새(隹) 머리처럼 **생각(惟)**을 못 해, 매양(每) **뉘우치기(悔)**만 하고, 또(又) 질펀하게 흙(土)이 묻어 **기이한(怪)** 발이 되도록, 쌀미(米)씨와 어그러지게(舛) 춤만 추니 **불쌍할 련(憐)**이란 욕을, 언덕(阝)에 사는 **이웃(隣)**들이 하더라.

恩 은혜 은

恣 방자할 자

息 숨쉴 식

怨 원망할 원

必 그럴 필

나로 인하여(因) 성공했으나 눈곱만큼도 마음(心)속에 **은혜(恩)**를 모르는 저놈이, 다음(次)에 **방자(恣)**하게 굴면 스스로 자(自)신이 **숨 쉬지(息)** 못하게 패줄까 하다가, 저녁(夕)에 무릎(巳) 꿇고 기도하며 나를 **원망(怨)**해보니, 마음(心)에 삐침(丿)까지 박아가며 꼭 **그럴 필(必)**요가 있나 생각도 드네.

둘째마당 | 사람 관련 한자

秘 특급 禾 10획	숨길 **비** 귀신 **비** 秘密 비밀 神秘 신비	恭 3급 小 10획	공손할 **공** 恭遜 공손 恭敬 공경
벼 화(禾)+반드시 필(必)		함께 공(共)+마음 심(小)	
恥 3급 心 10획	부끄러울 **치** 羞恥心 수치심 恥部 치부	奴 3급 女 5획	노비 **노** 종 **노** 賣國奴 매국노 奴婢 노비
귀 이(耳)+마음 심(心)		여자 여(女)+또 우(又)	
努 4급 力 7획	힘쓸 **노** 努力 노력	怒 4급 心 9획	성낼 **노** 세찰 **노** 怒發大發 노발대발 怒濤 노도
노비 노(奴)+힘 력(力)		노비 노(奴)+마음 심(心)	
悲 4급 心 12획	슬플 **비** 悲慘 비참 悲報 비보	國 8급 口 11획	나라 **국** 國民 국민 愛國歌 애국가
아니 비(非)+마음 심(心)		입구몸(口)+혹 혹(或)	
或 4급 戈 8획	혹 **혹** 間或 간혹 或是 혹시	域 4급 土 11획	지경 **역** 나라 **역** 地域 지역 領域 영역
나라 국(國)−입구몸(口)		흙 토(土)+혹 혹(或)	
惑 3급 心 12획	미혹할 **혹** 헤맬 **혹** 魅惑 매혹 惑星 혹성	忠 4급 心 8획	충성 **충** 忠節 충절 忠臣 충신
혹 혹(或)+마음 심(心)		가운데 중(中)+마음 심(心)	
患 5급 心 11획	근심 **환** 老患 노환 患者 환자		
꿸 관(串)+마음 심(心)			

| 秘 |
| 숨길 비 |

| 恭 |
| 공손할 공 |

| 恥 |
| 부끄러울 치 |

벼(禾)를 거두면 반드시 필(必)히 **숨기지(秘)** 말고 바치라며, 함께공(共) 상전은 마음(㣺)이 **공손하지(恭)** 않고, 귀(耳)는 먹고 마음(心)에 **부끄러움(恥)**도 모르는, 여자(女) 또우(又)란 **노비(奴)**에게, 힘(力)이 있으면 **힘쓰며 노(努)**력 좀 하라고, 급한 마음(心)에 **성내며(怒)** 노발대발하네.

| 奴 |
| 노비 노 |

| 努 |
| 힘쓸 노 |

| 怒 |
| 성낼 노 |

| 悲 |
| 슬플 비 |

| 國 |
| 나라 국 |

| 或 |
| 혹 혹 |

아니기를 빌며 아니게도(非) 마음(心)은 **슬프게(悲)**, **나라(國)**가, 입구몸(口)을 잃고 **혹(或)**시, 땅(土)의 **지경(域)**까지 뺏길까, 마음(心)은 **미혹(惑)**하여, 가슴 가운데(中)에 마음(心)은 **충성(忠)**이, 쌓이고 쌓여 **근심(患)**이 되는구나.

| 域 |
| 지경 역 |

| 惑 |
| 미혹할 혹 |

| 忠 |
| 충성 충 |

| 患 |
| 근심 환 |

둘째마당 | 사람 관련 한자

見 5급 見 7획	볼 **견** *드러날 **현** 見聞 견문 謁見 알현	現 6급 王 11획	나타날 **현** 出現 출현 現金 현금
볼 견(見)		구슬 옥(王)+볼 견(見)	

視 4급 見 12획	볼 **시** 살필 **시** 輕視 경시 視覺 시각	規 5급 見 11획	법 **규** 規則 규칙 規約 규약
지신 기(示)+볼 견(見)		지아비 부(夫)+볼 견(見)	

班 6급 王 10획	나눌 **반** 班長 반장 越班 월반	親 6급 見 16획	어버이 **친** 가까울 **친** 先親 선친 親戚 친척
구슬 옥(王)+선칼 도(刂)+구슬옥(王)		설 립(立)+나무 목(木)+볼 견(見)	

新 6급 斤 13획	새 **신** 新人 신인 新聞 신문	硯 2급 石 12획	벼루 **연** 硯滴 연적 硯池 연지(앞쪽 패인 곳)
설 립(立)+나무 목(木)+도끼 근(斤)		돌 석(石)+볼 견(見)	

寬 3급 宀 15획	너그러울 **관** 넓을 **관** 寬大 관대 寬容 관용
집면(宀)+풀초(艹)+볼견(見)+불똥주(丶)	

1-3-2 見 볼 견

現 나타날 현

視 볼 시

規 법 규

班 나눌 반

조그만 구슬(王)을 들여다보면(見) 그 속에 미인이 **나타난다(現)**는 소문에, 땅 귀신(示)도 먼저 **보려(視)**고 덤벼, 지아비(夫)가 차례로 보는(見) **법규(規)**를 만들었으나 소용이 없자, 구슬(王)을 긴 칼(刂)로 **나누어(班)**버렸네.

親 어버이 친

新 새 신

硯 벼루 연

寬 너그러울 관

눈치 보며 서(立) 있다 나무(木)에 올라 밖을 보니(見) **어버이(親)** 친부모님 저기 오시네, 도끼(斤)로 깎아 만든 **새 신(新)**발과, 돌(石) **벼루(硯)**를 넘겨 드리니, 집(宀)안에서 풀(艹)뿌리 같은 머리를 숨기고 쳐다보는(見) 성격이 불똥(丶) 같은 우리 시어머니 조금만 **너그러웠(寬)**으면 좋겠네.

둘째마당 | 사람 관련 한자

日 3급 日 4획	가로 왈 日可日否 왈가왈부 或曰 혹왈	史 5급 口 5획	역사 사 사기 사 歷史 역사 人類史 인류사
가로 왈(曰)		그냥 외우기	
吏 3급 口 6획	벼슬아치 리 아전 리 官吏 관리 淸白吏 청백리	使 6급 亻 8획	사신 사 부릴 사 使臣 사신 使用 사용
한 일(一)+역사 사(史)		사람 인(亻)+벼슬아치 리(吏)	
更 4급 曰 7획	고칠 경 *다시 갱 更新 경(갱)신 更生 갱생	便 7급 亻 9획	편할 편 *오줌 변 便利 편리 小便 소변
벼슬아치 리(吏)-상투 꼭지+한 일(一)		사람 인(亻)+고칠 경(更)	
硬 3급 石 12획	굳을 경 强硬 강경 硬直 경직	甲 4급 田 5획	갑옷 갑 甲骨文字 갑골문자 甲殼類 갑각류
돌 석(石)+고칠 경(更)		가로 왈(曰)+송곳 곤(丨)	
押 3급 扌 8획	누를 압 押留 압류 押釘 압정	由 6급 田 5획	까닭 유 말미암을 유 由來 유래 由緖 유서
손 수(扌)+갑옷 갑(甲)		가로 왈(曰)+송곳 곤(丨)	
宙 3급 宀 8획	집 주 하늘 주 宇宙 우주	油 6급 氵 8획	기름 유 石油 석유 油田 유전
집 면(宀)+까닭 유(由)		물 수(氵)+까닭 유(由)	
抽 3급 扌 8획	뽑을 추 抽籤 추첨 抽出 추출		
손 수(扌)+까닭 유(由)			

1-3-3　曰 가로 왈

史 역사 사
吏 벼슬아치 이
使 사신 사
更 고칠 경
便 편할 편
硬 굳을 경

일본 **역사(史)**를, 획(一)을 그어 날조하는 **벼슬아치 이(吏)** 께다와, 양심 바른 사람(亻) 조선 **사신(使)**이 있었는데, 벼슬아치(吏)는 머리꼭지 자르고 입(口)에는 칼(一)을 물고 가로왈(曰)하며 역사를 왜곡하여 **고치니(更)**, 조선 사람 (亻) 마음이 **편하지(便)** 못해, 돌(石)같이 머리가 **굳은(硬)** 그놈을 한참이나 패주더라.

甲 갑옷 갑
押 누를 압
由 까닭 유
宙 집 주
油 기름 유
抽 뽑을 추

가로왈(曰) 하자면 할 일 없던 나는 송곳(丨)으로 **갑옷(甲)** 을 찔러보고, 손(扌)으로 **눌러(押)**보고, 갑옷(甲)을 돌려보자 **까닭(由)** 없이, 낡은 지붕(宀)으로 덮여있던 **집(宙) 주**변 땅속에, 물(氵) 같은 **기름(油)**이 나와, 손수(扌) **뽑아 (抽)** 부자 되었지.

| 둘째마당 | 사람 관련 한자 |

| 謁 3급 言 16획 | 아뢸 **알**
 謁見 알현
 拜謁 배알 | 渴 3급 氵 12획 | 목마를 **갈**
 渴症 갈증
 解渴 해갈 |

말씀 언(言)+*어찌 갈(曷) 　　　물 수(氵)+어찌 갈(曷)

| 葛 2급 ++ 13획 | 칡 **갈**
 葛藤 갈등
 葛布 갈포 | | |

풀 초(++)+어찌 갈(曷)

| 非 4급 非 8획 | 아닐 **비**
 비방할 **비**
 非理 비리
 非難 비난 | 輩 3급 車 15획 | 무리 **배**
 輩出 배출
 後輩 후배 |

아닐 비(非)　　　　　　　　　　아닐 비(非)+수레 거(車)

| 罪 5급 罒 13획 | 죄 **죄**
 罪人 죄인
 犯罪 범죄 | 排 3급 扌 11획 | 밀칠 **배**
 排斥 배척
 排卵 배란 |

그물 망(罒)+아닐 비(非)　　　　손 수(扌)+아닐 비(非)

| 醫 6급 酉 18획 | 의원 **의**
 醫院 의원
 醫術 의술 | | |

터진입 구(匚)+화살 시(矢)+몽둥이 수(殳)+술 유(酉)

謁
아뢸 알

渴
목마를 갈

葛
칡 갈

허름한 외딴집에 말(言)도 어눌하게 가로왈(曰)하며 얼굴을 감싼(勹) 마른 사람(人)이 'ㄴ' 자로 꿇어앉아 **아뢴(謁)**다며, 물(氵)도 떨어져 **목마르고(渴)**해, 풀(艹)뿌리 **칙(葛)** 뿌리만 먹고 사니 도와 달라 하네.

*어찌 갈(曷) = 가로 왈(曰) + 쌀 포(勹) + 사람 인(人) + ㄴ

1-3-4　非 아닐 비, 비방할 비

輩
무리 배

罪
죄 죄

排
밀칠 배

醫
의원 의

아니(非) 야비한 놈들이 수레(車)를 타고 **무리(輩)**로 내게 닥쳐와서, 그물(罒)로 죄도 아닌 **죄(罪)**를 덮어씌우고, 손(扌)으로 **밀치고(排)**, 맞아 터진 입(匸)에 화살(矢)을 처박고 몽둥이(殳)로 때려 다치니 술(酉) 냄새나는 알코올로 **의원(醫)**이 치료해 주었네.

母 1급 毋 4획	말**무** 아닐**모** 母論 무론(물론)	**每** 7급 毋 7획	매양**매** 늘**매** 每年 매년 每月 매월

말 무(毋) 　　　　　　　　　　　누운 인(亠)+어미 모(母)

梅 3급 木 11획	매화**매** 梅花 매화 梅實 매실	**敏** 3급 攵 11획	민첩할**민** 銳敏 예민 過敏 과민

나무 목(木)+매양 매(每) 　　　　　매양 매(每)+칠 복(攵)

繁 3급 糸 17획	번성할**번** 많을**번** 繁盛 번성 繁華街 번화가	**海** 7급 氵 10획	바다**해** 넓을 해 東海 동해 海洋性 해양성

민첩할 민(敏)+실 사(糸) 　　　　　물 수(氵)+매양 매(每)

毒 4급 毋 9획	독할**독** 독**독** 惡毒 악독 食中毒 식중독

안주인 주(主)+말 무(毋)

1-3-5　毋 말 무

每 매양 매

梅 매화 매

敏 민첩할 민

繁 번성할 번

海 바다 해

毒 독할 독

누운인(亠)처럼 눕지만 말라며 말무(毋)와 비슷한 어미(母)는 **매양(每)** 놀고먹는 나를, 마른 나무(木) **매화(梅)** 가지로, 때리며(攵) **민첩(敏)**하게 만들고, 좋은 실(糸)의 어망을 사주며 살림이 **번성(繁)**하도록, 물(氵)살이 매양(每) 잔잔한 **바다(海)**에서 물질도 시키셨지만, 안주인(主)은 엄마와는 아니게(毋) **독(毒)**하기만 했더라.

> 둘째마당 | 사람 관련 한자

04

행동 관련 부수 연상한자

癶 0급 癶 5획	필발머리 걸을 **발**	發 6급 癶 12획	쏠 **발** 發射 발사 出發 출발
필발머리(癶)		필발머리(癶)+활 궁(弓)+몽둥이 수(殳)		
廢 3급 广 15획	부서질 **폐** 폐할 **폐** 廢墟 폐허 廢位 폐위	癸 3급 癶 9획	천간 **계** 북방 **계** 癸丑日記 계축일기
엄호(广)+쏠 발(發)		필발머리(癶)+하늘 천(天)		
彳 0급 彳 3획	두인변 조금걸을 **척**	徒 4급 彳 10획	무리 **도** 生徒 생도 暴徒 폭도
두인변(彳)		두인변(彳)+달아날 주(走)		
循 3급 彳 12획	돌 **순** 循環線 순환선	從 4급 彳 11획	따를 **종** 쫓을 **종** 服從 복종 從事 종사
두인변(彳)+방패 순(盾)		두인변(彳)+사람 인(人)+人+㇏		
縱 3급 糸 17획	늘어질 **종** 세로 **종** 縱斷 종단 縱橫無盡 종횡무진	後 7급 彳 9획	뒤 **후** 後方 후방 先後 선후
실 사(糸)+따를 종(從)		두인변(彳)+어릴 요(幺)+서서히(夊)		

1-4-1　癶 필발머리, 걸을 발

發 쏠 발
廢 부서질 폐
癸 천간 계

멍청한 필발(癶)이가 활(弓)을 화살 대신에 무거운 몽둥이(殳)를 얹어 **쏘니(發)**, 활은 엄호(广)정 사대에서 **부서져(廢)**, 필발(癶)이는 하늘천(天) 10번째 **천간계(癸)**로 끌려가 모질게 당하였더라.

1-4-2　彳 두인변, 조금걸을 척

徒 무리 도
循 돌 순
從 따를 종
縱 늘어질 종
後 뒤 후

두인(彳)씨가 달아나는(走) **무리(徒)**를 보고, 방패(盾) 들고 골목을 빙 **돌아(循)**가니, 두인(彳)씨 옆집 두 사람(人)과 이름도 모르는(㐅) 자가 도와주려 **따라와(從)**, 굵은 실(糸)의 올가미를 **늘어뜨려(縱)** 놈들을 잡고서, 어린애(幺)들은 여유 있게 서서히(夂) **뒤(後)**로 손을 돌려 묶고,

*彳(두인변) : 두 사람이 아님

둘째마당 | 사람 관련 한자

征 3급 彳 8획	칠 **정** 때릴 **정** 征伐 정벌 遠征隊 원정대	行 6급 行 6획	다닐 **행** *항렬 **항** 行動 행동 行列 항렬
두인변(彳)+바를 정(正)		다닐 행(行)	(제 부수)
街 4급 行 12획	거리 **가** 街路燈 가로등 市街戰 시가전	術 6급 行 11획	꾀 **술** 재주 **술** 學術 학술 道術 도술
다닐 행(行)+홀 규(圭)		다닐 행(行)+차조 출(朮)	
衛 4급 行 15획	지킬 **위** 防衛 방위 護衛 호위	衝 3급 行 15획	찌를 충 衝擊 충격 衝動 충동
다닐 행(行)+가죽 위(韋)		다닐 행(行)+무거울 중(重)	
衡 3급 行 16획	저울대 **형** 均衡 균형 度量衡 도량형	述 3급 辶 9획	기록할 **술** 지을 **술** 펼 **술** 著述 저술 記述 기술
다닐 행(行)+뿔난 인(⺈)+밭 전(田)+큰 대(大)		차조 출(朮)+갈 착(辶)	
得 4급 彳 11획	얻을 **득** 一擧兩得 일거양득 自業自得 자업자득	徑 3급 彳 10획	지름길 **경** 直徑 직경 半徑 반경
두인변(彳)+아침 단(旦)+마디 촌(寸)		두인변(彳)+한 일(一)+내 천(巛)+장인 공(工)	
往 4급 彳 8획	갈 **왕** 옛 **왕** 往復 왕복 往年 왕년	皇 3급 白 9획	임금 **황** 皇帝 황제 敎皇 교황
두인변(彳)+주인 주(主)		흰 백(白)+임금 왕(王)	
待 6급 彳 9획	기다릴 **대** 待合室 대합실 待期 대기		
두인변(彳)+절 사(寺)			

征 칠 정	도둑질 못 하게 삐뚤어진 맘을 바로(正) 잡도록 **때리고 치(征)**며 했더라.
行 다닐 행	
街 거리 가	
術 꾀 술	여행을 **다니다(行)** 보니, 쌍토(圭) **거리(街)**의, 넝쿨목(朮 차조 출)에서 내려온 **꾀(術)** 많은 원숭이가, 가죽(韋) 자루에 담긴 바나나를 **지키겠다(衛)**며, 무거운(重) 자루를 훔쳐가다가 자루가 가지에 **찔리니(衝)**, 머리에 뿔난(⺈) 농장 주인은 밭(田)에서 큰대(大)자 **저울(衡)**을 가져다 바나나를 달아보고, 그늘로 가서(辶) 그 일을 **기록(述)**하더라.
衛 지킬 위	
衝 찌를 충	
衡 저울대 형	
述 기록할 술	
得 얻을 득	두인변(彳)씨 집으로 아침(旦)에 손가락 마디(寸)만 한 여왕벌이 날아들어 이를 **얻으니(得)**, 두인변(彳)씨는 한일(一)자 개천(巛)에서 일하던 장인공(工)씨에게 **지름길(徑)**을 물어보고, 절의 주인(主) 주지 스님과 함께 대궐을 찾아 **가서(往)**, 흰(白)머리의 **임금(王) 황(皇)**제께 아뢰기를, 절(寺)에 여왕벌이 로열젤리 만들어 놓고 **기다리니(待)** 가자하더라.
徑 지름길 경	
往 갈 왕	
皇 임금 황	
待 기다릴 대	

> 둘째마당 | 사람 관련 한자

弗 2급 弓 5획	아니 **불** 달러 **불** 弗素 불소 一億弗 일억불	拂 3급 扌 8획	떨칠 **불** 先拂 선불 換拂 환불
	그냥 외우기		손 수(扌)+아니 불(弗)
佛 4급 亻 7획	부처 **불** 佛陀 불타 佛經 불경	德 5급 彳 15획	덕 **덕** 큰 **덕** 德望 덕망 惡德 악덕
	사람 인(亻)+아니 불(弗)		두인변(彳)+열 십(十)+(四一)+마음 심(心)
彼 3급 彳 8획	저 **피** 此日彼日 차일피일 彼我間 피아간	役 3급 彳 7획	다스릴 **역** 부릴 **역** 役事 역사 重役 중역
	두인변(彳)+가죽 피(皮)		두인변(彳)+몽둥이 수(殳)
徐 3급 彳 10획	천천히할 **서** 徐行 서행 徐羅伐 서라벌	律 4급 彳 9획	법 **률** 법칙 **률** 法律 법률 音律 음률
	두인변(彳)+나 여(余)		두인변(彳)+붓 률(聿)
御 3급 彳 11획	임금님 **어** 모실 **어** 제어 **어** 御用學者 어용학자 制御 제어	微 3급 彳 13획	작을 **미** 微笑 미소 微時 미시
	두인변(彳)+*풀 사(卸)		Ⓐ+책상 궤(几)+칠 복(攵)
徵 3급 彳 15획	부를 **징** 徵兵 징병 徵兆 징조	懲 3급 心 19획	징계할 **징** 勸善懲惡 권선징악 懲戒 징계
	Ⓐ+임금 왕(王)+칠 복(攵)		부를 징(徵)+마음 심(心)

130

弗 아니 불
拂 떨칠 불
佛 부처 불
德 덕 덕

딸라 돈 달라는 중은 불자가 아닌 **아니 불(弗)**자니 주지를 말고, 내민 손(扌)을 **떨쳐(拂)**버려라, 그런 사람(亻)은 **부처(佛**속仏**)**의 제자가 될 수 없으니, 두인변(亻)씨 다니는 교회에 가서 십자가(十) 들고 사십일일(四一)만 마음(心)에 **덕(德**동悳**)** 쌓으라고 말해줘라.

彼 저 피
役 다스리릴 역
徐 천천히할 서

두인변(亻) 사장이 가죽피(皮) 벗기는 노동자 **저피(彼)**씨를, 몽둥이(殳)로 **다스리(役)**며, 내(余) 앞에서 꾀 피고 **천천히 하지(徐)** 말라고 엄포를 주네.

律 법 률
御 임금님 어
微 작을 미
徵 부를 징
懲 징계할 징

귀먹은 두인변(亻) 정승이 붓(聿)으로 **법률(律)**을 쓰는데, 정오(午)가 되어 국사를 그치고(止) 무릎(卩)을 펴신 **임금님(御)**이, 두인변(亻) 정승과 산(山)에 오르자며 한번(一) 책상(几) 치며(攵) **작게(微)**, 임금(王)이 **부르나(徵)**, 대답이 없자 마음(心)이 언짢다고 귀먹은 정승을 **징계(懲)**하더라.

*풀 사(卸) = 낮 오(午) + 그칠 지(止) + 무릎마디 절(卩)

Ⓐ = 두인변(亻)+뫼 산(山)+한 일(一)

둘째마당 | 사람 관련 한자

廴 0급 廴 3획	길게걸을 **인** 끌 **인**	建 5급 廴 9획	세울 **건** 建國神話 건국신화 建設業 건설업
길게 걸을 인(廴)		붓 율(聿)+끌 인(廴)	
健 5급 亻 11획	건강할 **건** 健康保險 건강보험 健脚 건각	設 4급 言 11획	베풀 **설** 세울 **설** 建設 건설 設定 설정
사람 인(亻)+세울 건(建)		말씀 언(言)+몽둥이 수(殳)	
廷 3급 廴 7획	조정 **정** 법정 **정** 朝廷 조정 法廷 법정	庭 6급 广 10획	가정 **정** 뜰 **정** 家庭 가정 庭園 정원
북방 임(壬)+길게 걸을 인(廴)		엄호(广)+조정 정(廷)	
延 4급 廴 7획	끌 **연** 늘일 **연** 延着 연착 延期 연기	誕 3급 言 14획	낳을 **탄** 誕生 탄생 誕辰 탄신
끌 인(廴)+바를 정(正)		말씀 언(言)+끌 연(延)	

1-4-3	廴 길게걸을 인, 끌 인

建 세울 건	팔조법금을 붓(聿)을 길게 끌어당겨(廴) 멋지게 쓰고 나라의 기강을 **세운(建)** 단군은, 사람(亻)의 정신이 **건강(健)**한, 말씀(言)하자면 몽둥이(殳)에 의한 쿠데타가 아닌 방법으로 선정을 **베푼(設)** 이 나라 국조이다.
健 건강할 건	
設 베풀 설	
廷 조정 정	북방(壬)을 긴 걸음(廴)걸이로 다니며 오랑캐를 호령했던 단군 **조정(廷)**은, 군졸들의 엄호(广)도 **가정(庭)**처럼 편안했으며, 바르지(正모양주의) 못한 기운 정사도 바로 잡아 오천 년을 길게 **끌어(延)**오고, 바른말(言)을 하는 훌륭한 인재도 많이 **낳았(誕)**네.
庭 가정 정	
延 끌 연	
誕 낳을 탄	

| 둘째마당 | 사람 관련 한자 |

夂 0급 夂 3획	뒤쳐올 치 서서히, 천천히 *저자가 추가한 부수명	冬 7급 冫 5획	겨울 동 冬至 동지 立冬 입동
뒤쳐올 치(夂)		서서히(夂)+얼음 빙(冫)	
終 5급 糸 11획	마칠 종 끝 종 終了 종료 始終 시종	各 6급 口 6획	각 각 各別 각별 各界各層 각계각층
실 사(糸)+겨울 동(冬)		서서히(夂)+입 구(口)	
路 6급 𧾷 13획	길 로 道路 도로 路線 노선	露 3급 雨 21획	이슬 로 드러날 로 露宿者 노숙자 露出 노출
발 족(𧾷)+각 각(各)		비 우(雨)+길 로(路)	
落 5급 艹 13획	떨어질 락 落第 낙제 落花流水 낙화유수	絡 3급 糸 12획	이을 락 얽을 락 헌솜 락 連絡 연락 脈絡 맥락
풀초(艹)+물 수(氵)+각 각(各)		실 사(糸)+각 각(各)	
格 5급 木 10획	격식 격 規格 규격 格式 격식	略 4급 田 11획	약탈할 약 다스릴 약 간략할 약 略歷 약력 計略 계략
나무 목(木)+각 각(各)		밭 전(田)+각 각(各)	

| 1-4-4 | 夂 뒤쳐올 치, 서서히, 천천히   *저자가 추가한 부수명 |

冬 겨울 동	
終 마칠 종	서서히(夂) 얼음(冫)이 어는 **겨울(冬)**이 오고, 실(糸) 꼬기 실습도 **마치고(終)** 방학을 해, 애들은 천천히(夂) 입(口)안
各 각 각	에 사탕을 녹이며 **각각(各)**, 발(足)걸음도 가벼이 큰 **길로 (路)** 걸어가니, 날은 따듯해 비(雨)는 살짝 내려 길(路)에
路 길 로	는 **이슬(露)**이 서리고, 젖은 풀(艹)에서 물(氵)방울은 제각 각(各) **떨어지네(落)**.
露 이슬 로	
落 떨어질 락	

絡 이을 락	
格 격식 격	울긋불긋한 실(糸)을 각각(各) **이어서(絡)**, 성황당 나무 (木)에 걸어 **격식(格)**을 차리고, 남의 밭(田)에서 각각(各)
略 약탈할 약	의 갖은 곡식을 **약탈(略)**해 치성을 드리다 벼락 맞았네

> 둘째마당 | 사람 관련 한자

立 7급 立 5획	설 립 自立 자립 立春大吉 입춘대길	竝 3급 立 10획	나란할 병 竝列 병렬 竝行 병행
설 립(立)		설 립(立)+立	
普 4급 日 12획	넓을 보 두루 보 普通 보통 普遍的 보편적	譜 3급 言 19획	족보 보 악보 보 系譜 계보 樂譜 악보
나란할 병(竝)+날 일(日)		말씀 언(言)+넓을 보(普)	
泣 3급 氵 8획	울 읍 泣訴 읍소 泣斬馬謖 읍참마속	音 6급 音 9획	소리 음 音程 음정 音色 음색
물 수(氵)+설 립(立)		설 립(立)+해 일(日)	
誦 3급 言 14획	외울 송 읽을 송 朗誦 낭송	暗 4급 日 13획	어두울 암 숨을 암 暗誦 암송 暗黑 암흑
말씀 언(言)+창 끝(マ)+쓸 용(用)		날 일(日)+소리 음(音)	
諳 0급 言 16획	외울 암 諳記力 암기력	識 5급 音 19획	알 식 *기록할 지 識見 식견 標識 표지
말씀 언(言)+소리 음(音)		외울 암(諳)+창 과(戈)	
職 4급 耳 18획	벼슬 직 직책 직 公職 공직 敎職 교직	織 4급 糸 18획	짤 직 毛織物 모직물 織造 직조
귀 이(耳)+소리 음(音)+창 과(戈)		실 사(糸)+소리 음(音)+창 과(戈)	
章 6급 立 11획	문체 장 글월 장 紋章 문장 勳章 훈장	障 4급 阝 14획	막을 장 障壁 장벽 故障 고장
소리 음(音)+열 십(十)		언덕 부(阝)+문체 장(章)	

1-4-5 立 설 립, 音 소리 음

竝 나란할 병
普 넓을 보
譜 족보 보
泣 울 읍

설립(立)이는 동생과 **나란히(竝)** 서서, 사촌 나라니(竝)를 날(日)마다 **넓은(普)** 발바닥으로 차며, 좋은 말(言)로 말하면 너 **족보(譜)** 있냐 하니, 그 애는 물가(氵)에 서서(立) 답답한지 **울고(泣)** 있더라.

音 소리 음
誦 외울 송
暗 어두울 암

둔한 내가 온종일 서서(立) 해(日)가 지도록 **소리(音)**를 하고, 노랫말(言)을 창끝(マ)으로 땅에다 쓰고(用) **외우고 암송(誦)**하기를 얼마인가, 날(日)은 또다시 저물어 **어두워(暗)**지는구나.

諳 외울 암
識 알 식
職 벼슬 직
織 짤 직

노랫말(言)과 소리(音)를 **외우(諳)**지 못한다고 창(戈)으로 맞으니 이제야 **알겠고(識)**, 귀(耳)가 열려 **벼슬(職)**도 얻으니, 명주실(糸)로 **짠(織)** 비단도 뇌물로 굴러오더라.

章 문체 장
障 막을 장

소리(音) 내어 열(十) 번을 읽어봐도 그놈이 지은 **문체(章)**는 명문장이라, 샘이 나서 언덕(阝) 위에 서당을 못 가게 **막고 장(障)**벽도 쌓았지.

둘째마당 | 사람 관련 한자

意 6급 心 13획	뜻 **의** / 생각 **의**	意向 의향 / 合意 합의	億 5급 亻 15획	억 **억** / 億萬長者 억만장자
소리 음(音)+마음 심(心)			사람 인(亻)+뜻 의(意)	
憶 3급 忄 16획	생각할 **억** / 기억할 **억**	追憶 추억 / 記憶 기억	噫 2급 口 16획	한숨 쉴 **희** / 탄식할 **희** / 噫嗚 희오 (슬피 탄식하며 괴로워 함)
마음 심(忄)+뜻 의(意)			입 구(口)+뜻 의(意)	
竟 3급 立 11획	다할 **경** / 마침내 **경**	畢竟 필경 / 竟夜 경야	鏡 4급 金 19획	거울 **경** / 明鏡止水 명경지수 / 望遠鏡 망원경
소리 음(音)+어진 인(儿)			쇠 금(金)+다할 경(竟)	
境 4급 土 14획	지경 **경** / 경계 **경**	國境 국경 / 境界 경계	競 5급 立 20획	다툴 **경** / 競爭 경쟁 / 競技 경기
흙 토(土)+다할 경(竟)			다툴 경(竟)+竞	
倍 5급 亻 10획	갑절 **배** / 倍數 배수 / 倍加 배가		部 6급 阝 11획	나눌 **부** / 무리 **부** / 部分 부분 / 部族 부족
사람 인(亻)+설 립(立)+입 구(口)			설 립(立)+입 구(口)+고을 읍(阝)	
培 3급 土 11획	북돋을 **배** / 培養 배양 / 栽培 재배			
흙 토(土)+설 립(立)+입 구(口)				

意
뜻 의

億
억 억

憶
생각할 억

噫
한숨쉴 희

소리음(音)에 마음심(心)자는 뜻의(意)자요, 사람(亻)의 깊은 뜻(意)은 억억(億)하는 로또에 있으니, 마음(忄)은 당첨되고 픈 **생각에 억(憶)**하다가, 떨어지자 입(口)에서는 **한숨 쉬는(噫)** 소리가 절로 나오네.

竟
다할 경

鏡
거울 경

境
지경 경

競
다툴 경

소리(音)를 어진인(儿)씨가 **다하고(竟)**, 금속(金) **거울(鏡)**의 반사망원경을 들여다보니, 땅(土) **경계(境)**선에서, 다할경(竟)의 사촌 다툴경(競)의 형제가 땅을 뺏으려 서로 **다투고(競)** 있더라.

倍
갑절 배

部
나눌 부

培
북돋을 배

사람(亻)들이 늘어선(立) 야구장 입구(口)에서 **갑절(倍)**의 돈을 받으려고, 고을(阝) 구석으로 손님의 일부를 **나누어(部)** 데려간 암표상이, 표 판돈을 몰래 묻으며 땅(土)을 **북돋고(培)** 있더라.

둘째마당 | 사람 관련 한자

舛 특급 舛 6획	어그러질 **천** 舛駁 천박	無 5급 灬 12획	없을 **무** 有口無言 유구무언 無識 무식
어그러질 천(舛)		누운 인(亠)+마흔 십(卌)+한 일(一)+ 불 화(灬)	
舞 4급 舛 14획	춤출 **무** 舞踊 무용 舞臺 무대	瞬 3급 目 17획	눈깜작할 **순** 瞬間 순간 瞬刻 순각
누운 인(亠)+마흔 십(卌)+한 일(一)+ 어그러질 천(舛)		눈 목(目)+손 조(爫)+덮을 멱(冖)+ 어그러질 천(舛)	
傑 4급 亻 12획	뛰어날 **걸** 傑物 걸물 傑出 걸출		
사람 인(亻)+어그러질 천(舛)+나무 목(木)			
至 4급 至 6획	이를 **지** 至今 지금 冬至 동지	致 5급 至 10획	이를 **치** 보낼 **치** 致死量 치사량 送致 송치
이를 지(至)		이를 지(至)+칠 복(攵)	
到 5급 刂 8획	이를 **도** 到着 도착 殺到 쇄도(세차게 몰려듦)	倒 3급 亻 10획	넘어질 **도** 顚倒 전도 倒産 도산
이를 지(至)+선칼 도(刂)		사람 인(亻)+이를 지(至)+선칼 도(刂)	
屋 5급 尸 9획	집 **옥** 韓屋 한옥 屋外 옥외	臺 3급 至 14획	누각 **대** 돈대 **대** 燈臺 등대 舞臺 무대
지붕 시(尸)+이를 지(至)		길할 길(吉)+덮을 멱(冖)+이를 지(至)	

1-4-6 舛 어그러질 천

無 없을 무

舞 춤출 무

瞬 눈깜작할 순

傑 뛰어날 걸

눕지(冖) 않고 앉아 열반한 마흔(卌)에 스님을 한일(一)자로 눕혀서 불(灬) 지펴 화장했으나 사리는 **없고(無)**, 혼을 달래려고 어그러지게(舛) **춤(舞)**추자, 장삼으로 손(ㅠ)을 덮고(冖) 어그러지게(舛) 춤을 추는 스님의 혼이 눈(目) **감짝(瞬)**할 순간에 나타났다 사라졌다며, 비록 사람(亻)이 어그러지게(舛) 나무목(木)발을 딛고 섰지만 능력이 **뛰어난(傑)** 걸인이 보았다 하네.

1-4-7 至 이를 지

致 이를 치

到 이를 도

倒 넘어질 도

屋 집 옥

臺 누각 대

아우가 어려서부터 지(至)금 까지 매를 맞고(攵) 착취를 당하다 죽음에 **이르렀다(致)** 소식을 듣고, 원수를 찾으러 긴 칼(刂) 들고 외딴 섬 염전에 **이르니(到)**, 지나던 사람(亻)이 놀라 **넘어져(倒)**, 지붕(尸)이 허름한 **집(屋)**으로 모시자, 오늘은 길(吉)이 나쁘다며 기와 덮은(冖) 시원한 **누각(臺)**에 가서 쉬겠다하더라

둘째마당 | 사람 관련 한자

止 5급 止 4획	멈출 **지** 그칠 **지** 中止 중지 防止 방지	**歷** 5급 止 16획	지낼 **역** 겪을 **역** 歷史 역사 歷任 역임
멈출 지(止)		민엄호(厂)+벼 화(禾)+禾+멈 출지(止)	
曆 3급 日 16획	책력 **력** 曆學 역학 月曆 월력	**步** 4급 止 7획	걸음 **보** 徒步 도보 競步 경보
민엄호(厂)+벼 화(禾)+禾+날 일(日)		멈출 지(止)+작을 소(小)	
涉 3급 氵 10획	건널 **섭** 거칠 **섭** 交涉 교섭 涉歷 섭력	**頻** 3급 頁 16획	자주 **빈** 頻煩 빈번 頻發 빈발
물 수(氵)+걸음 보(步)		걸음 보(步)+머리 혈(頁)	
混 4급 氵 11획	섞을 **혼** 흐릴 **혼** 混食 혼식 混濁 혼탁		
물 수(氵)+가로 왈(日)+견줄 비(比)			

止 멈출 지, 그칠 지

1-4-8

歷 지낼 역

曆 책력 력

步 걸음 보

涉 건널 섭

頻 자주 빈

混 섞을 혼

민엄호(厂) 안에 벼(禾)가 둘이 자라다 멈추다(止) **지내며 (歷)** 역사를 만들고, 날(日)마다 **책력(曆)**의 역법도 보고, 잠시 멈추어(止) 섰다 작은(小) **걸음보(步**모양주의)로, 물 (氵)이 얕은 곳은 **건너(涉)** 뛰고, 머리(頁)를 **자주 빈(頻)**번 히 감으며, 물가(氵)에서 가로왈(曰)하며 수다 떨다 보리 와 견주어(比)보며 함께 **섞여(混)** 놀더라.

둘째마당 | 사람 관련 한자

艮 특급 艮 6획	그칠 **간**		限 4급 阝 9획	한정 **한** / 한계 **한** / 限定 한정 / 局限 국한
그칠 간(艮)			언덕 부(阝)+그칠 간(艮)	
恨 4급 忄 9획	원통할 **한** / 한탄할 **한** / 恨歎 한탄 / 千秋遺恨 천추유한		退 4급 辶 10획	물러날 **퇴** / 退却 퇴각 / 隱退 은퇴
마음 심(忄)+그칠 간(艮)			그칠 간(艮)+갈 착(辶)	
根 6급 木 10획	뿌리 **근** / 根據 근거 / 草根木皮 초근목피		懇 3급 心 17획	정성 **간** / 간절할 **간** / 懇切 간절 / 懇曲 간곡
나무 목(木)+그칠 간(艮)			해태 치(豸)+그칠 간(艮)+마음 심(心)	
貌 3급 豸 14획	얼굴 **모** / 모양 **모** / 容貌 용모 / 外貌 외모		良 5급 艮 7획	어질 **량** / 善良 선량 / 良心 양심
해태 치(豸)+흰 백(白)+어진 인(儿)			불똥 주(丶)+그칠 간(艮)	

| 1-4-9 | 艮 그칠 간 |

限 한정 한
恨 원통할 한
退 물러날 퇴

해 떨어지자 언덕(阝)에서 달리기를 그치(艮)니 거기까지 네 땅을 **한정한(限)**다는 임금님 말씀에, 마음(忄)은 **원통(恨)**하나, 욕심 접고 임금님께 가서(辶) 고맙다 아뢰고 **물러나(退)** 퇴청을 했네.

根 뿌리 근
懇 정성 간
貌 얼굴 모
良 어질 량

나무(木) 옆에서 일을 잠시 그치고(艮) 쉬었다 **뿌리(根)**를 뽑고, 해태(豸)를 몰다 그치다(艮) 하다 마음(心)으로 **정성(懇)** 다해 일하니, 해태(豸) 같던 얼굴도 하얀(白) 어진인(儿)의 **얼굴 모(貌)**습이 되고, 일을 그치고(艮) 불똥(丶)을 밝혀 거울을 보니 내가 참 **어질(良)**게 생겼구나.

둘째마당 | 사람 관련 한자

力 7급 力 2획	힘 **력** 國力 국력 武力 무력	脅 3급 月 10획	위협할 **협** 옆구리 **협** 脅迫 협박 胸脅 흉협
힘 력(力)		힘 력(力)+力+力+육달 월(月)	
協 4급 十 8획	도울 **협** 화할 **협** 協助 협조 協力 협력	加 5급 力 5획	더할 **가** 加速度 가속도 加工品 가공품
열 십(十)+힘 력(力)+力+力		힘 력(力)+입 구(口)	
架 3급 木 9획	시렁 **가** 高架道路 고가도로 架橋 가교	賀 3급 貝 12획	하례 **하** 祝賀 축하 年賀狀 연하장
더할 가(加)+나무 목(木)		더할 가(加)+돈 패(貝)	
功 6급 力 5획	공 **공** 成功 성공 功名心 공명심	動 7급 力 11획	움직일 **동** 동물 **동** 運動 운동 動作 동작
장인 공(工)+힘 력(力)		무거울 중(重)+힘 력(力)	
助 4급 力 7획	도울 **조** 協助 협조 補助 보조		
또 차(且)+힘 력(力)			

1-4-10 力 힘 력

脅 위협할 협

協 도울 협

加 더할 가

架 시렁 가

賀 하례 하

힘(力) 좋은 세 똘마니들아 어두운 달(月)밤에 너희들이 지나는 사람이나 **위협(脅)**하지 말고, 열(十) 번만 **돕고 협(協)**력하여, 힘(力)을 동네 입구(口) 주민들에게 **보태서(加)**, 나무(木) **시렁(架)** 다리를 놓아주면, 기쁘다 잔치하며 돈(貝)을 들고 **하례(賀)**하는 어른도 있으니 받아 챙겨라.

功 공 공

動 움직일 동

助 도울 조

장인공(工)씨가 힘(力)을 쏟고 **공(功)**을 들여 탑을 쌓으려나, 돌이 워낙 무거워(重) 온 힘(力)을 다해도 요지부동 **움직이지(動)** 않자, 눈치 빠른 또차(且) 조수가 **도와(助)** 주더라.

| 둘째마당 | 사람 관련 한자 |

隶 0급 隶 8획	잡을 **이** 미칠 **이**	逮 3급 辶 12획	잡을 **체** 미칠 **체** 逮捕 체포

집을 이(隶) | 잡을 이(隶)+갈 착(辶)

| 隸 3급 隶 16획 | 종 **레** 서체 **례** 奴隸 노예 隸書體 예서체 | | |

선비 사(士)+조상 시(示)+잡을 이(隶)

| 攵 攴 0급 攵 4획 | 칠 **복** | 收 4급 攵 6획 | 거둘 **수** 買收 매수 收入 수입 |

칠 복(攵, 攴) | 얽힐 구(丩)+칠 복(攵)

| 政 4급 攵 9획 | 정사 **정** 政治人 정치인 政權 정권 | 改 5급 攵 7획 | 고칠 **개** 바로잡을 **개** 改善 개선 改良 개량 |

바를 정(正)+칠 복(攵) | 자기 기(己)+칠 복(攵)

| 求 4급 氺 7획 | 구할 **구** 求職 구직 實事求是 실사구시 | 球 6급 玉 11획 | 구슬 **구** 공 **구** 野球 야구 球根 구근 |

한 일(一)+아래물 수(氺)+불똥 주(丶) | 구슬 옥(玉)+구할 구(求)

| 救 5급 攵 11획 | 구원할 **구** 건질 **구** 救援 구원 救出 구출 | | |

구할 구(求)+칠 복(攵)

1-4-11　隶 잡을 이, 미칠 이

逮 잡을 체
隸 종 례

도둑을 잡으러(隶) 가서(辶) 막상 **체포(逮)**를 하자, 선비(士)의 조상(示)님이 잘 아는 **종놈 예(隸)**씨라 훔친 보따릴 펼쳐 보니 예서체의 붓글씨 교본이더라.

1-4-12　攵(攴) 칠 복

收 거둘 수
政 정사 정
改 고칠 개
求 구할 구
球 구슬 구
救 구원할 구

'丩'가 약한 민초를 치고(攵) 세금만 **거두고(收)**, 바른(正) **정사(政)**를 그르치며, 자기(己)의 못된 행실도 **고칠(改)** 생각 않고 주색에 빠지니, 지아비들은 한(一) 번씩 물(氺) 건너 불똥(丶) 밝힌 국경을 몰래 넘어가 양식을 **구(求)**해오나, 옥(王) 같은 **구슬(球)**도 사다가 바쳐야, 쳐(攵) 죽음을 면하고 목숨을 **구(救)**한다 하더라 이놈 정일아.

둘째마당 | 사람 관련 한자

| 幣 3급 巾 15획 | 화폐 폐
비단 폐
紙幣 지폐
貨幣 화폐 | 弊 3급 廾 15획 | 나쁠 폐
弊端 폐단
弊習 폐습 |

해질 폐(敝)+수건 건(巾)   해질 폐(敝)+받들 공(廾)

| 斃 1급 攵 18획 | 죽을 폐
斃死 폐사
疲斃 피폐 | 蔽 3급 ++ 16획 | 덮을 폐
隱蔽 은폐
建蔽率 건폐율 |

해질 폐(敝)+죽을 사(死)   풀 초(++)+*해질 폐(敝)

| 散 4급 攵 12획 | 흩어질 산
離散家族 이산가족
散漫 산만 | 徹 3급 彳 15획 | 뚫을 철
통할 철
徹頭徹尾 철두철미
徹夜作業 철야작업 |

샘물 정(㳯)+달 월(月)+칠 복(攵)   두인변(彳)+기를 육(育)+칠 복(攵)

| 條 4급 木 11획 | 조목 조
가지 조
條件 조건
條例 조례 | 修 4급 亻 10획 | 닦을 수
고칠 수
修道僧 수도승
修習 수습 |

바 유(攸)+나무 목(木)   *바 유(攸)+터럭 삼(彡)

| 悠 3급 心 11획 | 오랠 유
멀 유
悠久 유구
悠悠自適 유유자적 | | |

바 유(攸)+마음 심(心)

幣 화폐 폐	산적 여덟(八) 놈이 수건(巾)을 여덟(八) 번씩 돌로 쳐(攵)서 해지게(敝) 만들고 수건(巾)값으로 **화폐(幣)** 돈도 안 주며, 자기를 받들라(廾) 하라기에 **나쁘다(弊)**며 대들다, 죽도록(死) 맞아 **죽은(斃)** 수건 장사를, 풀(艹)로 **덮어(蔽)** 은 폐하고 그냥 가더라.
弊 나쁠 폐	
斃 죽을 폐	
蔽 덮을 폐	*해질 폐(敝) = 여덟 팔(八) + 수건 건(巾) + 여덟 팔(八) + 칠 복(攵)
散 흩어질 산	샘물(艹)에 달(月)은 밝게 빛나고 개구리를 때려(攵)잡으려니 **흩어져(散)** 도망가, 두인변(彳)씨가 사육해 기른(育) 황소개구리를 쳐(攵) 잡아 꼬챙이에 **뚫어(徹)**서 몰래 구워 먹었지.
徹 뚫을 철	
條 조목 조	그 사람(亻)이 송곳(丨)을 망치로 치며(攵) 나무(木)에 **조목 조(條)**목 맹세의 글을 파고, 터럭삼(彡) 긴 머리 되도록 도를 **닦고 수(修)**련하던 때가, 내 마음(心)엔 어제 같은 데 참으로 **오랜(悠)** 유구한 세월이 흘렀구나.
修 닦을 수	
悠 오랠 유	*바 유(攸) = 사람 인(亻) + 송곳 곤(丨) + 칠 복(攵)

둘째마당 | 사람 관련 한자

⼧ 0급 ⼧ 2획	덮을 **멱** 민갓머리

덮을 멱(⼧)

冠 3급 ⼧ 9획	갓 **관** 冠禮 관례 冠婚喪祭 관혼상제

민갓머리(⼧)+으뜸 원(元)+마디 촌(寸)

深 4급 氵 11획	깊을 **심** 深海 심해 深淵 심연

물 수(氵)+덮을 멱(⼧)+어진 인(儿)+나무 목(木)

探 4급 扌 11획	찾을 **탐** 정탐할 **탐** 探險 탐험 探偵 탐정

손 수(扌)+덮을 멱(⼧)+어진 인(儿)+나무 목(木)

掌 3급 手 12획	손바닥 **장** 맡을 **장** 拍掌大笑 박장대소 掌握 장악

ⱽ+민갓머리(⼧)+입 구(口)+손 수(手)

堂 6급 土 11획	집 **당** 근친 **당** 城隍堂 성황당 堂叔 당숙

ⱽ+민갓머리(⼧)+입 구(口)+흙 토(土)

常 4급 巾 11획	항상 **상** 恒常 항상 常綠樹 상록수

ⱽ+민갓머리(⼧)+입 구(口)+수건 건(巾)

嘗 3급 口 14획	맛볼 **상** 일찍 **상** 嘗味 상미 (맛을 봄) 未嘗 미상 (일찍이~한적없다)

ⱽ+민갓머리(⼧)+입 구(口)+맛있을지(旨)

裳 3급 衣 14획	치마 **상** 同價紅裳 동가홍상 衣裳 의상

ⱽ+민갓머리(⼧)+입 구(口)+옷 의(衣)

黨 4급 黑 20획	무리 **당** 黨員 당원 黨派 당파

ⱽ+민갓머리(⼧)+입 구(口)+검을 흑(黑)

當 5급 田 13획	당당할 **당** 마땅할 **당** 當然 당연 當初 당초

ⱽ+민갓머리(⼧)+입 구(口)+밭 전(田)

賞 5급 貝 15획	상줄 **상** 賞品 상품 獎勵賞 장려상

ⱽ+민갓머리(⼧)+입 구(口)+돈 패(貝)

償 3급 亻 17획	갚을 **상** 損害賠償 손해배상 補償 보상

사람 인(亻)+상줄 상(賞)

1-4-13 ᄀ 덮을 멱, 민갓머리

冠	갓 관
深	깊을 심
探	찾을 탐
掌	손바닥 장
堂	집 당
常	항상 상
嘗	맛볼 상
裳	치마 상
黨	무리 당
當	당당할 당
賞	상줄 상
償	갚을 상

민갓(冖) 중에 으뜸(元)인 마디(寸)만 한 명품 **갓(冠)**을 쓰고, 민갓(冖) 장사꾼 어진이(儿)씨가 나무(木)때기 짚고 점점(罙점점 미) 물(氵)이 **깊은(深)** 곳으로 들어가, 손수(扌) 코 묻은 엽전을 **찾으려(探)** 하네.

삼거리(⺌) 길을 시멘트로 덮어(冖) 포장하고 골목 입구(口)에다 손수(手) **손바닥(掌)**으로, 흙(土)벽돌을 다져서 **집(堂)**을 짓고, 수건(巾)으로 **항상(常)** 쓸고 닦고, 음식은 맛있을지(旨) 먼저 **맛보던(嘗)** 아내가, 옷(衣)을 **치마(裳)**로 갈아입고, 정치한다고 검은(黑) **무리당(黨**약党**)**에, 밭(田)을 기부하고 **당당(當)**하게 입당하니, 당에서는 더 많은 돈(貝)을 낸다면 **상(賞)**을 주겠다며, 지금 없으면 나중에 사람(亻) 시켜 **갚으라(償)** 한다더라.

둘째마당 | 사람 관련 한자

西 0급 襾 6획	덮을 **아** / 서쪽 **서**

덮을 아(襾)

票 4급 示 11획	표 **표** / 쪽지 **표** / 汽車票 기차표 / 投票 투표

덮을 아(襾)+지신 기(示)

漂 3급 氵 14획	떠다닐 **표** / 빨래할 **표** / 漂流 표류 / 漂白 표백

물 수(氵)+표 표(票)

標 4급 木 15획	표시할 **표** / 標式 표식 / 標榜 표방

나무 목(木)+표 표(票)

遷 3급 辶 15획	옮길 **천** / 遷都 천도 / 孟母三遷 맹모삼천

덮을 아(襾)+큰 대(大)+무릎마디 절(㔾)+갈 착(辶)

栗 3급 木 10획	밤 **율** / 生栗 생율 / 棗栗梨柿 조율이시

덮을 아(襾)+나무 목(木)

粟 3급 米 12획	조 **속** / 粟米 속미 / 粟豆 속두

덮을 아(襾)+쌀 미(米)

價 5급 亻 15획	값 **가** / 價格 가격 / 代價 대가

사람 인(亻)+서쪽 서(襾)+돈 패(貝)

1-4-14 襾(西) 덮을 아, 서쪽 서

票 표 표
漂 떠다닐 표
標 표시할 표
遷 옮길 천

인파로 뒤덮인(襾) 역에서 땅 귀신(示)같이 차**표(票)**를 구해 바다로 가서, 물(氵)에 엎드려 **떠다니며(漂)**, 나무(木) 꼬챙이로 고기를 잡아 올려 **표시(標)**해 놓은 망태기에 담고, 단단한 껍질로 덮인(襾) 커다란(大) 소라는 무겁고 무릎(㔾)이 아파 가져갈(辶) 수 없어 비밀 장소에 **옮겨(遷)** 두었지.

栗 밤 율
粟 조 속
價 값 가

가시 덮인(襾) 밤송이를 막대기(木)로 깐 **밤(栗)**중에, 쌀(米)보다 작은 **좁쌀(粟)**만 한 것들은, 사람(亻) 많은 시장 서편(襾)에서 돈(貝) 받고 팔 **값어치(價)**가 없어 그냥 주었지.

둘째마당 | 사람 관련 한자

勹 0급 勹 2획	쌀 **포**
쌀 포(勹)	

旬 3급 日 6획	열흘 **순** 십년 **순** 下旬 하순 七旬 칠순
쌀 포(勹)+해 일(日)	

殉 3급 歹 10획	따라죽을 **순** 殉敎者 순교자 殉職 순직
죽을 사(歹)+열흘 순(旬)	

句 4급 口 5획	글귀 **구** 美辭麗句 미사여구 絕句 절구
쌀 포(勹)+입 구(口)	

狗 3급 犭 8획	개 **구** 黃狗 황구 堂狗風月 당구풍월
개 견(犭)+글귀 구(句)	

拘 3급 扌 8획	잡을 **구** 拘束 구속 拘置所 구치소
손 수(扌)+글귀 구(句)	

苟 3급 ++ 9획	구차할 **구** 진실로 **구** 苟且 구차 苟生 구생
풀 초(++)+글귀 구(句)	

敬 5급 攵 13획	공경할 **경** 恭敬 공경 敬天愛民 경천애민
구차할 구(苟)+칠 복(攵)	

驚 4급 馬 23획	놀랄 **경** 驚愕 경악 驚天動地 경천동지
공경할 경(敬)+말 마(馬)	

警 4급 言 20획	경계할 **경** 警察 경찰 警報器 경보기
공경할 경(敬)+말씀 언(言)	

菊 3급 ++ 12획	국화 **국** 菊花 국화 梅蘭菊竹 매란국죽
풀 초(++)+쌀 포(勹)+쌀 미(米)	

酌 3급 酉 10획	술부을 **작** 따를 **작** 酌婦 작부 自酌 자작
술 유(酉)+쌀 포(勹)+불 똥주(丶)	

約 5급 糸 9획	묶을 **약** 아낄 **약** 契約 계약 節約 절약
실 사(糸)+쌀 포(勹)+불 똥주(丶)	

的 5급 白 8획	과녁 **적** 적실할 **적** 的中 적중 感情的 감정적
흰 백(白)+쌀 포(勹)+불 똥주(丶)	

1-4-15　勹 쌀 포

旬 열흘 순	총 맞은 수컷 원이를 감싸(勹)주고 날(日)마다 보살폈는데 **열흘(旬)** 만에 죽자, 암컷 앙이가 살기 싫다며 죽은(歹) 원이를 안고 열흘(旬) 만에 **따라 죽(殉)**더라.
殉 따라죽을 순	

句 글귀 구	
狗 개 구	언 손을 감싸(勹) 입(口)으로 불며 **글(句)**만 읽던 샌님이, 개(犭)중에 글귀를 아는 서당 **개(狗)**를, 손수(扌) **잡아(拘)** 족치고, 풀(艹)뿌리나 뜯어먹는 **구차한(苟)** 생활을 청산한다며, 마구간도 때려(攵) 부수니 샌님을 **공경(敬)**하던, 말(馬)은 **놀라서(驚)**, 말(言)도 못하고 샌님을 **경계(警)**하더라.
拘 잡을 구	
苟 구차할 구	
敬 공경할 경	
驚 놀랄 경	
警 경계할 경	

菊 국화 국	지푸라기 풀(艹)로 감싸(勹)두었던 누룩 쌀(米)을 발효시켜 담근 **국화(菊)**주와, 술(酉)안주 한 점(丶) 싸(勹)왔으니 **술 부어(酌)** 먹음세, 하지만 실(糸)로 안주 한 점(丶) 감싸서(勹) **묶고(約)**, 하얀(白) **과녁(的)**에 매달아 활 쏘아 맞춘 사람만 먹기로 하세.
酌 술부을 작	
約 묶을 약	
的 과녁 적	

둘째마당 | 사람 관련 한자

| 包 4급 勹 5획 | 쌀 **포**
 小包 소포
 包容 포용 | 胞 4급 月 9획 | 세포 **포**
 태보 **포**
 僑胞 교포
 細胞 세포 |

쌀 포(勹)+뱀 사(巳) | 육달 월(月)+쌀 포(包)

| 飽 3급 食 14획 | 배부를 **포**
 물릴 **포**
 飽腹 포복
 飽和狀態 포화상태 | 抱 3급 扌 8획 | 안을 **포**
 抱擁 포옹
 抱負 포부 |

밥 식(食)+쌀 포(包) | 손 수(扌)+쌀 포(包)

| 砲 4급 石 10획 | 대포 **포**
 砲手 포수
 發砲 발포 | 勿 3급 勹 4획 | 말 **물**
 勿論 물론
 勿驚 물경 |

돌 석(石)+쌀 포(包) | 쌀 포(勹)+丿丿

| 忽 3급 心 8획 | 소홀히할 **홀**
 갑자기 **홀**
 忽待 홀대
 忽然 홀연 | 易 4급 日 8획 | 바꿀 **역**
 *쉬울 **이**
 周易 주역
 難易度 난이도 |

말 물(勿)+마음 심(心) | 날 일(日)+말 물(勿)

| 賜 3급 貝 15획 | 줄 **사**
 下賜 하사
 賜藥 사약 |

돈 패(貝)+바꿀 역(易)

包
쌀 포

胞
세 포

飽
배부를 포

抱
안을 포

砲
대포 포

뱀(巳)처럼 구부린 태아를 감싼(勹) **쌀포(包)**자와, 몸을 뜻하는 육달월(月)의 **세포(胞)**자를 쓰다가, 밥(食) 먹고 **부른 배(飽)**를, 손(扌)으로 **안으며(抱)**, 돌멩이(石)를 쏘던 옛 **대포(砲)**처럼 방귀 한 방 뀌었네.

勿
말 물

忽
소홀히할 홀

易
바꿀 역

賜
줄 사

자식들아 쌀포(勹)자에 깃발 둘(ノノ)을 단 것은 아무거나 하지 말라는 **말물(勿)**자이니, 마음(心)을 **소홀히(忽)**하지 말고 열심히 일하라, 내가 죽을 날(日)이 다가오면 하지 말라(勿) 해도 명의를 **바꿔서(易)**, 건물과 돈(貝)을 유산으로 **줄(賜)** 것이니 잘들 살아라.

둘째마당 | 사람 관련 한자

用 6급 用 5획	쓸 **용** 用度 용도 使用 사용	庸 3급 广 11획	떳떳할 **용** 中庸 중용 庸劣 용렬
쓸 용(用)		엄호(广)+돼지머리 계(彐)+뚫을 곤(丨)+쓸 용(用)	
通 6급 辶 11획	통할 **통** 通信 통신 內通 내통	備 4급 亻 12획	갖출 **비** 準備 준비 有備無患 유비무환
창 끝(マ)+쓸 용(用)+갈 착(辶)		사람 인(亻)+풀초(艹)+민엄호(厂)+쓸 용(用)	
甫 2급 用 7획	클 **보** 甫田 보전(큰 밭) 甫吉島 보길도	捕 3급 扌 10획	잡을 **포** 捕縛 포박 捕獲 포획
열 십(十)+심지 주(丶)+쓸 용(用)		손 수(扌)+클 보(甫)	
補 3급 衤 12획	기울 **보** 도울 **보** 補修 보수 補充 보충	浦 3급 氵 10획	물가 **포** 개 **포** 浦口 포구 木浦 목포
옷 의(衤)+클 보(甫)		물 수(氵)+클 보(甫)	
博 4급 十 12획	넓을 **박** 클 **박** 博識 박식 博士 박사	傅 2급 亻 12획	스승 **부** 師傅 사부
열 십(十)+클 보(甫)+마디 촌(寸)		사람 인(亻)+클 보(甫)+마디 촌(寸)	
賻 1급 貝 17획	부의 **부** 賻儀 부의	簿 3급 ⺮ 19	장부 **부** 문서 **부** 帳簿 장부 簿記 부기
돈 패(貝)+펼 부(尃)		대 죽(⺮)+물 수(氵)+클 보(甫)+마디 촌(寸)	
薄 3급 艹 17	엷을 **박** 야박할 **박** 薄板 박판 美人薄命 미인박명		
풀 초(艹)+물 수(氵)+클 보(甫)+마디 촌(寸)			

1-4-16 用 쓸 용

庸 떳떳할 용

通 통할 통

備 갖출 비

엄호(广) 굴에서 돼지머리(彐)를 꼬챙이로 뚫어서(丨) 쓸용(用)이와 **떳떳하게(庸)** 구워 먹었다니, 창끝(マ) 자도 모르는 쓸용(用)이와 집에 가다(辶)가 뜻이 **통해(通)** 구워먹었다니 이놈아, 사람(亻)들과 풀(艹) 베고 민엄호(厂)네 집에서 회식에 쓰려(用)고 미리 **갖추어(備)** 비축한 것을, 저런.

甫 클 보

捕 잡을 포

補 기울 보

浦 물가 포

십자가(十) 옆에 등잔불 심지(丶)를 돋아 밝히고 쓸만(用)하고 **큼직한(甫)** 헝겊 때기를, 손(扌)으로 포개 **잡고(捕)**, 해진 옷(衤)을 **기워(補)** 입은 후, 물가(氵) **포구(浦)**로 가서 놀았지.

博 넓을 박

傅 스승 부

賻 부의 부

簿 장부 부

薄 얇을 박

우리보다 열(十) 배나 큰(甫) 나라의 마디 촌(寸)만한 구석까지 큰 뜻을 펼치려(尃) **널리(博)** 여행하신, 사람(亻)들이 존경하는 **스승(傅)**께서 저승에 가시니, 돈(貝)을 봉투에 넣어 **부의(賻)**하고, 까만 먹물(氵)을 붓에 찍어 대죽(竹)으로 표지한 **장부(簿)**에 이름을 쓰고서, 봉투를 모아보니 풀(艹)잎처럼 두께가 **얇아(薄)** 경제가 불황임을 알았네.

둘째마당 | 사람 관련 한자

한자	훈음	한자	훈음
旡 0급 旡 4획	목멜 **기** 없을 **무** 旣(이미 기)의 방으로 쓰임 '이미 기 방'이라 칭함	旣 3급 旡 11획	이미 **기** 旣得權 기득권 旣決囚 기결수
목멜 기(旡) *비 부수		흰 백(白)+숟가락 비(匕)+목멜 기(旡)	
慨 3급 忄 14획	분개할 **개** 슬퍼할 **개** 憤慨 분개 慨嘆 개탄	槪 3급 木 15획	대개 **개** 평미레 **개** 槪論 개론 槪要 개요
마음 심(忄)+흰 백(白)+ 𠂉 +목멜 기(旡)		나무 목(木)+흰 백(白)+ 𠂉 +목멜 기(旡)	
欠 1급 欠 4획	하품 **흠**	次 4급 欠 6획	다음 **차** 머뭇거릴 **차** 次席 차석 次男 차남
하품 흠(欠)		얼음 빙(冫)+하품 흠(欠)	
姿 4급 女 9획	맵시 **자** 성품 **자** 姿態 자태 姿勢 자세	吹 3급 口 7획	불 **취** 숨쉴 **취** 鼓吹 고취 吹打 취타
다음 차(次)+여자 여(女)		입 구(口)+하품 흠(欠)	
軟 3급 車 11획	부드러울 **연** 연할 **연** 軟弱 연약 軟骨 연골	齊 3급 齊 14획	가지런할 **제** 재계할 **재** 修身齊家 수신제가 整齊 정제
수레 거(車)+하품 흠(欠)		가지런할 제(齊)	
濟 4급 氵 17획	건널 **제** 구할 **제** 百濟 백제 救濟 구제	劑 2급 刂 16획	지을 **제** 藥劑 약제 觸媒劑 촉매제
물 수(氵)+가지런할 제(齊)		가지런할 제(齊)+선칼 도(刂)	

1-4-17 旡 목멜 기, 없을 무, 이미 기 방 *비 부수

旣 이미 기
慨 분개할 개
槪 대개 개

성질 급한 내가 흰(白)밥을 숟가락(匕)에 떠서 목메게(旡) **이미(旣)** 다 먹었다며, 흥분한 마음(忄)에 흰(白)밥을 던지며 '阝' 야 임마 주문한 곰탕은 언제 나와 하며 **분개(慨)**하여, 나무(木) 식탁을 걷어차니 **대강(槪)** 화가 풀리더라.

1-4-18 欠 하품 흠

次 다음 차
姿 맵시 자
吹 불 취
軟 부드러울 연

얼음(冫)물 속에서 하품(欠)하듯 가쁜 숨 몰아쉬며 건져서 **다음(次)**엔 이러지 말라며, 혼절한 여자(女) **맵시(姿)** 고운 처녀를, 입(口)에 하품(欠)하듯 숨을 **불어(吹)** 넣어 인공호흡 시키고, 수레(車)에 옮겨서 **부드럽고 연(軟)**하게 안마를 해서 보냈네.

1-4-19 齊 가지런할 제, 재계할 재

濟 건널 제
劑 지을 제

물(氵)에 가지런히(齊) 배를 띄우고 몰래 **건너(濟)**온 왜구를 무찌르다 다쳐서, 긴 칼(刂)로 약초를 잘라 달여 먹을 약을 **지었(劑)**네.

둘째마당 | 사람 관련 한자

05

생사 관련 부수 연상한자

氏 4급 氏 4획	씨 씨 뿌리 씨 氏族社會 씨족사회 姓氏 성씨	民 8급 氏 5획	백성 민 民族魂 민족혼 民心 민심
씨 씨(氏)		성 경(冂)+씨 씨(氏)	
眠 3급 目 10획	잠잘 면 睡眠 수면 冬眠 동면	低 4급 亻 7획	낮을 저 低俗 저속 低價 저가
눈 목(目)+백성 민(民)		사람 인(亻)+근본 저(氐)	
底 4급 广 8획	밑 저 구석 저 底面 저면 徹底 철저	抵 3급 扌 8획	막을 저 거스를 저 抵抗勢力 저항세력 抵當權 저당권
엄호(广)+근본 저(氐)		손 수(扌)+근본 저(氐)	
紙 7급 糸 10획	종이 지 韓紙工藝 한지공예 紙筆墨 지필묵	占 4급 卜 5획	점칠 점 차지할 점 占卦 점괘 占領軍 점령군
실 사(糸)+씨 씨(氏)		점 복(卜)+입 구(口)	
店 5급 广 8획	가게 점 店鋪 점포 百貨店 백화점		
엄호(广)+점칠 점(占)			

1-5-1　氏 씨 씨, 뿌리 씨

民 백성 민
眠 잠잘 면

성경(冂) 글자 크기의 베개를 씨(氏)씨는 머리 치수에 꼭 맞게 만들어 파니 **백성(民)**들은, 눈(目)딱 감고 사 와서는 오늘 밤 편안한 **수면(眠)**을 취한다.

低 낮을 저
底 밑 저
抵 막을 저
紙 종이 지
占 점칠 점
店 가게 점

씨씨(氏)에게 한번(一)은 욕을 하던 근본(氏)이 없는, 그 사람(亻)은 품격이 **낮아(低)** 구걸하고, 엄호(广)굴의 **밑(底)**이나 뒤져, 그렇게 살지 말라고 손수(扌) **막고(抵)**, 둘둘 말아 실(糸)로 묶은 **종이(紙)**에다 씨씨(氏)는 그 자식의 사주를 써들고, 복(卜)이 어떤지 아랫마을 입구(口) 점집에서 **점 쳐(占)**보고 좋다기에, 엄호(广)네 **가게(店)**에 점원으로 취직까지 시켜 주었네.

둘째마당 | 사람 관련 한자

한자	뜻/음	예
生 8급 生 5획	날 생	生死苦樂 생사고락 生面不知 생면부지

날 생(生)

한자	뜻/음	예
産 5급 生 11획	낳을 산	生産 생산 産業革命 산업혁명

여섯 육(六)+민엄호(厂)+날 생(生)

한자	뜻/음	예
甥 1급 生 12획	생질 생	甥姪 생질

날 생(生)+사내 남(男)

한자	뜻/음	예
洗 5급 氵 9획	씻을 세	洗面器 세면기 洗濯機 세탁기

물 수(氵)+먼저 선(先)

한자	뜻/음	예
贊 3급 貝 19획	도울 찬	贊助金 찬조금 贊成 찬성

먼저 선(先)+先+조개 패(貝)

한자	뜻/음	예
讚 4급 言 26획	기릴 찬	讚美歌 찬미가 稱讚 칭찬

말씀 언(言)+도울 찬(贊)

한자	뜻/음	예
隆 3급 阝 12획	높을 융, 클 융	隆盛 융성 隆起 융기

언덕 부(阝)+서서히 쇠(夊)+한 일(一)+날 생(生)

한자	뜻/음	예
歹 0급 歹 4획	죽을 사 뼈앙상할 알	

죽을 사(歹)

한자	뜻/음	예
列 4급 刂 6획	벌릴 열	列擧 열거 配列 배열

죽을 사(歹)+선칼 도(刂)

한자	뜻/음	예
裂 3급 衣 12획	찢을 열	破裂 파열 分裂 분열

벌일 렬(列)+옷 의(衣)

한자	뜻/음	예
烈 4급 灬 10획	매울 열, 세찰 열	烈女 열녀 猛烈 맹렬

벌일 렬(列)+불 화(灬)

한자	뜻/음	예
死 6급 歹 6획	죽을 사	死力 사력 死別 사별

뼈앙상할 알(歹)+비수 비(匕)

한자	뜻/음	예
葬 3급 ++ 13획	장사지낼 장	火葬 화장 葬禮式 장례식

풀 초(++)+죽을 사(死)+받들 공(廾)

1-5-2　生 날 생

産 낳을 산

甥 생질 생

洗 씻을 세

贊 도울 찬

讚 기릴 찬

隆 높을 융

여섯(六)째를 민엄호(厂)에서 날생(生)의 **낳을 산(産)** 즉 생산을 하니, 태어난(生) 사내(男)는 누이의 아들 **생질(甥)**이라, 그 녀석을 물(氵)로 먼저(先) **씻겨주려(洗)** 우물에 가자, 지지난번(先先)에 뵈었던 고모가 조개(貝) 같은 그릇에 물을 떠서 **도와주며(贊)**, 장군감이란 말씀(言)으로 길이길이 **찬(讚)**양하시며, 언덕(阝) 위 하얀 집에서 서서히(夂) 일생(一生)을 편안하고 **높고 융(隆)**성히 살리라 하네.

1-5-3　歹 죽을 사, 뼈 앙상할 알

列 벌일 렬

裂 찢을 렬

烈 매울 렬

死 죽을 사

葬 장사지낼 장

죽은(歹) 오징어는 긴 칼(刂)로 **벌려서(列)**, 껍데기 옷(衣)은 **찢어(裂)**버리고, 고추장 양념하여 불(灬)에 **맵게(烈)** 구워 먹고, 뼈가 앙상하지(歹) 않은 것은 비수(匕)로 **죽(死)**여서 회로 먹고, 시들은 풀(艹)처럼 죽었(死)으면 두 손에 받들어(廾) **장사 지내(葬)** 주었지.

둘째마당 | 사람 관련 한자

入 7급 入 2획	들 **입** 出入 출입 入金 입금	疒 0급 疒 5획	병질 **엄** 병질 **녁**
들 입(入)		병질 엄(疒)	
內 7급 入 4획	안 **내** 內閣 내각 室內 실내	納 4급 糸 10획	바칠 **납** 들일 **납** 納品 납품 納得 납득
성 경(冂)+들 입(入)		실 사(糸)+안 내(內)	
肉 4급 肉 6획	고기 **육** 몸 **육** 肉食 육식 肉體美 육체미	丙 3급 一 5획	남녘 **병** 셋째천간 **병** 丙辰年 병진년
고기 육(肉)		한 일(一)+안 내(內)	
病 6급 疒 10획	병들 **병** 病勢 병세 黑死病 흑사병	疫 3급 疒 9획	염병 **역** 疫疾 역질 疫病 역병
병질 엄(疒)+남녘 병(丙)		병질 엄(疒)+몽둥이 수(殳)	
症 3급 疒 10획	병세 **증** 症勢 증세 症候群 증후군	痛 4급 疒 12획	아플 **통** 痛症 통증 頭痛 두통
병질 엄(疒)+바를 정(正)		병들 엄(疒)+창 끝(マ)+쓸 용(用)	
愈 3급 心 13획	나을 **유** 더할 **유** 愈出愈怪 유출유괴 (갈수록 이상해짐)	輸 3급 車 16획	보낼 **수** 輸送 수송 輸出 수출
성씨 유(俞)+마음 심(心)		수레 차(車)+성씨 유(俞)	

1-5-4 入 들입, 疒 병질엄, 병질 녁

內 안 내
納 바칠 납
肉 고기 육
丙 남녘 병
病 병들 병
疫 염병 역
症 병세 증
痛 아플 통

염병이 돈다는 성(冂)에 들어가(入) **안내(內)** 를 받으며 암행을 하려, 졸개에게 실(糸)타래도 **바치고(納)**, 높은 사람(人)에게 **고기(肉)** 도 상납하여, 한(一) 줄로 서서 성(冂)안의 급식소에 배급받는 사람(人) 즉 **남녘(丙)** 의 민초들을 살펴보니, 병들(疒) **병(病)** 에 걸렸나, 몽둥이(殳)에 맞아 **염병(疫)** 걸렸나, 바른(正) 모습은 없고 **병 증(症)** 세를 얼굴에 달고 살며, 날카로운 창끝(マ)으로 쓸데(用)없이 찔리는 듯한 **아픈 통(痛)** 증으로 시달리고 있구나.

愈 나을 유
輸 보낼 수

요양원에 들어(入)가 한(一) 달(月)을 두 줄기 냇가(巜)에서 보낸 유(俞)씨가, 마음(心)에 병이 **나은(愈)** 것 같다 하자, 요양원에서는 수레(車) 편으로 유(俞)씨를 집으로 **보내(輸)** 주더라.

둘째마당 | 사람 관련 한자

辛 3급 辛 7획	매울 신 辛辣 신랄 辛苦 신고	壁 4급 土 16획	벽 벽 城壁 성벽 巖壁 암벽
매울 신(辛)		지붕 시(尸)+입 구(口)+매울 신(辛)+흙 토(土)	
避 4급 辶 17획	피할 피 면할 피 避難 피난 免避 면피	幸 6급 干 8획	다행 행 바랄 행 幸運 행운 僥幸 요행
지붕 시(尸)+입 구(口)+매울 신(辛)+갈 착(辶)		매울 신(辛)+한 일(一)	
執 3급 土 11획	잡을 집 執筆 집필 執行 집행	擇 4급 扌 16획	가릴 택 뽑을 택 揀擇 간택 選擇 선택
다행 행(幸)+둥글 환(丸)		손 수(扌)+그물 망(罒)+다행 행(幸)	
澤 3급 氵 16획	못 택 윤 택 沼澤地 소택지 惠澤 혜택	譯 3급 言 20획	통역할 역 번역할 역 通譯 통역 意譯 의역
물 수(氵)+그물 망(罒)+다행 행(幸)		말씀 언(言)+그물 망(罒)+다행 행(幸)	
釋 3급 釆 20획	석가 석 풀 석 釋佛 석불 釋放 석방	報 4급 土 12획	알릴 보 갚을 보 報告 보고 報恩 보은
분별할 변(釆)+그물 망(罒)+다행 행(幸)		다행 행(幸)+무릎마디 절(卩)+또우(又)	
辯 4급 辛 21획	말잘할 변 말씀 변 辯護士 변호사 代辯 대변	辨 3급 辛 16획	분별할 변 辨明 변명 辨償 변상
매울 신(辛)+말씀 언(言)+매울 신(辛)		매울 신(辛)+선칼 도(刂)+매울 신(辛)	

1-5-5 辛 매울 신

壁 벽 벽	친구가 지붕(尸) 밑 부엌 입구(口)에서 매운 신(辛)라면 끓여준다며 무너진 흙(土) **벽(壁)**을 고쳐달라기에, 도망을 가며(辶) 몸을 **피했지(避)**.
避 피할 피	
幸 다행 행	
執 잡을 집	
擇 가릴 택	매운(辛) 고추의 머리가 한일(一)이에 찔렸어도 **다행(幸)**히 살아있는 것들만, 한주먹 둥글(丸)게 **집어(執)**와, 손수(扌) 그물(罒)을 치고 좋고 나쁜 땅을 **가려서(擇)** 심고, 물(氵)까지 **못(澤)**에서 길어다 뿌려주는 저 불법 노동자를, 감방에선 말(言)을 **통역할 역(譯)**관 없어, 죄인을 분별하던 (釆) **석가(釋)**님께서 석방해주시니, 그 친구는 무릎(卩)을 펴고 나와서 또우(又)에게 기쁘다고 **알려(報)** 주더라.
澤 못 택	
譯 통역할 역	
釋 석가 석	
報 알릴 보	
辯 말잘할 변	매울신(辛)씨와 매울신(辛)의 후배가 말싸움을 하자 가운데서 말(言) 같은 **말 잘하는(辯)**하는 변호사가, 긴 칼(刂)로 무를 자르듯 **분별하여(辨)** 말렸네.
辨 분별할 변	

셋째마당

주거 관련 한자

01 | 주택 관련 부수 연상한자

02 | 도구 관련 부수 연상한자

03 | 곡식 관련 부수 연상한자

04 | 의류 관련 부수 연상한자

05 | 척도 관련 부수 연상한자

06 | 무기 관련 부수 연상한자

셋째마당 | 주거 관련 한자

01

주택 관련 부수 연상한자

广 0급 广 3획	엄호 집 엄	黃 6급 黃 12획	누를 황 黃昏 황혼 黃砂現狀 황사현상
엄호(广)		범 인(寅)-갓머리(宀)+떨 감(廿)	
橫 3급 木 16획	가로 횡 빗장 횡 橫斷 횡단 橫說竪說 횡설수설	廣 5급 广 15획	넓을 광 廣野 광야 誇大廣告 과대광고
나무 목(木)+누를 황(黃)		엄호(广)+누를 황(黃)	
擴 3급 扌 18획	넓힐 확 擴張 확장 擴大 확대	鑛 4급 金 23획	쇳돌 광 광석 광 鑛山 광산 鑛石 광석
손 수(扌)+넓을 광(廣)		쇠 금(金)+넓을 광(廣)	
庶 3급 广 11획	여러 서 庶務室 서무실 庶民 서민	度 6급 广 9획	법도 도 *헤아릴 탁 度量 도량 度地 탁지 (토지 측량)
엄호(广)+떨 감(廿)+불화(灬)		엄호(广)+떨 감(廿)+또 우(又)	
渡 3급 氵 12획	건널 도 나루 도 渡江 도강 三田渡 삼전도		
물 수(氵)+법도 도(度)			

연상한자 1800

2-1-1	广 엄호, 집 엄
黃 누를 황	
橫 가로 횡	잠이 덜 깬 범(寅) 녀석이 갓머리(宀) 대신 노란 떨감(廿)을 이고 **누르스름(黃)**한 모습으로, 나무(木)의 **가로(橫)**막이 빗장을 몰래 열고, 엄호(广) 굴에 들어가 **널찍(廣)**하게, 손(扌)으로 바닥을 파서 **확 넓히고(擴)**, 쇳(金)덩어리 광**(鑛)**석을 훔쳐 갔네.
廣 넓을 광	
擴 넓힐 확	
鑛 쇳돌 광	
庶 여러 서	날이 추워 엄호(广) 굴에 떨감(廿)씨가 불(灬)을 피우자 **여러 서(庶)**민들이 몰려와, 나가라고 하니 불(灬)을 꺼버린 또우(又)란 놈은 **법도(度)** 없이, 물(氵)을 **건너(渡)** 유유히 가네.
度 법도 도	
渡 건널 도	

| 셋째마당 | 주거 관련 한자 |

庫 4급 广 10획	창고 **고** 곳집 **고** 金庫 금고 倉庫 창고	廟 3급 广 15획	사당 **묘** 宗廟 종묘
엄호(广)+수레 차(車)		엄호(广)+아침 조(朝)	
郎 3급 阝 10획	사내 **랑** 남편 **랑** 郎君 낭군 新郎 신랑	廊 3급 广 13획	행랑 **랑** 복도 **랑** 回廊 회랑 畵廊 화랑
좋을 량(良)+고을 읍(阝)		엄호(广)+사내 랑(郎)	
厂 0급 厂 2획	민엄호 기슭 **엄**	涯 3급 氵 11획	물가 **애** 生涯 생애 (한평생) 天涯 천애 (하늘 끝)
민엄호(厂)		물 수(氵)+언덕 애(厓)	
厚 4급 厂 9획	두터울 **후** 厚德 후덕 厚待 후대	厄 3급 厂 4획	재앙 **액** 액 **액** 災厄 재액 厄運 액운
민엄호(厂)+가로 왈(曰)+아들 자(子)		민엄호(厂)+무릎마디 절(㔾)	
危 6급 㔾 6획	위태할 **위** 危急 위급 危險 위험		
머리뿔(ク)+재앙 액(厄)			

庫 창고 고	
廟 사당 묘	엄호(厂)네 딸은 고장 난 빨간 차(車)를 **창고(庫)**에 처 박고, 아침(朝)에 걸어서 **사당(廟)**을 지나, 집들이 좋은(良) 고을(阝)에 사는 **사내(郞)**를 만나, 멋진 차를 타고 우리 집 **행랑(廊)**까지 왔다 갔네.
郞 사내 랑	
廊 행랑 랑	

2-1-2	厂 민엄호, 기슭 엄

涯 물가 애	
厚 두터울 후	물(氵)가 언덕(厓) **물가애(涯)** 있는, 민엄호(厂)의 깜깜한 동굴에서 떨어진 아니 가로왈(曰) 하자면 아들(子)이 머리가 **두껍고(厚)** 돌 같아, 무릎(卩)만 다치고 죽을 **재앙(厄)**을 면했지, 머리뿔(ᄼ) 다쳤으면 목숨이 **위태할(危)** 뻔 했었네.
厄 재앙 액	
危 위태할 위	

셋째마당 | 주거 관련 한자

宀 0급 宀 3획	집 면 갓머리	託 2급 言 10획	부탁할 탁 의지할 탁 付託 부탁 依託 의탁
집 면(宀)		말씀 언(言)+부탁할 탁(乇)	
托 3급 扌 6획	밀 탁 받칠 탁 托卵 탁란 托鉢僧 탁발승	宅 5급 宀 6획	집 택 宅配 택배 宅地 택지
손 수(扌)+부탁할 탁(乇)		집 면(宀)+부탁할 탁(乇)	
家 7급 宀 10획	집 가 家庭 가정 家家戶戶 가가호호	室 8급 宀 9획	방 실 집 실 室內樂 실내악 室內競技 실내경기
집 면(宀)+돼지 시(豕)		집 면(宀)+이를 지(至)	
宮 4급 宀 10획	집 궁 宮闕 궁궐 景福宮 경복궁	貫 3급 貝 11획	꿸 관 貫徹 관철 始終一貫 시종일관
집 면(宀)+성씨 려(呂)		꿰뚫을 관(毌)+조개 패(貝)	
慣 3급 忄 14획	버릇 관 익숙힐 관 慣習 관습 慣例 관례	實 5급 宀 14획	열매 실 실제 실 果實 과실 事實 사실
마음 심(忄)+꿸 관(貫)		집 면(宀)+꿸 관(貫)	
官 4급 宀 8획	벼슬 관 官僚主義 관료주의 長官 장관	館 3급 食 17획	객사 관 집사 관 博物館 박물관 圖書館 도서관
집 면(宀)+써 이(㠯)		밥 식(食)+벼슬 관(官)	
管 4급 竹 14획	피리 관 주관할 관 管樂器 관악기 管理室 관리실		
대 죽(竹)+벼슬 관(官)			

연상한자 1800

2-1-3　宀 집 면, 갓머리

託 부탁할 탁
托 밀 탁
宅 집 택
家 집 가
室 방 실
宮 집 궁

말씀(言)하면 털(毛) 하나 빠진 탈모(乇)씨의 일자리를 내가 **부탁(託)**하여, 목욕탕에서 손수(扌) 때를 **밀게(托)** 해주니, 집(宀) 같지도 않은 **집(宅)**에서 살다, 돼지(豕)**집(家)** 같은 데서 살다, 이를지(至)네 **방(室)**에서 세를 살다, 아내 여(呂)씨를 시켜 사온 복권이 당첨되어 궁전 같은 **집(宮)**을 장만했더라.

貫 꿸 관
慣 버릇 관
實 열매 실
官 벼슬 관
館 집사 관
管 피리 관

나는 뚫어진(毌) 돈(貝)을 한 잎이라도 **꿰어(貫)** 모아두는, 심성(忄) 좋은 **버릇(慣)**이 있어, 아끼고 저축하여 집(宀)을 사고 큰 **열매(實)**의 결실을 맺으니, 이사 간 집(宀)의 집들이로 마침 이(㠯써 이)씨가 **벼슬(官)**을 했다기에, 겸사겸사 밥(食)이나 먹자고 **객사관(館)**으로 불러내어, 대(竹) **피리(管)** 불며 대접을 했지.

셋째마당 | 주거 관련 한자

客 5급 宀 9획	손님 **객**	搭乘客 탑승객 顧客 고객
집 면(宀)+각 각(各)		
額 4급 頁 18획	금액 **액** 수량 **액** 이마 **액**	定額券 정액권 額字 액자
손님 객(客)+머리 혈(頁)		
安 7급 宀 6획	편안할 **안**	安定 안정 安寧 안녕
집 면(宀)+여자 여(女)		
案 5급 木 10획	책상 **안** 생각할 **안**	案內 안내 代案 대안
편안할 안(安)+나무 목(木)		
宴 3급 宀 10획	잔치 **연**	宴會席 연회석 祝賀宴 축하연
집 면(宀)+날 일(日)+여자 여(女)		
閣 3급 門 14획	큰집 **각** 누각 **각**	內閣 내각 鐘閣 종각
문 문(門)+각 각(各)		
恒 3급 忄 9획	항상 **항**	恒常 항상 恒久的 항구적
마음 심(忄)+뻗칠 궁(亘)		
宣 4급 宀 9획	베풀 **선**	宣敎 선교 宣告 선고
집 면(宀)+*뻗칠 궁(亘)		
完 5급 宀 7획	완전할 **완**	完成 완성 完全 완전
집 면(宀)+으뜸 원(元)		
院 5급 阝 10획	집 **원** 관청 **원**	病院 병원 法院 법원
언덕 부(阝)+완전할 완(完)		
密 4급 宀 11획	빽빽할 **밀** 비밀 **밀**	親密 친밀 精密 정밀
집 면(宀)+반드시 필(必)+뫼 산(山)		
蜜 3급 虫 14획	꿀 **밀**	蜜蜂 밀봉 蜜月旅行 밀월여행
집 면(宀)+반드시 필(必)+벌래 충(虫)		
寅 3급 宀 11획	범 **인**	丙寅年 병인년 寅時 인시
집 면(宀)+한 일(一)+까닭 유(由)+여덟 팔(八)		
演 4급 氵 14획	펼 **연** 흐를 **연**	演技力 연기력 演劇 연극
물 수(氵)+범 인(寅)		

| 客 손님 객 |
| 額 금액 액 |
| 安 편안할 안 |
| 案 책상 안 |
| 宴 잔치 연 |
| 閣 큰집 각 |
| 恒 항상 항 |
| 宣 베풀 선 |
| 完 완전할 완 |
| 院 집 원 |

요릿집(宀)에 놀러 온 각각(各)의 **손님(客)**에게, 머리(頁) 굴려 많은 **금액(額)**의 이윤을 취한, 집(宀)주인 여자(女)는 **편안히(安)** 걱정이 없이, 나무(木) **책상(案)**에 앉아, 날(日)마다 여자(女) 가수를 불러 **잔치(宴)**를, 문(門)이 각각(各) 대문짝만한 **큰집(閣)**에서 열 계획도 짜고, 딱 한 번(一) 아침(旦)에 정성이 뻗치게(亘) 마음(忄)으로 **항상(恒)** 사업 잘되게 해 달라 빌었고, 집(宀) 밖에선 선행을 **베푸니(宣)**, 요릿집(宀)에 놀러 온 으뜸원(元)씨가 보고 **완전(完)**한 색싯감이라며, 저 푸른 언덕(阝)에 그림 같은 **집(院)**을 짓고 원 없이 살자며 청혼을 하더라.

*뻗칠 긍(亘) = 한 일(一) + 아침 단(旦)

| 密 빽빽할 밀 |
| 蜜 꿀 밀 |
| 寅 범 인 |
| 演 펼 연 |

꿀벌이 지붕(宀) 밑 처마에다 필히(必) 첩첩 산(山) 같이 **조밀하고 빽빽한(密)** 집을 지어, 애벌레(虫) 새끼를 먹일 **꿀(蜜)**을 모아두는 봄만 되면, 집(宀)을 한(一)번 나가 까닭(由)도 없이 여덟(八) 밤이나 자고 오는 **범(寅)** 녀석이 미워서, 수(氵)중 공연 **펼치(演)**는 서커스단에 팔았지.

셋째마당 | 주거 관련 한자

한자	뜻/음	예시
害 5급 宀 10획	해칠 해	利害打算 이해타산 有害物 유해물

집 면(宀)+안주인 주(主)+입 구(口)

한자	뜻/음	예시
割 3급 刂 12획	벨 할 나눌 할	割腹 할복 割當 할당

해칠 해(害)+선칼 도(刂)

| 宰 3급 宀 10획 | 재상 재 | 宰相 재상
宰卿 재경 |

집 면(宀)+매울 신(辛)

| 守 4급 宀 6획 | 지킬 수 | 守護神 수호신
死守 사수 |

집 면(宀)+마디 촌(寸)

| 寧 0급 宀 14획 | 편안할 령 | 安寧 안녕
寧日 영일 |

집 면(宀)+마음 심(心)+그릇 명(皿)+고무래 정(丁)

| 聽 4급 耳 22획 | 들을 청 | 聽取者 청취자
聽聞會 청문회 |

귀 이(耳)+임금 왕(王)+열 십(十)+(四一)+마음 심(心)

| 廳 4급 广 25획 | 관청 청 | 中央廳 중앙청
市廳 시청 |

엄호(广)+들을 청(聽)

| 唐 3급 口 10획 | 당나라 당 | 唐詩 당시
唐衣 당의 |

엄호(广)+돼지머리 계(彐)+송곳 곤(丨)+입 구(口)

| 康 4급 广 11획 | 편안할 강 | 康寧 강녕
健康 건강 |

엄호(广)+돼지머리 계(彐)+송곳 곤(丨)+아래물 수(氺)

| 庚 3급 广 8획 | 천간 경 | 庚戌年 경술년
庚戌國恥 경술국치 |

엄호(广)+돼지머리 계(彐)+송곳 곤(丨)+사람 인(亻)

| 糖 3급 米 16획 | 엿 당 | 糖尿病 당뇨병
糖分 당분 |

쌀 미(米)+당나라 당(唐)

| 坐 3급 土 7획 | 앉을 좌 | 坐不安席 좌불안석
坐見千里 좌견천리 |

사람 인(人)+人+흙 토(土)

| 座 4급 广 10획 | 자리 좌 위치 좌 | 座席 좌석
座標 좌표 |

엄호(广)+앉을 좌(坐)

害 해칠 해	
割 벨 할	넓은 집(宀)으로 산적이 쳐들어와 임금(主) 닮은 안주인(主)인 나의 입(口)을 **해치고(害)**, 긴 칼(刂)로 **베려 할(割)** 것 같으니, 집(宀) 안에서 손끝이 매운(辛) **재상(宰)** 같은 집사는, 손가락 마디(寸) 걸어 약속하고 나를 **지키며(守)**, 집(宀)에서 내가 마음(心) 편케 그릇(皿)에 술 따라 먹고 고무래(丁)로 땅을 갈며 **편안(寧)**하게 살게 하라.
宰 재상 재	
守 지킬 수	
寧 편안할 령	

聽 들을 청	
廳 관청 청	귀(耳) 밑에 임금 왕(王)자가 있는 스님의 설법을 십자가(十) 들고 사십일일(四一) 동안 마음(心)먹고 **들은(聽)** 후, 엄호(广) **관청(廳)**에 들러 관보를 읽어보니, 돼지머리(彐)를 송곳(l)으로 찔러 먹다 입(口)을 다친 **당나라(唐)** 친구가, 물(氺)에 뭔가를 타 먹고 **편안하지(康)**도 못하게 죽어, 그 사람(人)을 **천간경(庚)**의원에서 진료해 보니, 당나라(唐)에서 만든 짝퉁 쌀(米)로 만든 **엿(糖)**을 먹었다더라.
唐 당나라 당	
康 편안할 강	
庚 천강 경	
糖 엿 당	

坐 앉을 좌	사람(人) 둘이 흙(土) 위에서 마주 보고 **앉아(坐)** 불편하지만, 그래도 엄호(广)에서는 제일 편안한 **자리(座)**다.
座 자리 좌	

| 셋째마당 | 주거 관련 한자 |

尸 0급 尸 3획	지붕 **시** 주검 **시** 尸盟 시맹(우두머리) 尸蟲 시충	尼 2급 尸 5획	여승 **니** 比丘尼 비구니 摩尼山 마니산
지붕 시(尸)		지붕 시(尸)+비수 비(匕)	
居 4급 尸 8획	살 **거** 있을 **거** 安居 안거 居留民 거류민	泥 3급 氵 8획	진흙 **니** 수렁 **니** 泥田鬪狗 이전투구 雲泥洞 운니동(종로구)
지붕 시(尸)+오랠 고(古)		물 수(氵)+여승 니(尼)	
尾 3급 尸 7획	꼬리 **미** 龍頭蛇尾 용두사미 尾行 미행	漏 3급 氵 14획	샐 **루** 漏落 누락 漏水 누수
지붕 시(尸)+털 모(毛)		물 수(氵)+지붕 시(尸)+비 우(雨)	
倂 2급 亻 10획	아우를 **병** 나란할 **병** 倂用 병용 倂殺 병살	屛 3급 尸 11획	병풍 **병** 덮을 **병** 屛風 병풍
사람 인(亻)+아우를 병(幷)		지붕 시(尸)+아우를 병(幷)	
尺 3급 尸 4획	자 **척** 尺度 척도 尺貫法 척관법	局 5급 尸 7획	관청 **국** 판 **국** 放送局 방송국 局面 국면
지붕시(尸)+파임(乀)		지붕시(尸)+옳을 가(可)	

2-1-4 尸 지붕 시, 주검 시

居 살 거
尼 여승 니
泥 진흙 니
尾 꼬리 미
漏 셀 루

지붕(尸)이 허름한 오래(古)된 암자에 **살며(居)**, 비수(匕)로 나물 캐던 **여승(尼)**이, 물(氵)가 **진흙(泥)**에 빠진, 털(毛)이 고운 족제비의 **꼬리(尾)**를 당겨서 구해 주니, 물(氵)가에 지붕(尸)이 비(雨)에 **새는(漏)** 창고 속으로 달아나더라.

併 아우를 병
屛 병풍 병
尺 자 척
局 관청 국

목수란 사람(亻)이 야간 일 하려고 불똥(丶) 둘을 켜서 두 방패(幵) 위에다 **아우르게(併)** 세워두고, 지붕(尸) 아래다 **병풍(屛)** 같은 칸막이 만들며, 삐딱한(乀) 구조물을 **자(尺)**로 재더니, 가(可)능하면 빨리 **관청(局)**을 수리하겠다 하더라.

셋째마당 | 주거 관련 한자

戶 4급 戶 4획	지게문 **호** 집 **호** 戶籍 호적 戶主 호주	啓 3급 口 11획	열 **계** 인도할 **계** 啓蒙 계몽 啓導 계도
지게문 호(戶)		집 호(戶)+칠 복(攴)+입 구(口)	
淚 3급 氵 11획	눈물 **루** 催淚彈 최루탄 血淚 혈루	肩 3급 月 8획	어깨 **견** 肩章 견장 肩骨 견골
물 수(氵)+지게문 호(戶)+개 견(犬)		문 호(戶)+육달 월(月)	
篇 4급 ⺮ 15획	책 **편** 千篇一律 천편일률 短篇集 단편집	偏 3급 亻 11획	쏠릴 **편** 치우칠 **편** 偏見 편견 偏頗的 편파적
대 죽(⺮)+납작할 편(扁)		사람 인(亻)+납작할 편(扁)	
編 3급 糸 15획	엮을 **편** 編成 편성 編輯 편집	遍 3급 辶 13획	두루 **편** 普遍的 보편적 遍歷 편력
실 사(糸)+납작할 편(扁)		납작할 편(扁)+갈 착(辶)	

2-1-5　戶 지게문 호, 집 호

啓 열 계	쓸쓸한 고향 집 지게문(戶)을 발로 차며(攵) 입구(口)를 **여니(啓)**, 물(氵)이 새어드는 눅눅한 집(戶)에서 개(犬)만이 **눈물(淚)**로 반겨주고, 기울어진 지게문(戶)에 기대어 달(月) 보며 **어깨(肩)**를 들썩여 외로움에 젖었었지.
淚 눈물 루	
肩 어깨 견	
篇 책 편	책방 집(戶) 아저씨가 너덜너덜한 책(冊)의 끈을 자르고 납작하게(扁) 하여 대죽(竹)의 **책(篇)**을, 사람(亻)들이 끼고 다닐 때 **쏠리지(偏)** 않게, 실(糸)로 **엮어(編)**주니, 서당에 갈(辶) 때는 **두루두루 편(遍)**하다 하더라.
偏 쏠릴 편	
編 엮을 편	
遍 두루 편	

셋째마당 | 주거 관련 한자

한자	뜻·음	용례
門 8급 門 8획	문 **문**	興仁之門 흥인지문 崇禮門 숭례문
弄 3급 廾 7획	희롱할 **롱**	弄談 농담 愚弄 우롱

문 문(門) / 임금 왕(王)+받들 공(廾)

| 算 7급 竹 14획 | 셈할 **산** | 算數 산수
數板 수판 |
| 閑 4급 門 12획 | 한가할 **한** | 閑暇 한가
閑良 한량 |

대 죽(竹)+눈 목(目)+받들 공(廾) / 문 문(門)+나무 목(木)

| 閏 3급 門 12획 | 윤달 **윤** | 閏年 윤년
閏四月 윤사월 |
| 間 7급 門 12획 | 사이 **간** | 間隔 간격
間間 간간 |

문 문(門)+임금 왕(王) / 문 문(門)+날 일(日)

| 問 7급 口 11획 | 물을 **문** | 問題意識 문제의식
諮問 자문 |
| 閱 3급 門 15획 | 검열할 **열** | 檢閱 검열
査閱 사열 |

문 문(門)+입 구(口) / 문 문(門)+바꿀 태(兌)

| 簡 4급 竹 18획 | 대쪽 **간**
간단할 **간** | 簡單 간단
書簡文 서간문 |
| 潤 3급 氵 15획 | 윤택할 **윤**
젖을 **윤** | 潤澤 윤택
潤色 윤색 |

대 죽(竹)+사이 간(間) / 물 수(氵)+윤달 윤(閏)

| 桐 2급 木 10획 | 오동나무 **동** | 碧梧桐 벽오동 |
| 憫 3급 忄 15획 | 근심할 **민**
불쌍히여길 **민** | 憫憫 민망
憐憫 연민 |

나무 목(木)+한가지 동(同) / 마음 심(忄)+성씨 민(閔)

2-1-6 門 문 문

弄 희롱할 롱	
算 셈할 산	
閑 한가할 한	임금(王)은 당신을 받들어(廾) 모시는 궁녀들을 **희롱(弄)**하다, 대죽(竹)에 쓴 숫자를 눈(目)으로 보고 손가락을 들어서(廾) **셈(算)**하려니 골 아파서, 광화문(門) 나무(木) 그늘에서 **한가(閑)**하게 활만 쏘는 정승들에게, 나 임금(王)이 **윤달(閏)**, 초하루 날(日)부터 보름 **사이(間)**에, 정사를 입(口)으로 묻고 **질문(問)**하겠다, 내가 맘을 바꾸(兌)면 **검열(閱)**을 피하겠지만, 대(竹)마디 사이(間) **대쪽(簡)**에다 잘못을 써오면, 경치 좋고 물(氵) 좋은 곳에 윤달(閏)이 가도록 놀다 올 상금 주고 집안을 **윤택(潤)**하게 해준다 하니 저 임금 돌았나 하네.
閏 윤달 윤	
間 사이 간	
問 물을 문	
閱 검열할 열	
簡 대쪽 간	
潤 윤택할 윤	
桐 오동나무 동	나무(木) 옆에서 오직 한 가지(同) **오동나무(桐)** 옆에서, 글월(文)만 읽으며 문(門)밖을 구경하던 민(悶)선비가 활 쏘는 정승들을 부러워하며 마음(忄)속으로는 먹고 살아갈 **근심(悶)**을 하더라.
悶 근심할 민	

| 셋째마당 | 주거 관련 한자 |

卄	샘물 정	昔	옛 석
	*저자 만든 부수와 부수명	3급 日 8획	昔年 석년 今昔之感 금석지감
*비 부수		샘물 정(卄)+날 일(日)	
錯 3급 金 16획	어긋날 착 섞일 착 錯誤 착오 錯覺 착각	惜 3급 忄 11획	아낄 석 가엾을 석 哀惜 애석 惜敗 석패
쇠 금(金)+옛 석(昔)		마음 심(忄)+옛 석(昔)	
借 3급 亻 10획	빌릴 차 借用 차용 借邊 차변	籍 4급 竹 20획	문서 적 서적 적 書籍 서적 國籍 국적
사람 인(亻)+옛 석(昔)		대 죽(竹)+쟁기 뢰(耒)+옛 석(昔)	
共 6급 八 6획	함께 공 共産黨 공산당 共生 공생	供 3급 亻 8획	이바지할 공 진상할 공 供與 공여 供給 공급
샘물 정(卄)+여덟 팔(八)		사람(亻)+함께 공(共)	
洪 3급 氵 9획	홍수 홍 클 홍 洪水 홍수 洪恩 홍은	典 5급 八 8획	법 전 맡을 전 法典 법전 典當鋪 전당포
물 수(氵)+함께 공(共)		성 경(冂)+함께 공(共)	
異 4급 田 11획	다를 이 異見 이견 異性 이성	翼 3급 羽 17획	날개 익 도울 익 左右翼 좌우익 翼善 익선
밭 전(田)+함께 공(共)		날개 우(羽)+다를 이(異)	

| 2-1-7 | 丑 샘물 정 *비 부수 | *저자가 만든 부수와 부수명 |

昔 옛 석

錯 어긋날 착

惜 아낄 석

借 빌릴 차

籍 문서 적

무너진 샘(丑)을 고치던 날(日)도 **옛날(昔)**이라, 쇠(金)틀로 튼튼하고 **어긋남(錯)** 없이 고치려다, 이제 마음(忄)은 몸을 **아끼려(惜)**, 젊은 사람(亻)의 힘을 **빌리고(借)**, 대(竹)나무와 쟁기(耒)를 써서 옛날(昔)처럼 수리 후 **문서(籍)**에 그 내용을 기록하려네.

共 함께 공

供 이바지할 공

洪 홍수 홍

샘물(丑)을 여덟(八) 사람이 **함께 공(共)**동으로 파고, 마을 발전에 그 사람(亻)들이 많이 **이바지(供)**하니, 흙탕물(氵)이 넘치고 **홍수(洪)**가 나도 걱정이 없더라.

典 법 전

異 다를 이

翼 날개 익

한양 성(冂)에 사는 함께공(共)씨가 **법전(典)**을 들여다보고는, 밭(田)의 명의가 함께공(共)씨의 이름과 **다르고(異)**, 새의 날개우(羽)자와 **날개익(翼)**자가 서로 달라 소송 건다 하네.

셋째마당 | 주거 관련 한자

其 3급 八 8획	그 **기** 그것 **기** 其他 기타 其間 기간	基 5급 土 11획	기본 **기** 터 **기** 基本 기본 空軍基地 공군기지
함께 공(共)+두 이(二)		그 기(其)+흙 토(土)	
欺 3급 欠 12획	속일 **기** 欺瞞 기만 詐欺 사기	棋 2급 木 12획	바둑 **기** 棋院 기원 棋士 기사
그 기(其)+하품 흠(欠)		나무 목(木)+그 기(其)	
斯 3급 斤 12획	이것 **사** 이 **사** 斯民 사민 (이백성) 斯界 사계 (이계통)	甚 3급 甘 9획	심할 **심** 더욱 **심** 極甚 극심 甚難 심난
그 기(其)+도끼 근(斤)		그 기(其)-여덟 팔(八)+어진 인(儿)+ㄴ	
井 3급 二 4획	우물 **정** 취락 **정** 井華水 정화수 市井雜輩 시정잡배	形 6급 彡 7획	모양 **형** 형상 **형** 形便 형편 地形 지형
우물 정(井) / *비 부수		열 개(开)+터럭 삼(彡)	
刑 4급 刂 6획	형벌 **형** 죽일 **형** 刑罰 형벌 處刑 처형	開 6급 門 12획	열 **개** 펼 **개** 開放 개방 開刊 개간
열 개(开)+선칼 도(刂)		문 문(門)+열 개(开)	
耕 3급 耒 10획	갈 **경** 耕作 경작 晝耕夜讀 주경야독		
쟁기 뢰(耒)+우물 정(井)			

| 其 그 기

| 基 기본 기

| 欺 속일 기

| 棋 바둑 기

| 斯 이것 사

| 甚 심할 심

함께공(共)씨가 내기 바둑 두(二) 번을 **그 기(其)**원 주인에게 지니, 땅(土)을 치며 **기본기(基)**를 다진 후, 졸린 듯 하품(欠)하며 **속여도(欺)** 다시 지자, 나무목(木)의 **바둑 기(棋)**판을, 도끼(斤)로 찍으니 **이것 사(斯)**람 잡네 하며, 그 기(其)원 주인 어진인(儿)은 'ㄴ' 자로 **심할(甚)**하게 다릴 꼬며 떨더라.

2-1-8 井 우물 정 *비 부수

| 形 모양 형

| 刑 형벌 형

| 開 열 개

| 耕 갈 경

우물(井) 뚜껑을 위로 올려 강제로 열개(開)하여 숨었던 터럭삼(彡)단 곱슬머리 **모양(形)**의 범인을 잡아다, 긴 칼(刂)로 머리 자르는 **벌(刑)**을 주고, 감옥의 문(門)을 **열개(開)**하여, 쟁기(耒)로 우물을 파고 밭도 **갈라(耕)**며 사역을 시켰지.

| 셋째마당 | 주거 관련 한자 |

02

도구 관련 부수 연상한자

四 罒㓁 0급 皿 5획	그물 **망** 넉 **사**	罔 3급 㓁 8획	없을 **망** 罔極 망극 罔測 망측
그물 망(皿, 罒, 㓁)		그물 망(罒)+망할 망(亡)	
剛 3급 刂 10획	굳셀 **강** 剛直 강직 外柔內剛 외유내강	綱 3급 糸 14획	벼리 **강** 政黨綱領 정당강령 紀綱 기강
그물 망(罒)+뫼 산(山)+선칼 도(刂)		실 사(糸)+그물 망(罒)+뫼 산(山)	
漫 3급 氵 14획	질펀할 **만** 흩어질 **만** 漫談家 만담가 散漫 산만	饅 1급 飠 20획	만두 **만** 饅頭 만두
물 수(氵)+끌 만(曼)		밥 식(飠)+*끌 만(曼)	
慢 3급 忄 14획	게으를 **만** 거만할 **만** 怠慢 태만 倨慢 거만		
마음 심(忄)+끌 만(曼)			

2-2-1	罒 (网, 冈) 그물 망, 넉 사
罔 없을 망	그물(网)이 망하면(亡) 잡은 고기도 도망가 없으니(罔), 그물(网)이 산(山)등성이 강(岡산등성이 강)같이 강하고 긴 칼(刂)처럼 굳세고(剛), 굵은 실(糸)의 벼리(綱)가 있는 그물로 고기를 잡자.
剛 굳셀 강	
綱 벼리 강	
漫 질펀할 만	가로왈(曰)하며 그물(罒)을 또우(又)와 끌다(曼)가 배고파, 물(氵)이 질펀(漫)해, 맛없는 밥(食) 대신 만두(饅)를 쪄먹고 배가 부르니, 마음(忄)이 게을러만(慢) 지는구나. *끌 만(曼) = 가로 왈(曰) + 그물망(罒) + 또 우(又)
饅 만두 만	
慢 게으를 만	

셋째마당 | 주거 관련 한자

几 1급 几 2획	책상 **궤** 안석 **궤** 几席 궤석 几案 궤안	亢 2급 亠 4획	목 **항** 높을 **항** 亢羅織 항라직 亢鼻 항비 (높은 코)
책상 궤(几)		머리 두(亠)+책상 궤(几)	
抗 4급 扌 7획	대항 **항** 막을 **항** 抗拒 항거	航 4급 舟 10획	항해 **항** 배 **항** 航路 항로 航空母艦 항공모함
손 수(扌)+목 항(亢)		배 주(舟)+목 항(亢)	
鉛 4급 金 13획	납 **연** 亞鉛 아연 鉛筆 연필	沿 3급 氵 8획	물가 **연** 따를 **연** 沿海 연해 沿革 연혁
쇠 금(金)+책상 궤(几)+입 구(口)		물 수(氵)+책상 궤(几)+입 구(口)	
船 5급 舟 11획	배 **선** 船泊 선박 船主 선주	丹 3급 丶 4획	붉을 **단** 丹楓 단풍 丹田呼吸 단전호흡
배 주(舟)+책상 궤(几)+입 구(口)		배 주(舟)-심지 주(丶)-송곳 곤(丨)	
聿 0급 聿 6획	붓 **율**	書 6급 日 10획	글 **서** 책 **서** 文書 문서 親書 친서
붓 율(聿)		붓 율(聿)+가로 왈(日)	
晝 6급 日 11획	낮 **주** 晝夜 주야 白晝 백주	畫 6급 田 12획	그림 **화** 繪畫 회화 西洋畫 서양화
글 서(書)+한 일(一)		붓 율(聿)+밭 전(田)+한 일(一)	
劃 3급 刂 14획	그을 **획** 劃期的 획기적 劃一的 획일적	筆 5급 竹 12획	붓 **필** 글 **필** 筆力 필력 筆記試驗 필기시험
그림 화(畫)+선칼 도(刂)		대 죽(竹)+붓 율(聿)	

연상한자 1800

2-2-2	几 책상 궤, 안석 궤
亢 목 항	큰 머리(亠)의 적장이 책상(几)에 앉았는데 **목(亢)**도 굵고 힘이 있어 보여, 맨손(扌)으로는 **대항(抗)**치 못해, 배(舟)를 타고 멀리 바다를 **항해(航)**하며 도망 왔지.
抗 대항 항	
航 항해 항	
鉛 납 연	쇠(金)같이 무거워 책상(几) 아래 입구(口)에 두었던 연한 **납(鉛)**을, 물(氵)가 **연(沿)**안에 있는, 배(舟)의 주인 **배선(船)**장이, 배(舟)에 싣자 배의 앞과 뒤가 물에 잠기며 **붉은(丹)** 목단 글자가 보이더라.
沿 물가 연	
船 배 선	
丹 붉을 단	

2-2-3	聿 붓 율
書 글 서	붓(聿)의 꼬리가 닳도록 가로왈(曰)하며 **글(書)**이라고, 밤새워 한일(一)자만 쓰다 보니 **낮(晝)**이라, 다 닳은 붓(聿)으로 밭(田) 모양도 한번(一) **그림(畵속畫)**으로 그려보고, 긴 칼(刂)로 테두리를 **그어(劃)** 자른 후, 대(竹)로 만든 조그만 붓(聿)으로 **붓글씨(筆)** 서명을 했지.
晝 낮 주	
畵 그림 화	
劃 그을 획	
筆 붓 필	

| 셋째마당 | 주거 관련 한자 |

匕 1급 匕 2획	비수**비** 숟가락**비** 匕首 비수	此 3급 止 6획	이**차** 此後 차후 此日彼日 차일피일
비수 비(匕)		그칠 지(止)+비수 비(匕)	
比 5급 比 4획	견줄**비** 比較 비교 比例 비례	批 4급 扌 7획	비평할**비** 때릴**비** 批評 비평 批判 비판
견줄 비(比)		손 수(扌)+견줄 비(比)	
北 8급 匕 5획	패할**배** *북녘**북** 敗北 패배 北極 북극	背 4급 月 9획	등**배** 背後 배후 背景 배경
丬+비수 비(匕)		북녘 북(北)+육달 월(月)	
武 4급 止 8획	호반**무** 무사**무** 武功勳章 무공훈장 武力 무력	賦 3급 貝 15획	거둘**부** 메길**부** 구실**부** 賦課 부과 割賦 할부
한 일(一)+주살 익(弋)+그칠 지(止)		조개 패(貝)+호반 무(武)	
化 5급 匕 4획	될**화** 변화할**화** 文化 문화 强化 강화	貨 4급 貝 11획	재화**화** 재물**화** 通貨 통화 財貨 재화
사람 인(亻)+비수 비(匕)		될 화(化)+돈 패(貝)	
花 7급 艹 8획	꽃**화** 生花 생화 造花 조화	皆 3급 白 9획	모두**개** 다**개** 皆旣日蝕 개기일식 皆勤賞 개근상
풀 초(艹)+될 화(化)		견줄 비(比)+흰 백(白)	
階 4급 阝 12획	계단**계** 섬돌**계** 階級 계급 階段 계단	紫 3급 糸 12획	자줏빛**자** 紫色 자색 紫外線 자외선
언덕 부(阝)+모두 개(皆)		이 차(此)+실 사(糸)	

2-2-4 匕 비수 비, 숟가락 비

此 이 차
比 견줄 비
批 비평할 비
北 북녘 북
背 등 배

남침 야욕 그치고(止) 비수(匕)를 **이참(此)**에 버려라, 양손에 비수(匕) 들고 남한과 계속 **견주지(比)** 말라, 손(扌)가락질해가며 **비평(批)**도 말라, 'ㅓ'여기 남한에다 비수(匕) 꽂으면 **북녘(北)**땅 북한은 단시일에 **패배(北)**하고, 북(北)을 은근히 지원하는 달(月) 같은 중국과도 **등(背)**질 것이니 부디 명심하라.

武 호반 무
賦 거둘 부
化 될 화
貨 재화 화
花 꽃 화

한일(一)아 이놈아 주살(弋)*을 활에 장착해 지나는 사람이나 멈추어(止) 세우고 어깨에 힘주는 **호반(武)** 되어, 돈(貝)이나 **거두며(賦)**, 사람(亻) 생김이 날카로운 비수(匕)처럼 **되지(化)** 말고, 돈(貝)과 **재화(貨)**를 멀리하여, 들판에 풀(艹)처럼 **꽃(花)**처럼 아름답게 살아라.

*주살 : 장대 끝과 화살촉에 줄을 이어 살이 나가지 않게 만든 연습용 화살

皆 모두 개
階 계단 계
紫 자주빛 자

서로 견주지(比) 않고 흰(白) 백지 내며 **모두 개(皆)**떡같이 시험 치른 놈들은, 언덕(阝) **계단(階)**으로 집합해라, 이차(此)에 매질하여 바지 궁둥이는 실(糸)이 터지고 피가 묻은 **자주(紫)**색으로 만들어 주겠다.

| 셋째마당 | 주거 관련 한자 |

斗 4급 斗 4획	말 **두** 우뚝솟을 **두** 斗量 두량 北斗七星 북두칠성	**科** 6급 禾 9획	품등 **과** 과정 **과** 科學者 과학자 敎科書 교과서
말 두(斗)		벼 화(禾)+말 두(斗)	
料 5급 斗 10획	헤아릴 **료** 대금 **료** 材料 재료 料金 요금		
쌀 미(米)+말 두(斗)			
鬲 0급 鬲 10획	솥 **격** 솥 **력**	**隔** 3급 阝 13획	사이뜰 **격** 隔離 격리 間隔 간격
솥 격(鬲)		언덕 부(阝)+솥 격(鬲)	
融 2급 虫 16획	녹일 **융** 金融機關 금융기관 融合 융합		
솥 격(鬲)+벌레 충(虫)			
皿 1급 皿 5획	그릇 **명** 器皿 기명	**盜** 4급 皿 12획	훔칠 **도** 도둑 **도** 盜掘 도굴 盜賊 도적
그릇 명(皿)		물 수(氵)+하품 흠(欠)+그릇 명(皿)	
般 3급 舟 10획	옮길 **반** 돌 **반** 一般 일반 般若經 반야경	**盤** 3급 皿 15획	소반 **반** 받침 **반** 音盤 음반 盤石 반석
배 주(舟)+몽둥이 수(殳)		옮길 반(般)+그릇 명(皿)	
盡 4급 皿 14획	다할 **진** 苦盡甘來 고진감래 盡力 진력		
돼지머리 계(彑)+丅+불 화(灬)+그릇 명(皿)			

2-2-5 斗 말 두

科 품등 과
料 헤아릴 료

벼(禾)를 말(斗)마다 **품등(科)**을 구분해 담아 놓고, 저품질의 쌀(米)이 담긴 말(斗)을 **헤아려(料)** 떡 해 먹었네.

2-2-6 鬲 솥 격, 솥 력

隔 사이뜰 격
融 녹일 융

언덕(阝)에서 굴러떨어진 솥(鬲)이 깨져 **사이가 뜨자(隔)**, 솥(鬲)에다 벌레(虫)의 진을 **녹여(融)** 구멍을 임시로 땜 했지.

2-2-7 皿 그릇 명

盜 훔칠 도
般 옮길 반
盤 소반 반

물(氵)을 하품(欠)하듯 컬컬컬 얻어먹고 그릇(皿)을 **훔쳐(盜)**, 배(舟)에 싣고 몽둥이(殳) 같은 노를 저어 **옮겨(般)**와, 그릇(皿)을 **소반(盤)**에 놓고 감상하니 그만이구나.

盡 다할 진

잔인하게 돼지머리(彐)에다 압정(丁)을 박고 불(灬)을 지피니 돼지는 놀라 큰 그릇(皿)에 빠져 수명을 **다했네(盡)**.

셋째마당 | 주거 관련 한자

한자	뜻과 음	한자	뜻과 음
丁 4급 一 2획 *비 부수	고무래 **정** 장정 **정** 壯丁 장정 白丁 백정	**頂** 3급 頁 11획 고무래 정(丁)+머리 혈(頁)	정수리 **정** 頂上 정상 頂点 정점
打 5급 扌 5획 손 수(扌)+고무래 정(丁)	칠 **타** 打擊 타격 手打 수타	**訂** 3급 言 9획 말씀 언(言)+고무래 정(丁)	바로잡을 **정** 改訂 개정 訂定 정정
可 5급 口 5획 고무래 정(丁)+입 구(口)	옳을 **가** 허락할 **가** 可決 가결 認可 인가	**歌** 7급 欠 14획 옳을 가(可)+可+하품 흠(欠)	노래 **가** 소리 **가** 歌謠 가요 歌曲 가곡
阿 3급 阝 8획 언덕부 阝+옳을 가(可)	언덕 **아** 阿附 아부 阿諂 아첨	**河** 5급 氵 8획 물 수(氵)+옳을 가(可)	강 **하** 河流 하류 河川 하천
荷 3급 ++ 11획 풀 초(++)+사람 인(亻)+옳을 가(可)	멜 **하** 연꽃 **하** 手荷物 수하물 蓮荷 연하	**于** 3급 二 3획 고무래 정(丁)+한 일(一)	어조사 **우** 于先 우선 于山國 우산국
宇 3급 宀 6획 집 면(宀)+어조사 우(于)	집 **우** 하늘 **우** 宇宙 우주	**寄** 4급 宀 11획 집 면(宀)+기이할 기(奇)	붙어살 **기** 부칠 **기** 寄生蟲 기생충 寄贈 기증
乎 3급 丿 5획 어조사 우(于)+불똥 주(丶)+丶	어조사 **호** 인가 **호** 乎哉 호재 (런가 하노라)	**呼** 4급 口 8획 입 구(口)+어조사 호(乎)	부를 **호** 呼應 호응 呼訴 호소

2-2-8　丁 고무래 정, 장정 정 *비 부수

頂 정수리 정
打 칠 타
訂 바로잡을 정

고무래(丁)로, 술주정하는 조카 놈의 머리(頁) 꼭대기 정수리(頂)를 찌르고, 손수(扌) 고무래(丁)를 휘둘러 치고(打), 좋은 말(言)로서 녀석을 바로잡아(訂)주었지.

可 옳을 가
歌 노래 가
阿 언덕 아
河 강 하
荷 멜 하

창을 하는 스승에게 고무래(丁)로 입(口)을 맞아가며 옳다(可)고 우기자, 옳을가(可) 옳을가(可)를 않고 왜 오를까 오를까를 하품(欠)하듯 노래(歌)하냐며, 언덕(阝)아(阿)래, 물(氵)이 깊은 강(河)으로 끌려간, 고집 센 그 사람(亻)은 풀(艹) 덩이를 메고(荷) 벌 받고 있네.

于 어조사 우
宇 집 우
寄 붙어살 기
乎 어조사 호
呼 부를 호

고무래(丁)와 한일(一)이가 어조사우(于)네 가자며, 갓(宀)을 쓰고 집(宇)을 찾아 가니, 집(宀) 지붕에 기이한(奇) 녀석이 붙어살아(寄) 놀라 도망을 치자, 어조사우(于)가 불똥(丶) 둘을 밝히고 보니 오호 어조사호(乎)라, 잡았다고 입(口)을 크게 벌려 그들을 부르더라(呼).

셋째마당 | 주거 관련 한자

貝 3급 貝 7획	조개 **패** 돈 **패** 貝物 패물 貝塚 패총	買 5급 貝 12획	살 **매** 買入 매입 買收 매수
조개 패(貝)		그물 망(罒)+돈 패(貝)	
賣 5급 貝 15획	팔 **매** 賣出 매출 賣票所 매표소	讀 6급 言 22획	읽을 **독** *구절 **두** 讀書 독서 句讀 구두
선비 사(士)+살 매(買)		말씀 언(言)+선비 사(士)+넉 사(四)+돈 패(貝)	
續 4급 糸 21획	이을 **속** 續篇 속편 連續 연속	員 4급 口 10획	인원 **원** 수효 **원** 人員 인원 構成員 구성원
실 사(糸)+선비 사(士)+넉 사(四)+돈 패(貝)		입 구(口)+돈 패(貝)	
損 4급 扌 13획	덜 **손** 損害保險 손해보험 損失 손실	圓 4급 囗 13획	둥글 **원** 圓熟 원숙 楕圓形 타원형
손 수(扌)+인원 원(員)		입구몸(囗)+인원 원(員)	
韻 3급 音 19획	운치 **운** 운 **운** 韻致 운치 韻律 운율	賴 3급 貝 16획	믿을 **뢰** 의뢰할 **뢰** 信賴 신뢰 依賴 의뢰
소리 음(音)+인원 원(員)		묶을 속(束)+칼 도(刀)+돈 패(貝)	
寶 4급 宀 20획	보배 **보** 寶石 보석 家寶 가보	賓 3급 貝 14획	손 **빈** 貴賓 귀빈 主賓 주빈
집 면(宀)+구슬 옥(玉)+장군 부(缶)+돈 패(貝)		집 면(宀)+한 일(一)+젊을 소(少)+돈 패(貝)	

2-2-9 貝 조개 패, 돈 패

買 살 매
賣 팔 매
讀 읽을 독
續 이을 속

그물(罒)을 돈(貝)주고 **사려(買)** 하니, 당신 같은 선비(士)에게는 **팔지(賣)** 않겠다, 말(言)하자면 선비(士)는 넉 사(四)라 쓴 돈(貝)의 글자나 **읽을 줄(讀)** 아느냐고, 끊어진 그물 실(糸)을 길게 **이으며(續)** 약을 올리니 성질이 나네.

員 인원 원
損 덜 손
圓 둥글 원
韻 운치 운

음악회장 입구(口)에 돈(貝)을 안 내고 들어오는 동원된 **인원(員)**을, 손수(扌) 골라내며 **덜어(損)**내다, 연습 부족으로 입(口)을 모양 없이 **둥글(圓)**게만 하다 보니, 소리(音)가 **운치(韻)** 없이 개떡같이 나오더라.

賴 믿을 뢰
寶 보배 보
賓 손 빈

날 묶고(束) 칼(刀)로 위협하기에 돈(貝)을 준다 하니 나를 **신뢰(賴)**한 녀석이, 집(宀)에 감춰둔 구슬(玉)과 장군(缶) 속에 돈(貝)과 **보배(寶)**를 넣 놓고 보자, 집(宀)을 지키던 한(一) 젊은(少) 머슴이 돈(貝)을 탐낸 **손님(賓**모양주의)을 한방에 때려잡았네.

셋째마당 | 주거 관련 한자

資 4급 貝 13획	재물 **자** 資産 자산 資源 자원	貯 5급 貝 12획	쌓을 **저** 貯蓄 저축 貯藏 저장
다음 차(次)+돈 패(貝)		돈 패(貝)+집 면(宀)+고무래 정(丁)	
責 5급 貝 11획	꾸짖을 **책** 책임 **책** 責望 책망 責任 책임	績 4급 糸 17획	길쌈 **적** 실 뽑을 **적** 紡績 방적 業績 업적
안주인 주(主)+돈 패(貝)		실 사(糸)+꾸짖을 책(責)	
積 4급 禾 16획	쌓을 **적** 積善 적선 積立 적립	蹟 3급 足 18획	자취 **적** 遺蹟 유적 奇蹟 기적
벼 화(禾)+꾸짖을 책(責)		발 족(足)+꾸짖을 책(責)	
貢 3급 貝 10획	바칠 **공** 租貢 조공 貢物 공물	賃 3급 貝 13획	품팔 **임** 賃金 임금 賃加工 임가공
장인 공(工)+돈 패(貝)		맡길 임(任)+돈 패(貝)	
質 5급 貝 15획	바탕 **질** 素質 소질 物質 물질	貞 3급 貝 9획	곧을 **정** 貞淑 정숙 貞節 정절
도끼 근(斤)+斤+돈 패(貝)		卜 +돈 패(貝)	
貴 5급 貝 12획	귀할 **귀** 富貴榮華 부귀영화 貴下 귀하	遺 4급 辶 16획	남길 **유** 끼칠 **유** 遺産 유산 遺傳 유전
가운데 중(中)+한 일(一)+돈 패(貝)		귀할 귀(貴)+갈 착(辶)	
費 5급 貝 12획	쓸 **비** 비용 **비** 費用 비용 國費 국비		
딸라 불(弗)+돈 패(貝)			

연상한자 1800

資 재물 자	
貯 쌓을 저	다음(次)에 돈(貝)이 될 **재물(資)**이 많이 생기면, 돈(貝)을 집(宀)에다 고무래(丁)로 긁어모아 **쌓아(貯)**두는, 안주인(主) 꼴통처럼 돈(貝)만 밝혀 **꾸짖는 책(責)**망을 받지 말고, 실(糸)로 **길쌈(績)**한 포대에, 벼(禾)를 담아 창고에 **쌓아(積)**두었다가, 발(疋)**자취(蹟)**도 남길 겸 좋은 일 하며 살아야겠다.
責 꾸짖을 책	
績 길쌈 적	
積 쌓을 적	
蹟 자취 적	
貢 바칠 공	
賃 품팔 임	그리하려면 장인공(工)씨처럼 돈(貝)도 나라에 **바치고(貢)**, 공사를 맡긴(任) 친구에게 **품을 판 임(賃)**금을 후히 주던가, 금도끼(斤) 은도끼(斤)를 사두었다 비싼 돈(貝)의 **질(質)** 좋은 금도끼를, 'ㅏ'아 **곧게(貞)** 살아갈, 중일(中一)짜리 **귀한(貴)** 자식에게, 저승에 갈적(辶)에 **남겨줄 유(遺)** 산으로 쓸까, 아니면 딸라(弗) 돈(貝)으로 바꿔 외국 여행 갈 비용으로 **쓰며(費)** 살까 생각하니 머리가 복잡하네.
質 바탕 질	
貞 곧을 정	
貴 귀할 귀	
遺 남길 유	
費 쓸 비	

셋째마당 | 주거 관련 한자

敗 5급 攵 11획	깨뜨릴 패 勝敗 승패 敗家亡身 패가망신	則 5급 刂 9획	법칙 칙 *곧 즉 規則 규칙 然則 연즉(그런즉)
조개 패(貝)+칠 복(攵)		조개 패(貝)+선칼 도(刂)	
側 3급 亻 11획	곁 측 側近 측근 左側 좌측	測 4급 氵 12획	헤아릴 측 잴 측 測量 측량 實測 실측
사람 인(亻)+법칙 칙(則)		물 수(氵)+법칙 칙(則)	
臼 1급 臼 6획	절구 구 杵臼 저구 脫臼 탈구	舊 5급 臼 18획	옛 구 舊時代 구시대 舊屋 구옥
절구 구(臼)		풀 초(艹)+새 추(隹)+절구 구(臼)	
稻 3급 禾 15획	벼 도 稻熱病 도열병 立稻先賣 입도선매	寫 5급 宀 15획	그릴 사 베낄 사 寫眞 사진 筆寫本 필사본
벼 화(禾)+손톱 조(爫)+절구 구(臼)		집 면(宀)+절구 구(臼)+쌀 포(勹)+불 화(灬)	
搜 3급 扌 13획	찾을 수 搜索 수색 搜所聞 수소문		
손 수(扌)+절구 구(臼)+뚫을 곤(丨)+또 우(又)			

敗
깨트릴 패

則
법칙 칙

側
곁 측

測
헤아릴 측

조개(貝)를 깐다고 두들겨(攵) 패(敗)다가, 긴 칼(刂)로 벌려 까는 법칙(則)을, 숙달된 사람(亻)이 하는 것을 곁(側)에서 배우고, 냄비에 물(氵)도 헤아려(測) 담아 조개탕 한 번 맛있게 끓여 먹었네.

| 2-2-10 | 臼 절구 구 |

舊
옛 구

稻
벼 도

寫
그릴 사

搜
찾을 수

옛날 옛날(舊속旧)에 풀(艹)씨를 주워 먹던 새(隹)가 절구(臼)에 들어가, 볍(禾)씨를 손톱(爫)으로 벌리고 절구(臼)에 찧어 벼(稻)알을 까먹고, 집(宀)의 절구(臼)까지 싸(勹) 가지고 가려다 불(灬)구덩이에 빠진 모양을 그려(寫)둔 그림을, 손수(扌) 절구(臼)를 뚫어(丨) 또우(又)씨가 찾아(搜) 내어 벽에 걸었네.

셋째마당 | 주거 관련 한자

03   곡식 관련 부수 연상한자

田 4급 田 5획	밭 전 田畓 전답 田園 전원	畓 3급 田 9획	논 답 門前沃畓 문전옥답
밭 전(田)		물 수(水)+밭 전(田)	
踏 3급 足 15획	밟을 답 踏査 답사 踏步狀態 답보상태	細 4급 糸 11획	가늘 세 細分 세분 細工 세공
발 족(足)+물 수(水)+해 일(日)		실 사(糸)+밭 전(田)	
累 3급 糸 11획	묶을 루 포갤 루 累積赤字 누적적자 累計 누계	畜 3급 田 10획	기를 축 畜舍 축사 牧畜 목축
밭 전(田)+실 사(糸)		검을 현(玄)+밭 전(田)	
蓄 4급 艹 14획	쌓을 축 모을 축 蓄積 축적 備蓄 비축	番 6급 田 12획	차례 번 갈마들 번 軍番 군번 順番 순번
풀 초(艹)+기를 축(畜)		분별할 변(釆)+밭 전(田)	
審 3급 宀 15획	살필 심 審判 심판 審査 심사	播 3급 扌 15획	씨뿌릴 파 달아날 파 播種 파종 播遷 파천
갓머리(宀)+차례 번(番)		손 수(扌)+차례 번(番)	
飜 3급 飛 21획	번역할 번 飜譯 번역(翻譯)	宗 4급 宀 8획	종가 종 마루 종 宗家 종가 宗主國 종주국
차례 번(番)+날 비(飛)		집 면(宀)+조상 시(示)	

2-3-1 田 밭 전

畓 논 답
踏 밟을 답
細 가늘 세
累 묶을 루
畜 기를 축
蓄 쌓을 축

물(水)길을 밭(田)에서부터 논(畓)으로 내어, 발(足)로 물(水)이 넘친 논을 해(日)가 지도록 고르게 밟아(踏)주고, 실(糸)을 밭 전(田)자 모양 가늘게(細) 논에다 치고, 밭(田)에다 실(糸)로 묶어둔(累) 모를 가져와 줄지어 심으며, 검은(玄) 염소도 밭(田)에서 기르고(畜), 먹일 풀(艹)도 말려서 쌓으니(蓄) 사는 게 즐겁구나.

番 차례 번
審 살필 심
播 씨뿌릴 파
飜 번역할 번
宗 종가 종

마늘과 파를 분별(采)해가며 밭(田)을 차례(番)로 일구는, 갓 쓴(宀) 친구들을 살펴(審)보니, 낮에는 손수(扌) 마늘과 파의 씨를 차례(番)로 뿌려(播) 파종하고, 밤에는 방에서 날아갈 듯(飛) 재빨리 책을 번역(飜)동翻)하며 공부하는, 집(宀)안에 조상(示)님 잘 모시는 종갓(宗)집 자손들로,

211

셋째마당 | 주거 관련 한자

崇 4급 山 11획	높을 **숭** 공경할 **숭** 崇高 숭고 崇拜 숭배	苗 3급 ++ 9획	모 **묘** 苗木 묘목 苗板 묘판
뫼 산(山)+종가 종(宗)		풀 초(++)+밭 전(田)	
描 1급 扌 12획	그릴 **묘** 素描 소묘 描寫 묘사	猫 1급 犭 12획	고양이 **묘** 猫鼠同處 묘서동처 猫頭縣鈴 묘두현령
손 수(扌)+모 묘(苗)		개 견(犭)+모 묘(苗)	
汚 3급 氵 6획	더러울 **오** 汚物 오물 貪官汚吏 탐관오리	果 6급 木 8획	과실 **과** 굳셀 **과** 果樹園 과수원 果敢 과감
물 수(氵)+어조사 우(亐)		밭 전(田)+나무 목(木)	
單 4급 口 12획	외로울 **단** 홑 **단** 孑孑單身 혈혈단신 單獨 단독	禪 3급 示 17획	참선 **선** 봉선 **선** 參禪 참선 禪房 선방
입 구(口)+口+갑옷 갑(甲)+한 일(一)		지신 기(示)+외로울 단(單)	
彈 4급 弓 15획	탄알 **탄** 튕길 **탄** 砲彈 포탄 彈性 탄성	米 6급 米 6획	쌀 **미** 米穀 미곡 白米 백미
활 궁(弓)+외로울 단(單)		쌀 미(米)	
粧 3급 米 12획	단장할 **장** 化粧 화장 治粧 치장	迷 3급 辶 10획	망설일 **미** 미혹할 **미** 迷路 미로 迷妄 미망
쌀 미(米)+엄호(广)+흙 토(土)		쌀 미(米)+갈 착(辶)	

| 崇
높을 숭 | 산(山)동네서 **높은 숭(崇)**배 받고 살더라. |

苗 모 묘	
描 그릴 묘	풀(艹)같이 자란 밭(田)의 **묘(苗)**에 누워, 손(扌)에 침 발라 얼굴에 그림이나 **그리는(描)**, 개(犭)보다 얄미운 **고양이 (猫)**를 발로 차니, 놈은 먹는 물(氵)에 어우(亏) **더러운 오 (汚)**물을 싸고 가더라.
猫 고양이 묘	
汚 더러울 오	

果 과실 과	
單 외로울 단	밭(田)에서 자란 나무(木)에 **과실(果)**이나 따 먹고, 늙은 입(口) 둘이 추운 겨울에 갑(甲)옷 같은 두꺼운 옷 한(一) 벌 껴입고 **외로이(單)** 살다 보면, 땅 귀신(示)이 나올까 두려워 **참선(禪)**도 하고, 활(弓)과 **탄알(彈)**을 준비도 했다 하네.
禪 참선 선	
彈 탄알 탄	

| 2-3-2 | 米 쌀 미 |

| 粧
단장할 장 | 쌀(米)을 엄호(广) 창고 땅(土)속에 묻고 바닥을 **단장(粧)** 하여 숨겼으나, 시집간 딸이 쌀(米)을 몰래 꺼내 가면서 (辶) **망설임(迷)**도 없더라. |
| 迷
망설일 미 | |

셋째마당 | 주거 관련 한자

| 禾 3급 禾 5획 | 벼 **화**
 禾苗 화묘
 禾粟 화속 | 和 6급 口 8획 | 화목할 **화**
 화할 **화**
 和氣靄靄 화기애애
 和解 화해 |

벼 화(禾) | 벼 화(禾)+입 구(口)

| 稱 4급 禾 14획 | 일컬을 **칭**
 呼稱 호칭
 稱頌 칭송 | 私 4급 禾 7획 | 사사 **사**
 私有財産 사유재산
 私信 사신 |

벼 화(禾)+손톱 조(爫)+성경문+흙 토(土) | 벼 화(禾)+사사 사(厶)

| 乘 3급 丿 10획 | 탈 **승** 곱할 **승**
 乘客 승객
 乘數 승수 | 秋 7급 禾 9획 | 가을 **추**
 晚秋 만추
 秋夕 추석 |

벼 화(禾)+북녘 북(北) | 벼 화(禾)+불 화(火)

| 愁 3급 心 13획 | 근심 **수** 수심 **수**
 愁心 수심
 愁淚 수루 | 謙 3급 言 17획 | 겸손할 **겸**
 謙讓 겸양
 謙虛 겸허 |

가을 추(秋)+마음 심(心) | 말씀 언(言)+벼 화(禾)/2+돼지머리 계(彐)

| 廉 3급 广 13획 | 청렴할 **렴** 쌀 **렴**
 淸廉 청렴
 廉價 염가 | | |

엄호(广)+벼 화(禾)/2+돼지머리 계(彐)

| 食 7급 食 9획 | 밥 **식**
 食堂 식당
 飮食 음식 | 飽 3급 食 14획 | 배부를 **포**
 飽食 포식
 飽和狀態 포화상태 |

밥 식(食) | 밥 식(食)+쌀 포(包)

| 飾 3급 食 14획 | 꾸밀 **식**
 粉飾會計 분식회계
 假飾 가식 | 飢 3급 食 11획 | 주릴 **기**
 飢餓 기아
 虛飢 허기 |

밥 식(食)+누운 인(亻)+헝겊 건(巾) | 밥 식(食)+안석 궤(几)

2-3-3 禾 벼 화

和 화목할 화
稱 일컬을 칭
私 사사 사
乘 탈 승
秋 가을 추
愁 근심 수

벼(禾)를 찧어 입(口)에 넣어주고 **화목(和)**하게 지내는 부부가, 손톱(爫)이 닳도록 긁어 퍼온 성(冂)안에 진흙(土)으로 오리를 구우니 **일컬을 칭(稱)** 황토구이라, 맛있다고 **사사사(私)** 소문이 나자, 벼(禾) 가마에 북녘(北) 동포들이 **올라타(乘)**고, 안주면 벼(禾)에 불(火) 지른다 협박하니 깊어가는 **가을(秋)**에, 마음(心)은 두렵고 **근심(愁)**만 깊어가네.

謙 겸손할 겸
廉 청렴할 렴

말(言)은 벼(禾)를 둘로 갈라 아껴먹는다는 아니 겹쳐 먹는 돼지(⺕)가 **겸손(謙)**하게, 난 엄호(广)에서 **청렴(廉)**하고 깨끗이 산다더라.

2-3-4 食(飠) 밥 식

飽 배부를 포
飾 꾸밀 식
飢 주릴 기

주인은 밥(飠)상을 감싸(包) 안고 **배가 부를(飽)** 때까지 먹고, 누운인(亻)씨는 헝겊(巾)에 수를 놓아 식탁보를 **꾸미고(飾)**, 객은 안석(几)에 앉아 배를 **주리고(飢)** 있네.

셋째마당 | 주거 관련 한자

酉 3급 酉 7획	닭 **유** 술 **유** 酉年 유년 酉時 유시(오후5–7시)	**酒** 4급 酉 10획	술 **주** 酒毒 주독 飮酒運轉 음주운전
닭 유(酉)		물 수(氵)+술 유(酉)	
猶 3급 犭 12획	머뭇거릴 **유** 오히려 **유** 猶豫 유예 過猶不及 과유불급	**尊** 4급 寸 12획	높을 **존** 尊敬 존경 尊重 존중
개 견(犭)+두목 추(酋)		두목 추(酋)+마디 촌(寸)	
遵 3급 辶 16획	쫓을 **준** 遵法精神 준법정신 遵守 준수		
높을 존(尊)+갈 착(辶)			
豆 4급 豆 7획	콩 **두** 大豆 대두 綠豆 녹두	**豈** 3급 豆 10획	어찌 **기** 豈敢 기감 (어찌 감히)
콩 두(豆)		뫼 산(山)+콩 두(豆)	
短 6급 矢 12획	짧을 **단** 短篇小說 단편소설 短期 단기	**頭** 6급 頁 16획	머리 **두** 頭角 두각 頭目 두목
화살 시(矢)+콩 두(豆)		콩 두(豆)+머리 혈(頁)	
痘 1급 疒 12획	천연두 **두** 마마 **두** 天然痘 천연두 水痘 수두		
병질 엄(疒)+콩 두(豆)			

2-3-5 酉 닭 유, 술 유

酒 술 주
猶 머뭇거릴 유
尊 높을 존
遵 쫓을 준

물(氵)을 비싼 술(酉)에 타 값싼 **술(酒)**을 만드니, 팔(八)자 좋게 술(酉)만 먹고 노는 두목 추(酋)장이 보고, 개(犭)처럼 **머뭇거리지(猶)** 않고 덤벼, 두목(酋)에게 손가락 마디(寸)만큼 남아있던 **높은 존(尊)**경심도 사라져, 다가가서 (辶) **쫓아(遵)** 가서 그러지 말라고 충고하였네.

2-3-6 豆 콩 두

豈 어찌 기
短 짧을 단
頭 머리 두
痘 천연두 두

산(山) 아래 사는 콩두(豆)가 **어찌기(豈)**하여, 화살(矢)이 **짧은(短)** 애기 살로, 머리(頁) 가운데 **머리(頭)** 꼭대기를 맞아, 병들(疒)어 **천연두(痘)**에 걸리니 얼굴이 울퉁불퉁하더라.

> 셋째마당 | 주거 관련 한자

04

의류 관련 부수 연상한자

巾 1급 巾 3획	헝겊 **건** 수건 **건** 頭巾 두건 手巾 수건	布 4급 巾 5획	베 **포** *보시 **보** 布木店 포목점 布施 보시
헝겊 건(巾)		왼 좌(左)-장인 공(工)+헝겊 건(巾)	
雄 5급 隹 12획	수컷 **웅** 웅대할 **웅** 雌雄 자웅 (암수) 雄壯 웅장	帝 4급 巾 9획	임금 **제** 帝王 제왕 帝國 제국
클 굉(玄)+새 추(隹)		여섯 육(六)+민갓머리(冖)+헝겊 건(巾)	
席 6급 巾 10획	자리 **석** 座席 좌석 坐不安席 좌불안석	凡 3급 几 3획	무릇 **범** 대강 **범** 禮儀凡節 예의범절 凡常 범상
엄호(广)+떨 감(廿)+수건 건(巾)		책상 궤(几)+불똥 주(丶)	
希 4급 巾 7획	바랄 **희** 希望 희망 希求 희구	稀 3급 禾 12획	드물 **희** 稀少價値 희소가치 稀貴 희귀
ㄨ+베 포(布)		벼 화(禾)+바랄 희(希)	
帳 4급 巾 11획	장막 **장** 휘장 **장** 帳幕 장막 揮帳 휘장		
헝겊 건(巾)+긴 장(長)			

2-4-1　巾 헝겊 건, 수건 건

布 베 포
雄 수컷 웅
帝 임금 제
席 자리 석

왼(左)손 잡이 장인공(工)씨가 헝겊(巾)의 **베(布)** 뒤에서 숨어보자, 큰(厷) 새(隹)가 명색이 **수컷(雄)**이라고, '六'자를 민갓(冖) 관모에 달고 붉은 헝겊(巾)의 곤룡포 입은 **임금(帝)** 흉낼 내더니, 엄호(广)에서 떨감(廿)을 씹었나 녀석은 수건(巾)을 **자리(席)**에 깔고 앉아 떨떠름하더라.

凡 무릇 범
希 바랄 희
稀 드물 희
帳 장막 장

책상(几) 밑에 숨어 불똥(丶) 밝히고 오락만 하던 **무릇(凡)** 학생들이, 십자도 아닌 'ㄨ'자 성호를 베(布) 수건 위에 그어가며 대학 가기를 **바라나(希)**, 그러기는 흉년에 벼(禾) 보듯 **드무니(稀)** 이를 아는 친구는, 헝겊(巾)을 길게(長) 늘여 **장막(帳)**을 친 독서실을 다니며 재수 준비를 하더라.

셋째마당 | 주거 관련 한자

| 衣 6급 衣 6획 | 옷 의
衣服 의복
衣食住 의식주 | 哀 3급 口 9획 | 슬플 애
悲哀 비애
喜怒哀樂 희로애락 |

옷 의(衣)　　　　　　　　　　옷 의(衣)+입 구(口)

| 衰 3급 衣 10획 | 쇠할 쇠
興亡盛衰 흥망성쇠
衰落 쇠락 | 遠 6급 辶 14획 | 멀 원
遠距離 원거리
遠洋漁業 원양어업 |

옷 의(衣)+소 축(丑)　　　　　슬플 애(哀)+한 일(一)+갈 착(辶)

| 園 6급 口 13획 | 동산 원
庭園 정원
花園 화원 | 表 6급 衣 8획 | 겉 표 밝힐 표
表現 표현
表式 표식 |

입구몸(口)+한 일(一)+슬플 애(哀)　　선비 사(士)+옷 의(衣)

| 裡 1급 衣 12획 | 속 리 안 리
腦裡 뇌리
極秘裡 극비리 | 襄 2급 衣 17획 | 도울 양
襄陽 양양(강원도) |

옷 의(衤)+마을 리(里)　　　　머리(亠)+皿+우물(井)+꼭지없는 옷 의(衣)

| 讓 3급 言 24획 | 겸손할 양
넘겨줄 양
辭讓 사양
分讓 분양 | 壤 3급 土 20획 | 흙 양
흙덩이 양
平壤 평양
天壤之差 천양지차 |

말씀 언(言)+도울 양(襄)　　　흙 토(土)+도울 양(襄)

| 畏 3급 田 9획 | 놀랄 외
두려워할 외
敬畏 경외 | 喪 3급 口 12획 | 잃을 상
죽을 상
初喪 초상
冠婚喪祭 관혼상제 |

밭 전(田)+Ⓐ　　　　　　　　열 십(十)+부르짖을 훤(吅)+Ⓐ

| 展 5급 尸 10획 | 펼 전 살필 전
展開 전개
展望 전망 |

지붕 시(尸)+풀 초(艹)+Ⓐ

| 2-4-2 | 衣 옷의 |

哀 슬플 애	
衰 쇠할 쇠	옷(衣) 속에서 입(口)을 감싸며 **슬퍼(哀)**하는, '표'씨네 늙은 소(丑소 축)는 병들어 **쇠(衰)**약해, 슬픔(哀)을 참고 머리에 침 한방(一) 맞고 가다(辶)가 **멀리(遠**모양주의)도 못 가고, 동네 입구(口) **동산(園)**에서 쓰러져 그 길로 갔네.
遠 멀 원	
園 동산 원	
表 겉 표	선비(士) 옷(衣)에 붙은 **표딱지(表)**를 보니, 옷(衤)으로 유명한 마을(里) **속리(裡**동**裏)**산에서 만든 명품이라네.
裡 속 리	
襄 도울 양	머리(亠)에다 네모진 안경(吅) 쓴 앞집 아가씨는 우물(井)에 옷(衣)의 머리꼭지를 담가 빨며 집안일을 **도우며(襄** 모양주의), 말(言)도 **겸손(讓)**하고, 진흙(土)의 **흙덩이(壤)**를 퍼다 논에 객토하며 농사도 잘 짓더라.
讓 겸손할 양	
壤 흙 양	
畏 놀랄 외	밭(田)에서 강도에게 옷의(衣)씨가 머리꼭지와 왼팔을 빼앗겨 **놀라(畏)**, 십자(十)가 붙잡고 부르짖으며 (吅) 부모까지 **잃었다(喪)**고, 지붕(尸) 아래서 풀(艹)뿌리 같은 머리를 풀어 **헤쳐(展)**가며 울고 있네. Ⓐ = 옷 의(衣) – 불똥 주(丶) – 삐침(丿)
喪 잃을 상	
展 펼 전	

| 셋째마당 | 주거 관련 한자 |

革 4급 革 9획	가죽 혁 바꿀 혁 皮革 피혁 革命 혁명	謹 3급 言 18획	삼갈 근 謹身 근신 謹賀新年 근하신년
가죽 혁(革)		말씀 언(言)+가죽 혁(革)+흙 토(土)	
僅 3급 亻 13획	겨우 근 거의 근 僅僅 근근 僅少 근소	勤 4급 力 13획	부지런할 근 勤勉 근면 勤儉節約 근검절약
사람 인(亻)+가죽 혁(革)+흙 토(土)		가죽 혁(革)+흙 토(土)+힘 력(力)	
難 4급 隹 19획	어려울 난 난리 난 災難 재난 衆口難防 중구난방	漢 7급 氵 14획	한나라 한 漢藥 한양 漢江投石 한강투석
가죽 혁(革)+큰 대(大)+새 추(隹)		물 수(氵)+가죽 혁(革)+큰 대(大)	
歎 4급 欠 15획	감탄할 탄 탄식할 탄 感歎 감탄 歎願書 탄원서	燕 3급 灬 16획	제비 연 燕尾服 연미복 燕雀 연작
가죽 혁(革)+큰 대(大)+하품 흠(欠)		스물 입(廿)+입 구(口)+북녘 북(北)+불 화(灬)	
皮 3급 皮 5획	가죽 피 皮革 피혁 皮骨相接 피골상접	破 4급 石 10획	깨뜨릴 파 破格 파격 破滅 파멸
가죽 피(皮)		돌 석(石)+가죽 피(皮)	
頗 3급 頁 14획	자못 파 자못 파 偏頗的 편파적 頗多 파다	疲 4급 疒 10획	피곤할 피 疲勞 피로 疲弊 피폐
가죽 피(皮)+머리 혈(頁)		병질 엄(疒)+가죽 피(皮)	
被 3급 衤 10획	입을 피 이불 피 받을 피 被服 피복 被擊 피격	波 4급 氵 8획	물결 파 波紋 파문 餘波 여파
옷 의(衤)+가죽 피(皮)		물 수(氵)+가죽 피(皮)	

2-4-3 革 가죽 혁

謹 삼갈 근
僅 겨우 근
勤 부지런 할

아버님 말씀(言)이 명품 가죽(革) 가방 들고 척박한 고향 땅(土)에 와서 자랑을 **삼가(謹)**하라, 사람(亻)이 **겨우 근(僅)**근이 먹고, 힘(力) 모아 **부지런(勤)**히 일하며 살지 않니 하시네.

難 어려울 난
漢 한나라 한
歎 감탄할 탄
燕 제비 연

혁(革)이씨가 큰대(大)자 발을 구르며 새(隹)에게 **어려운 난(難)**리를 피해, 물(氵) 건너 **한나라(漢)**로 이민 가라 하자, 하품(欠)하듯 **감탄(歎)**동嘆)하더니, 스무(廿) 식구(口)를 데리고 북녘(北)을 지나 불(灬)꽃놀이 하며 **제비(燕)** 따라 강남까지 갔더라.

2-4-4 皮 가죽 피

破 깨뜨릴 파
頗 자못 파
疲 피곤할 피
被 입을 피
波 물결 파

채석장에서 온종일 돌(石)을 가죽(皮) 자루에 담아와 망치로 **깨뜨리니(破)**, 머리(頁)는 **자못(頗)** 무겁고, 병들(疒)었는지 살가죽(皮)도 쑤시고 **피곤(疲)**해, 잠옷(衤)도 못 **입고(被)** 눕자, 졸음이 물(氵)가에 **물결(波)**처럼 밀려오네.

셋째마당 | 주거 관련 한자

| 糸 0급 糸 6획 | 실 **사** | 絲 4급 糸 12획 | 실 **사**
極細絲 극세사
一絲不亂 일사불란 |

실 사(糸) / 실 사(糸)+糸

| 戀 3급 心 23획 | 그리워할 **련**
생각할 **련**
戀慕 연모
戀情 연정 | 蠻 2급 虫 25획 | 오랑캐 **만**
野蠻族 야만족
蠻勇 만용 |

실 사(糸)+말씀 언(言)+糸+마음 심(心) / 실 사(糸)+말씀 언(言)+糸+벌레 충(虫)

| 變 5급 言 23획 | 변할 **변**
재앙 **변**
變化 변화
變故 변고 | 絹 3급 糸 13획 | 비단 **견**
명주 **견**
絹紗 견사
絹織物 견직물 |

실 사(糸)+말씀 언(言)+糸+칠 복(攵) / 실 사(糸)+입 구(口)+달 월(月)

| 喜 4급 口 12획 | 기쁠 **희**
喜悅 희열
喜曲 희곡 | 系 4급 糸 7획 | 혈통 **계**
體系 체계
直系 직계 |

선 비(士)+呂 / 삐침(丿)+실 사(糸)

| 孫 6급 子 10획 | 손자 **손**
孫子 손자
後孫 후손 | 係 4급 亻 9획 | 이을 **계**
혈통 **계**
係員 계원
係統 계통 |

아들 자(子)+혈통 계(系) / 사람 인(亻)+혈통 계(系)

| 縣 3급 糸 16획 | 고을 **현**
縣監 현감
縣令 현령 | 懸 3급 心 20획 | 매달 **현**
걸 **현**
懸案 현안
懸賞金 현상금 |

눈 목(目)+ㄴ+작을 소(小)+혈통 계(系) / 고을 현(縣)+마음 심(心)

2-4-5　糸 실 사

絲 실 사	
戀 그리워할 련	두 실(糸)의 **실사(絲)** 연인이, 서로 나눈 사랑의 말(言)을 가슴에 품고 마음(心)에 **그리워(戀)**하면 무엇 하나, 벌레(虫) 같은 **오랑캐(蠻)**가, 쳐들어(攵)와 세상이 **변해(變)** 헤어졌는데, 실(糸)을 누에 입(口)에서 달(月)마다 뽑아 만든 **비단(絹)**을, 철없는 선비(士)는 오랑캐의 '봄'에 좋다며 번데기와 같이 팔아 돈을 벌었다며 **기뻐(喜)**하네.
蠻 오랑캐 만	
變 변할 변	
絹 비단 견	
喜 기쁠 희	
系 혈통 계	삐친(丿) 꼬추로 실(糸)처럼 길길이 이어갈 **혈통(系)**을, 아들(子)이 **손자(孫)**를 낳아드리며, 사람(亻)의 도리로 혈통(系)을 **이으니(係)** 부모님이 기뻐하시네.
孫 손자 손	
係 이을 계	
縣 고을 현	눈(目) 감고 'ㄴ'자 작은(小) 의자에 앉은 혈통(系) 좋은 **고을(縣)** 원님은, 간절한 마음(心)에 길동이를 잡아 목을 **매달고(懸)** 나발 부는 낮 꿈을 꾸더라.
懸 매달 현	

| 셋째마당 | 주거 관련 한자 |

綠 6급 糸 14획	초록 **록**	錄 4급 金 16획	기록할 **록**
	草綠 초록 新綠 신록		錄音 녹음 錄畵 녹화
실 사(糸)+돼지머리 계(彑)+아래물 수(氺)		쇠 금(金)+돼지머리 계(彑)+아래물 수(氺)	
祿 3급 示 13획	녹 **록** 복 **록**	緣 4급 糸 15획	인연 **연**
	祿俸 녹봉 貫祿 관록		血緣 혈연 地緣 지연
조상 시(示)+돼지머리 계(彑)+ 아래물 수(氺)		실 사(糸)+돼지머리 계(彑)+돼지 시(豖)	

| 綠 초록 록 |
| 錄 기록할 록 |
| 祿 녹 록 |
| 緣 인연 연 |

실(糸) 목걸이로 치장한 돼지머리(彑)가 물(氺)에 **초록(綠)** 물감을 타서, 예식장 방명록에 축의금(金)을 **기록(錄)** 하니, 그의 조상(示)님은 똘똘하다며 **녹(祿)**을 주시며, 실(糸)목걸이 걸친 돼지머리(彑)와 돼지(豕)가 한몸이 되는 **인연(緣)**을 맺게 주례를 서 준다더라.

05

셋째마당 | 주거 관련 한자

척도 관련 부수 연상한자

大 8급 大 3획	큰 대 大小 대소 大韓民國 대한민국	天 7급 大 4획	하늘 천 天地開闢 천지개벽 開天節 개천절
큰 대(大)		한 일(一)+큰 대(大)	
太 6급 大 4획	클 태 처음 태 太平 태평 太極 태극	夷 3급 大 6획	오랑캐 이 편안할 이 夷國 이국 夷險 이험(평탄함과 험준함)
큰 대(大)+불똥 주(丶)		큰 대(大)+활 궁(弓)	
丈 3급 一 3획	어른 장 丈人 장인 大丈夫 대장부	奈 3급 大 8획	어찌 내 *나락 나 奈何 내하 奈落 나락(지옥)
그냥 외우기		큰 대(大)+조상 시(示)	
奇 4급 大 8획	기이할 기 奇奇妙妙 기기묘묘 好奇心 호기심	夭 1급 大 4획	젊은 요 夭死 요사 夭折 요절
큰 대(大)+옳을 가(可)		삐침(丿)+큰 대(大)	
笑 4급 ⺮ 10획	웃을 소 微笑 미소 失笑 실소	添 3급 氵 11획	더할 첨 添附 첨부 錦上添花 금상첨화
대 죽(⺮)+젊은 요(夭)		물 수(氵)+젊은 요(夭)+마음 심(小)	

228

2-5-1　大 큰대

天 하늘 천
太 클 태
夷 오랑캐 이
丈 어른 장
奈 어찌 내
奇 기이할 기

큰대(大)자 머리 꼭대기에 앉은 한일(一)이가 하늘(天)에서 땅을 내려다보고, 큰대(大)에 묻기를 가랑이에 거시기가 큰(太) 자가 누구냐 하니, 활(弓)을 잘 쏘는 우리 민족의 역사를 훔쳐가는 오랑캐(夷)요 라고 답을 하자, 열 받아 큰대(大)자를 흘려 쓰시던 어르신(丈)께서, 대(大)자로 엎드려 조상(示)신에게 어찌 내(奈) 평생에, 옳지(可) 못한 일만 하는 기이한(奇) 족속은 처음 본다며 통탄하시더라.

夭 젊은 요
笑 웃을 소
添 더할 첨

대죽(竹)의 갓을 쓰고 갸우뚱하게 걸어가는 천사 같은 젊은(夭) 처녀가 웃으며 미소(笑)지면, 물(氵) 길던 젊은(夭) 총각들 마음(小)엔 조바심만 더해(添)가더라.

셋째마당 | 주거 관련 한자

快 4급 忄 7획	시원할 쾌 쾌할 쾌 快晴 쾌청 快擧 쾌거	決 5급 氵 7획	결단할 결 決裂 결렬 對決 대결
마음 심(忄)+터놓을 쾌(夬)		물 수(氵)+터놓을 쾌(夬)	
訣 3급 言 11획	이별할 결 訣別 결별 永訣 영결	缺 4급 缶 10획	이지러질 결 缺席 결석 缺格事由 결격사유
말씀 언(言)+터놓을 쾌(夬)		장군 부(缶)+터놓을 쾌(夬)	
奏 3급 大 9획	아뢸 주 연주할 주 上奏 상주 (아뢰다) 演奏會 연주회	奉 5급 大 8획	받들 봉 봉양 봉 奉仕活動 봉사활동 奉養 봉양
큰 대(大)+두이(二)+젊은 요(夭)		큰 대(大)+두 이(二)+한 일(一)+열 십(十)	
春 7급 日 9획	봄 춘 春夏秋冬 춘하추동 靑春 청춘	泰 3급 氺 10획	편안할 태 클 태 國泰民安 국태민안 泰山 태산
큰 대(大)+두 이(二)+날 일(日)		큰 대(大)+두 이(二)+아래물 수(氺)	
送 4급 辶 10획	보낼 송 發送 발송 放送 방송	失 6급 大 5획	잃을 실 失手 실수 紛失 분실
여덟 팔(八)+하늘 천(天)+갈 착(辶)		삐침(丿)+사내 부(夫)	
扶 3급 扌 7획	도울 부 붙들 부 相扶相助 상부상조 扶助金 부조금	替 3급 日 12획	바꿀 체 交替 교체 代替 대체
손 수(扌)+사내 부(夫)		사내 부(夫)+夫+가로 왈(曰)	

연상한자 1800

快 시원할 쾌	'ㄱ'자 아내와 큰대(大)자 남편이 서로 가슴을 터놓으니 (夬), 마음(忄)이 **시원 상쾌(快)**해라, 물(氵) 떠놓고 **결단(決)**하여, 굳은 언(言)약으로 **이별할 결(訣)**정을 하고, 장군(缶) 같은 바가지를 밟아 깨니 얼굴들이 **이지러지(缺)**더라.
決 결단 할	
訣 이별할 결	
缺 이지러질 결	
奏 아뢸 주	제일 큰(大)아들과 둘(二)째 젊은(夭) 여식이 할머니께 세상 이야기를 소상히 **아뢰고(奏)** 가야금 연주도 해드리며, 쌍 십자 들고 **받들어(奉)** 모시니, 따듯한 날(日) **봄(春)**날, 물(氺)은 졸졸 흐르고 집안이 **편안(泰)**하더라.
奉 받들 봉	
春 봄 춘	
泰 편안할 태	
送 보낼 송	여덟 팔(八)자 늘어진 하늘(天)로 시집을 간다(辶)는 애인이 **보내온(送)** 편지를 받고, 머리에 베침(丿)이 박힌 듯 사내(夫)는 정신을 **잃어(失)**, 내가 손수(扌) 사내(夫)를 **도우려(扶)** 부축하다 넘어지니, 사내(夫) 두 친구가 가로왈(曰) 투덜대며 **바꿔(替)** 주더라.
失 잃을 실	
扶 도울 부	
替 바꿀 체	

셋째마당 | 주거 관련 한자

한자	뜻/음	예시
小 8급 小 3획	작을 소	小人輩 소인배 小家族 소가족

작을 소(小)

| 尖 3급 小 6획 | 날카로울 첨
뾰족할 첨 | 尖塔 첨탑
尖端産業 첨단산업 |

작을 소(小)+큰 대(大)

| 少 7급 小 4획 | 적을 소
젊을 소 | 少數民族 소수민족
少年 소년 |

작을 소(小)+삐침(丿)

| 消 6급 氵 10획 | 사라질 소
꺼질 소 | 消滅 소멸
消毒 소독 |

물 수(氵)+닮을 초(肖)

| 削 3급 刂 9획 | 깎을 삭 | 切削 절삭
削除 삭제 |

닮을 초(肖)+선칼 도(刂)

| 劣 3급 力 6획 | 용렬할 열
못할 열 | 劣等意識 열등의식
優劣 우열 |

적을 소(少)+힘 력(力)

| 秒 3급 禾 9획 | 시간 초 | 秒速 초속
秒針 초침 |

벼 화(禾)+적을 소(少)

| 向 6급 口 6획 | 향할 향 | 向上 향상
方向 방향 |

삐침(丿)+성경门+입 구(口)

| 尙 3급 小 8획 | 오히려 상
숭상할 상 | 時機尙早 시기상조
高尙 고상 |

작을 소(小)+성경门+입 구(口)

| 沙 3급 氵 7획 | 모래 사
바닷가 사 | 沙漠 사막
沙上樓閣 사상누각 |

물 수(氵)+적을 소(少)

| 省 6급 目 9획 | 살필 성
*덜 생 | 省察 성찰
省略 생략 |

적을 소(少)+눈 목(目)

| 抄 3급 扌 7획 | 뽑을 초
가려베낄 초 | 三別抄 삼별초
抄綠 초록 |

손 수(扌)+적을 소(少)

2-5-2　小　작을 소

尖 날카로울 첨	
少 적을(젊을) 소	머리는 작(小)고 큰(大) 발 달린 성질이 **날카로운(尖)**, 작은(小) 새가 이제는 삐졌는지(丿) 오지를 않고 **적어(少)**, 물(氵)에는 녀석을 닮은(肖) 새들도 점점 **사라져(消)** 아쉬움에, 석고를 칼(刂)로 **깎아(削)** 그 모습을 조각해 두었지.
消 사라질 소	
削 깎을 삭	
劣 용렬할 열	
秒 시간 초	적은(少) 힘(力)을 들여 **용렬(劣)**하게, 벼(禾)를 적(少)은 양만 빠른 **시간(秒)** 내 훔쳐서, 조그만 앙카를 삐침(丿) 하게 성(冂) 입구(口) 벽에 박아 딛고 넘어서 집을 **향해(向)** 달아나니, 작은(小) 몸집이 **오히려(尙)** 유리하구나.
向 향할 향	
尙 오히려 상	
沙 모래 사	
省 살필 성	물(氵)이 적은(少) **모래(沙)**의 성분을, 젊은(少) 내 눈(目)으로 **살피고(省)** 연구하여, 손수(扌) 적은(少) 분량의 글을 **뽑아(抄)** 논문 초록을 만들었지.
抄 뽑을 초	

셋째마당 | 주거 관련 한자

高 6급 高 10획	높을 고 高等教育 고등교육 高級 고급	稿 3급 禾 15획	볏짚 고 원고 고 原稿料 원고료 投稿 투고
높을 고(高)		벼 화(禾)+높을 고(高)	
橋 5급 木 16획	다리 교 陸橋 육교 漢江鐵橋 한강철교	矯 3급 矢 17획	바로잡을 교 矯正 교정 矯角殺牛 교각살우
나무 목(木)+삼킬 탄(吞)+들 경(冏)		화살 시(矢)+삼킬 탄(吞)+들 경(冏)	
二 8급 二 2획	두 이 二重苦 이중고 鐘路二街 종로이가	亞 3급 二 8획	버금 아 亞細亞 아세아 亞熱帶 아열대
두 이(二)		두 이(二)+십자(✝) 문양	
互 3급 二 4획	서로 호 相互 상호 互角之勢 호각지세	啞 1급 口 11획	벙어리 아 聾啞 농아 盲啞 맹아
두 이(二)+ㄴ+ㄱ		입 구(口)+버금 아(亞)	
惡 5급 心 12획	악할 악 *미워할 오 罪惡 죄악 惡寒 오한		
버금 아(亞)+마음 심(心)			
五 8급 二 4획	다섯 오 三綱五倫 삼강오륜	吾 3급 口 7획	나 오 우리 오 吾鼻三尺 오비삼척 吾等 오등
다섯 오(五) / *비 부수		다섯 오(五)+입 구(口)	
語 7급 言 14획	말씀 어 國語 국어 語錄 어록	悟 3급 忄 10획	깨달을 오 覺悟 각오 大悟覺醒 대오각성
말씀 언(言)+나 오(吾)		마음 심(忄)+나 오(吾)	

2-5-3　高 높을 고

稿
볏짚 고

橋
다리 교

矯
바로잡을 교

벼(禾)를 높게(高) 쌓은 **볏짚(稿)**에 불 지르고, 나무(木) 뒤에 숨어 마른 침을 삼킨(呑) 후 들(冏)을 지나 **다리(橋)**를 건너니, 쫓아 온 주인은 화살(矢)로 위협하며 내 맘보를 **바로 잡(矯)**아 주었네.

2-5-4　二 두 이

亞
버금 아

互
서로 호

啞
벙어리 아

惡
악할 악

두이(二)자에 넓은 십자 문양( )을 장식한 **버금아(亞)**씨는, 'ㄴ'과 'ㄱ'아 우리 둘이 아니 셋이 **서로(互)** 사랑하며 살자고, 입(口)으로 말하려 해도 말 못하는 버금아(亞)씨는 **벙어리(啞)**지만, 마음(心)엔 **악(惡)**이 없는 좋은 친구다.

2-5-5　五 다섯 오　*비 부수

吾
나 오

語
말씀 어

悟
깨달을 오

다섯(五) 식구의 입(口)을 **내(吾)**가 책임지고 먹여 살리라는, 말(言) 같지 않은 신령님 **말씀(語)**을 꿈에서 듣고, 마음(忄)은 **깨달(悟)**았지만 기분이 언짢네.

> 셋째마당 | 주거 관련 한자

八 8급 八 2획	여덟 **팔** 八旬 팔순 初八日 초파일	分 6급 刀 4획	나눌 **분** 신분 **분** 分數 분수 身分 신분
여덟 팔(八)		여덟 팔(八)+칼 도(刀)	
貧 4급 貝 11획	가난할 **빈** 安貧樂道 안빈낙도 貧血 빈혈	粉 4급 米 10획	가루 **분** 흰 **분** 粉末 분말 粉筆 분필
나눌 분(分)+돈 패(貝)		쌀 미(米)+나눌 분(分)	
紛 3급 糸 10획	어지러울 **분** 번잡할 **분** 紛爭 분쟁 內紛 내분	寡 3급 宀 14획	과부 **과** 적을 **과** 寡婦 과부 寡少 과소
실 사(糸)+나눌 분(分)		갓머리(宀)+머리 혈(頁)+한 일(一)+칼 도(刀)	
曾 3급 日 12획	일찍 **증** 거듭 **증** 未曾有 미증유 曾祖父 증조부	增 4급 土 15획	더할 **증** 불을 **증** 增强 증강 增設 증설
여덟 팔(八)+세로 왈(曰)+불똥 주(丶)+丶+가로 왈(日)		흙 토(土)+일찍 증(曾)	
僧 3급 亻 14획	중 **승** 高僧 고승 僧舞 승무	憎 3급 忄 15획	미울 **증** 憎惡心 증오심 愛憎 애증
사람 인(亻)+일찍 증(曾)		마음 심(忄)+일찍 증(曾)	
贈 3급 貝 19획	줄 **증** 보낼 **증** 贈與 증여 寄贈 기증	層 4급 尸 15획	층 **층** 層階 층계 高層建物 고층건물
돈 패(貝)+일찍 증(曾)		지붕 시(尸)+일찍 증(曾)	
會 6급 曰 13획	모일 **회** 맞을 **회** 會見 회견 會計帳簿 회계장부	繪 1급 糸 19획	그림 **회** 繪畫 회화
일찍 증(曾)의 (八)을-->(人一)		실 사(糸)+모일 회(會)	

2-5-6   八 여덟 팔

分 나눌 분
貧 가난할 빈
粉 가루 분
紛 어지러울 분
寡 과부 과

여덟(八) 자식이 칼(刀)을 품고 독하게 **나눠(分)** 가져간, 돈(貝)을 탕진하니 이내 **가난한 빈(貧)**민이 되고, 쌀(米)도 나만 많이 나눠(分) 달라는 콩**가루(粉)** 같은 녀석들에게 시달려, 머리칼은 바람에 날리는 실(糸)처럼 **어지러워(紛)**, 비싼 갓(宀) 쓴 머리(頁)에 한일(一)자 은장도(刀)를 꽂고 앉아서 돈 많던 **과부(寡** 모양주의**)**는 한탄을 하는구나.

曾 일찍 증
增 더할 증
僧 중 승
憎 미울 증
贈 줄 증
層 층 층

팔(八)자 늘어지게 해달라고 두 눈알(丶)을 부릅뜨고 세로왈(囗) 가로왈(曰) 하며 **일찍(曾)** 일어나 절에 가니, 땅(土)에 핀 꽃의 향기는 **더해(增)**가고, 사람(亻)들과 불공드리는 **중(僧)**을 보자, 마음(忄)에 두었던 **미운(憎)** 번민은 사라지고, 시주 돈(貝)을 스님께 **주고(贈)**, 법당 지붕(尸) 아래 **층층(層)** 계단을 내려왔네.

會 모일 회
繪 그림 회

일찍 증(曾)자에서 여덟 팔(八)자를 사람 인(人)과 한 일(一)자로 바꾸니 **모일 회(會)**자라, 잊지 않도록 실(糸)붓으로 **그림(繪)**을 그려 두었네.

셋째마당 | 주거 관련 한자

한자	뜻/음	예시
十 8급 十 2획	열 **십**	十長生 십장생 六十甲子 육십갑자

열 십(十)

| 計 6급 言 9획 | 셀 **계**
꾀 **계** | 計算 계산
計略 계략 |

말씀 언(言)+열 십(十)

| 卍 1급 十 6획 | 만자 **만** | 卍海 만해 (한용운)
卍字 만자 |

그냥 외우기

| 卑 3급 十 8획 | 천할 **비**
낮을 **비** | 卑賤 비천
卑屈 비굴 |

흰 백(白)+일천 천(千)

| 憤 4급 忄 15획 | 분할 **분**
결낼 **분** | 鬱憤 울분
憤氣撑天 분기탱천 |

마음 심(忄)+풀 훼(卉)+돈 패(貝)

| 婢 3급 女 11획 | 여자종 **비** | 婢女 비녀
奴婢 노비 |

여자 여(女)+천할 비(卑)

| 索 3급 糸 10획 | 찾을 **색** | 索出 색출
搜索隊 수색대 |

열 십(十)+덮을 멱(冖)+실 사(糸)

| 昇 3급 日 8획 | 오를 **승** | 昇段審査 승단심사
昇降機 승강기 |

날 일(日)+되 승(升)

| 南 8급 十 9획 | 남녘 **남** | 東西南北 동서남북
南極 남극 |

열 십(十)+성 경(冂)+羊

| 奔 3급 大 8획 | 달아날 **분**
달릴 **분** | 自由奔放 자유분방
狂奔 광분 |

큰 대(大)+풀 훼(卉)

| 墳 3급 土 15획 | 무덤 **분** | 墳墓 분묘
封墳 봉분 |

흙 토(土)+*풀 훼(卉)+돈 패(貝)

| 碑 4급 石 13획 | 비석 **비**
돌기둥 **비** | 碑文 비문
碑石 비석 |

돌 석(石)+천할 비(卑)

연상한자 1800

| 2-5-7 | 十 열 십 |

索 찾을 색
計 셀 계

십자(十) 문양으로 덮인(冖) 상자에 실(糸)끈을 풀고서 **찾아(索)**낸 보석의 개수를, 말(言)하자면 좋아서 열(十) 번도 넘게 **세어(計)**보았지.

昇 오를 승

날(日)마다 됫박(升되 승)으로 쌀을 사 먹는데 쌀값은 매일 **올라(昇)** 살기가 힘들구나.

卍 만자 만
南 남녘 남
卑 천할 비
奔 달아날 분
憤 분할 분
墳 무덤 분
婢 여자 종
碑 비석 비

십자가(十)를 꼬부려 **만자(卍)**를 만들어 장난치다, 십자가(十) 걸린 성경(冂) 교회에 엔화(¥)를 헌금하고 **남녘(南)**에서 오신 스님이, 왜 백천(白千)이가 **천하게(卑**모양주의**)** 노냐고 호통을 치니 무서워, 큰대(大)자로 삼십(卉) 발을 **달아나다(奔)**, 풀(卉) 밑에 돈(貝)을 잃자 마음(忄)이 **분해(憤)**, 흙(土)을 걷어차니 **무덤(墳)**이라, 살펴보니 여자(女)인데 천한(卑) 직분의 **여자 종(婢)**이지만, 주인이 착하다 세워준 돌(石) **비석(碑)**이 있더라.

*풀 훼(卉) = 열 십(十) + 十 + 十

셋째마당 | 주거 관련 한자

06

무기 관련 부수 연상한자

戈 2급 戈 4획	창 **과** 戈矛 과모 戈盾 과순	戊 3급 戈 5획	천간 **무** 戊戌政變 무술정변
창 과(戈)		민엄호(厂)+창 과(戈)	
戚 3급 戈 11획	친척 **척** 겨레 **척** 親戚 친척 外戚 외척	藏 3급 ++ 18획	감출 **장** 貯藏 저장 藏書 장서
천간 무(戊)+윗 상(上)+작을 소(小)		풀 초(++)+누+천간 무(戊)+신하 신(臣)	
臟 3급 月 22획	오장 **장** 五臟 오장 (心,腎,肺,肝,脾)	戌 3급 戈 6획	개 **술** 戌時 술시 戌年 술년
육달 월(月)+감출 장(藏)		천간 무(戊)+한 일(一)	
威 4급 女 9획	위세 **위** 위엄 **위** 威勢 위세 威嚴 위엄	滅 3급 氵 13획	멸할 **멸** 꺼질 **멸** 滅亡 멸망 破滅 파멸
개 술(戌)+여자 여(女)		물 수(氵)+개 술(戌)+불 화(火)	
咸 3급 口 9획	다 **함** 咸氏 함씨 咸興差使 함흥차사	減 4급 氵 12획	덜 **감** 減免 감면 減速 감속
개 술(戌)+입 구(口)		물 수(氵)+다 함(咸)	
感 6급 心 13획	느낄 **감** 感動 감동 感想 감상		
다 함(咸)+마음 심(心)			

| 2-6-1 | 戈 창 과 |

戊 천간 무

戚 친척 척

藏 감출 장

臟 오장 장

민엄호(厂)씨 옆에서 창(戈)을 들고 **천간무(戊)**를 순찰하던, 윗상(上)자 작을소(小)한 가까운 **친척(戚)**이, 풀(艹)밭에서 소리치며 '누'가 천간무(戊) 안에다 간신배 신하(臣)를 **감춰(藏)**주었냐, 육달월(月) **오장(臟)**이 썩을 놈을 하며 잡아가더라.

戌 개 술

威 위세 위

滅 멸할 멸

咸 다 함

減 덜 감

感 느낄 감

천간무(戊) 우리 안에 한(一) 마리 **개(戌)**를, 여자(女)가 **위세(威)** 좋게, 물가(氵)에서 불(火) 지펴 목숨을 **멸해(滅)** 잡아주니, 개(戌)고기를 입(口) 크게 벌려 **다 함(咸)**께 먹고, 국물(氵)까지 그릇에 **덜어(減)** 먹으니, 마음(心)이 흡족하고 **느낌(感)**이 좋아 입맛을 다셨지.

한자	훈음	한자	훈음
戒 4급 戈 7획	경계 **계** 警戒 경계 哨戒 초계	**械** 3급 木 11획	기계 **계** 형틀 **계** 機械 기계 器械 기기
창 과(戈)+받들 공(廾)		나무 목(木)+경계 계(戒)	
賊 4급 貝 13획	도둑 **적** 盜賊 도적 逆賊 역적	**成** 6급 戈 7획	이룰 **성** 成事 성사 成就 성취
돈 패(貝)+창 과(戈)+열 십(十)		천간 무(戊)+ㄱ	
盛 4급 皿 12획	담을 **성** 많을 **성** 犧盛 희성* 盛況 성황	**城** 4급 土 10획	성 **성** 城郭 성곽 城隍堂 성황당
이룰 성(成)+그릇 명(皿)		흙 토(土)+이룰 성(成)	
誠 4급 言 14획	정성 **성** 至誠 지성 誠金 성금	**茂** 3급 艹 9획	우거질 **무** 茂盛 무성 茂林 무림
말씀 언(言)+이룰 성(成)		풀 초(艹)+천간 무(戊)	
戰 6급 戈 16획	싸울 **전** 무서울 **전** 戰鬪 전투 戰慄 전율	**盞** 1급 皿 13획	잔 **잔** 燈盞 등잔 盞臺 잔대
홑 단(單)+창 과(戈)		창 과(戈)+戈+그릇 명(皿)	
殘 4급 歹 12획	남을 **잔** 잔인할 **잔** 殘額 잔액 殘酷 잔혹	**賤** 3급 貝 15획	천할 **천** 賤民 천민 賤待 천대
뼈앙상할 알(歹)+창 과(戈)+戈		돈 패(貝)+창 과(戈)+戈	
淺 3급 氵 11획	얕을 **천** 淺薄 천박 淺識 천식	**踐** 3급 足 15획	밟을 **천** 행할 **천** 實踐 실천
물 수(氵)+창 과(戈)+戈		발 족(足)+창 과(戈)+戈	

| 연상한자 1800

戒 경계 계	창(戈)을 두 손에 들고(廾) 경계(戒)를 잘 서라고, 나무(木) 옆에 기계(械)를 지키는 보초에게 명했는데, 그놈은 돈(貝)에 눈이 어두워 십자가 하나를 도둑(賊)과 짜고 해먹었네.
械 기계 계	
賊 도둑 적	
成 이룰 성	천간무(戊) 안에서 'ㄱ'자로 허리를 굽혀 소원을 이루게(成) 해 달라, 돼지 피를 그릇(皿)에 한가득 담아(盛)와, 토(土)성(城)에다 뿌리며, 말씀(言)도 지극정성(誠)으로 기도하니, 꽃 같은 풀(艹)들이 천간무(戊)에 우거지더라(茂) *희성(犧盛) : 죽은 재물을 담아놓는 그릇
盛 담을 성	
城 성 성	
誠 정성 성	
茂 우거질 무	
戰 싸울 전	홑단(單)씨가 창(戈)으로 싸움(戰) 연습하듯, 기다란 창(戈)과 창(戈)을 젓가락 삼아 그릇(皿)과 잔(盞)에 국수를 담는데 걸뱅이가 구걸하니, 뼈 앙상(歹)하게 남은(殘) 멸치와, 돈(貝)을 천한(賤) 자에게 주자, 물(氵)이 얕은(淺) 곳으로, 발(足)을 옮겨 밟으며(踐) 건너가 먹더라.
盞 잔 잔	
殘 남을 잔	
賤 천할 천	
淺 얕을 천	
踐 밟을 천	

셋째마당 | 주거 관련 한자

栽 3급 木 10획	심을 재 植栽 식재 栽培 재배	載 3급 車 13획	실을 재 連載 연재 千載一遇 천재일우
흙 토(土)+나무 목(木)+창 과(戈)		흙 토(土)+수레 차(車)+창 과(戈)	
裁 3급 衣 12획	마를 재 裁斷 재단 裁判 재판	哉 3급 口 9획	어조사 재 快哉 쾌재
흙 토(土)+옷 의(衣)+창 과(戈)		흙 토(土)+입 구(口)+창 과(戈)	
鐵 5급 金 21획	쇠 철 鐵物 철물 鐵板 철판	我 3급 戈 7획	나 아 我軍 아군 我田引水 아전인수
쇠 금(金)+어조사 재(哉)+구슬 옥(王)		손 수(手)+창 과(戈)	
餓 3급 食 16획	굶을 아 주릴 아 餓鬼 아귀 餓死 아사	飮 6급 食 13획	마실 음 飮料水 음료수 飮食物 음식물
밥 식(食)+나 아(我)		밥 식(食)+하품 흠(欠)	

栽 심을 재	
載 실을 재	흙(土)을 창(戈)으로 파서 나무(木)를 **심고(栽)**, 다자란 것은 수레(車)에 **실어(載)**오고, 옷(衣)을 지을 옷감을 **마름질(裁)**해놓으라 했는데, 입(口)으로만 대답하는 **어조사재(哉)**란 녀석이 얄미워, 금(金) 이빨을 뽑아주고 그놈에게 옥(王)을 덧씌운 **쇠(鐵)** 이빨로 바꿔주었지.
裁 마를 재	
哉 어조사 재	
鐵 쇠 철	
我 나 아	
餓 굶을 아	손(手)에 창(戈)을 들고 싸움터로 내가 **나아(我)**가려니, 밥(食)을 **굶고는(餓)** 못 가겠네, 하품(欠)하듯 콜라의 **마실음(飮)**료라도 먹고는 가야겠네.
飮 마실 음	

> 셋째마당 | 주거 관련 한자

矛 2급 矛 5획	창 **모** 矛盾 모순		**予** 3급 亅 4획	나 **여** 줄 **여** 予曰 여왈(내게 말하길) 予奪 여탈(줌과 뺏음)
창 모(矛)			창 모(矛)-끈 별(亅)	
預 2급 頁 13획	미리 **예** 맡길 **예** 預金 예금 預置金 예치금		**序** 5급 广 7획	차례 **서** 秩序 질서 序列 서열
나 여(予)+머리 혈(頁)			엄호(广)+나 여(予)	
野 6급 里 11획	들 **야** 野遊會 야유회 野球 야구		**汝** 3급 氵 6획	너 **여** 汝矣島 여의도 汝等 여등(너희들)
마을 리(里)+나 여(予)			물 수(氵)+여자 여(女)	
干 4급 干 3획	방패 **간** 干涉 간섭 救國干城 구국간성		**奸** 1급 女 6획	범할 **간** 奸巧 간교 奸臣 간신
방패 간(干)			여자 여(女)+방패 간(干)	
刊 3급 刂 5획	새길 **간** 펴낼 **간** 創刊號 창간호 出刊 출간		**硏** 4급 石 11획	갈 **연** 硏磨 연마 硏究 연구
방패 간(干)+선칼 도(刂)			돌 석(石)+방패 간(干)+干	
軒 3급 車 10획	난간 **헌** 집 **헌** 추녀 **헌** 軒燈 헌등 軒軒丈夫 헌헌장부		**汗** 3급 氵 6획	땀 **한** 汗蒸幕 한증막 發汗 발한
수레 차(車)+방패 간(干)			물 수(氵)+방패 간(干)	

2-6-2 矛 창 모

予 나 여

預 미리 예

序 차례 서

野 들 야

汝 너 여

창(矛)에 매단 끈(丿)이 다 없어지도록 열심히 일한 **내(予)** 가, 머리(頁) 굴리고 **미리 예(預)** 금하여 굴린 봉급을, 엄호(广)은행에서 내(予)가 **차례를 서(序)** 며 찾아서, 마을(里) **들(野)** 판을 지나, 물(氵) 건너 사는 여자(女)인 **너(汝)** 에게 보여주며 청혼을 했었지.

2-6-3 干 방패 간

奸 범할 간

刊 새길 간

研 갈 연

軒 난간 헌

汗 땀 한

여자(女)를 방패(干)로 가리고 **범하려는(奸)** 놈을 잡아, 가슴에 긴 칼(刂)로 주홍글씨를 **새겨(刊)** 주고, 돌(石)로 방패(干)를 두 개(幵)로 부수고 **갈고(研)** 하다, 수레(車)에 방패(干) 쪼가리를 싣고 와 **난간(軒)** 에 내려놓으니, 물(氵) 같은 **땀(汗)** 이 온 몸에 주르르 흐르네.

| 셋째마당 | 주거 관련 한자 |

矢 3급 矢 5획	화살 **시** 竹矢 죽시 弓矢 궁시		**疾** 3급 疒 10획	병 **질** 빠를 **질** 疾病 질병 疾走 질주
화살 시(矢)			병질 엄(疒)+화살 시(矢)	
知 5급 矢 8획	알 **지** 知彼知己 지피지기 知識 지식		**智** 4급 日 12획	깨달을 **지** 슬기 **지** 智慧 지혜 智略 지략
화살 시(矢)+입 구(口)			알지(知)+날 일(日)	
矣 3급 矢 7획	어조사 **의** 矣哉 의재 汝矣島 여의도			
사사 사(厶)+화살 시(矢)				
弋 특급 弋 3획	화살 **익** 弋獵 익렵		**貳** 2급 貝 12획	두 **이** 壹貳參 일이삼
화살 익(弋)			두 이(二)+돈 패(貝)+화살 익(弋)	
式 6급 弋 6획	법 **식** 形式 형식 卒業式 졸업식		**試** 4급 言 13획	시험할 **시** 試驗 시험 試合 시합
장인 공(工)+화살 익(弋)			말씀 언(言)+법 식(式)	

2-6-4　矢 화살 시

疾 병 질
知 알 지
智 깨달을 지
矣 어조사 의

아들이 장난감 화살(矢) 맞아 병질(疒)의 죽을 **질병(疾)** 걸린 것을, 화살(矢)에 다친 입(口)을 보고도 **알지(知)** 못하고, 날(日)이 지나도 **깨닫지(智)** 못했다며, 사사사(厶) 소리 나도록 화살(矢)을 발로 밟아 버리며 **어조사의(矣)** 아버지가 후회를 하더라.

2-6-5　弋 화살 익

貳 두 이
式 법 식
試 시험할 시

행주산성 활터에서 두(二) 냥의 돈(貝) 주고 화살(弋)을 두(貳)개 빌린, 장인공(工)씨는 **의식(式)**을 갖춘 후, 말(言)하기를 궁도의 승단 **시험(試)**이 내일 이라며 활을 쏘더라.

셋째마당 | 주거 관련 한자

弓 3급 弓 3획	활 궁	國弓 국궁 洋弓 양궁
활 궁(弓)		
强 0급 弓 12획	강할 강 굳셀 강	强健 강건 强大國 강대국
활 궁(弓)+비록 수(虽)		
弱 6급 弓 10획	약할 약	弱者 약자 弱骨 약골
활 궁(弓)+깃털 ノノ+ノノ		
絃 3급 糸 11획	시위줄 현 줄 현	絃樂器 현악기 管絃 관현
실 사(糸)+검을 현(玄)		
引 4급 弓 4획	당길 인 끌 인	引上 인상 引率 인솔
활 궁(弓)+뚫을 곤(丨)		
張 4급 弓 11획	베풀 장 벌릴 장	主張 주장 擴張 확장
활 궁(弓)+긴 장(長)		
弘 3급 弓 5획	넓을 홍 클 홍	弘益 홍익 弘報 홍보
활 궁(弓)+사사 사(厶)		
弔 3급 弓 4획	조상 조	弔詞 조사 弔問客 조문객
활 궁(弓)+송곳 곤(丨)		
弟 8급 弓 7획	아우 제 제자 제	弟嫂 제수 弟子 제자
쌍뿔+조상 조(弔)+삐침(ノ)		
第 6급 竹 11획	차례 제	及第 급제 第一 제일
대 죽(竹)+조상 조(弔)+삐침(ノ)		

2-6-6　弓 활 궁

强 강할 강

弱 약할 약

絃 시위줄 현

引 당길 인

張 베풀 장

弘 넓을 홍

예전의 활(弓)은 비록(虽) **강(强)**했지만, 둘로 갈라 깃털을 장식하여 **약하게(弱)** 만들고, 실(糸)이 검지(玄) 않은 흰 **시위줄(絃**동弦)을, 활(弓) 끝을 뚫어(|) 장착 후 **당기도록 (引)**하며, 활(弓)을 길지(長) 않게 만들어 궁사들에게 **베푸니(張)**, 활(弓)은 사사사(厶)하게 **널리(弘)** 보급되었다.

弔 조상 조

弟 아우 제

第 차례 제

활(弓)터에서 송곳(|) 같은 활촉에 맞아 죽은 자를 **조상(弔)**하러 가니, 삐딱(ノ)하게 서서 머리에 쌍 뿔난 그 **아우(弟)**는, 나더러 대(竹)갓을 쓰고 **차례(第)**되면 절을 하고 가라더라.

셋째마당 | 주거 관련 한자

斤 3급 斤 4획	도끼 근 근근 斤量 근량 斤數 근수	丘 3급 一 5획	언덕 구 丘陵 구릉 丘壟 구롱
도끼 근(斤)		도끼 근(斤)+한 일(一)	
析 3급 木 8획	쪼갤 석 나눌 석 分析 분석 解析 해석	祈 3급 示 9획	빌 기 祈願 기원 祈雨祭 기우제
나무 목(木)+도끼 근(斤)		지신 기(示)+도끼 근(斤)	
折 4급 扌 7획	꺾을 절 타협할 절 折半 절반 折衷 절충	哲 3급 口 10획	밝을 철 슬기로울 철 明哲 명철 哲學 철학
손 수(扌)+도끼 근(斤)		꺾을 절(折)+입 구(口)	
誓 3급 言 14획	맹세할 서 誓約 서약 宣誓 선서	逝 3급 辶 11획	갈 서 逝去 서거 逝川 서천
꺾을 절(折)+말씀 언(言)		꺾을 절(折)+갈 착(辶)	
近 6급 辶 8획	가까울 근 친할 근 近親 근친 近來 근래	兵 5급 八 7획	군사 병 병란 병 士兵 사병 兵力 병력
도끼 근(斤)+갈 착(辶)		언덕 구(丘)+여덟 팔(八)	
所 7급 戶 8획	바 소 곳 소 場所 장소 現住所 현주소	斥 3급 斤 5획	물리칠 척 排斥 배척 斥和碑 척화비
지게문 호(戶)+도끼 근(斤)		도끼 근(斤)+불똥 주(丶)	
訴 3급 言 12획	송사할 소 호소할 소 抗訴 항소 呼訴 호소		
말씀 언(言)+물리칠 척(斥)			

| 2-6-7 | 斤 도끼 근 |

| 丘 언덕 구 |
| 析 쪼갤 석 |
| 祈 빌 기 |
| 折 꺾을 절 |
| 哲 밝을 철 |
| 誓 맹세할 서 |
| 逝 갈 서 |
| 近 가까울 근 |

도끼(斤)를 일(一)자로 깔고 언덕(丘)에 앉았다가, 나무(木) 장작을 도끼(斤)로 쪼갤 때 쪼갤 석(析)이 아니라 쪼갤 목자로 해 달라, 땅 귀신(示)에 빌(祈)어도 안 되자, 손수(扌)씨는 도끼(斤) 자루를 꺾고(折), 입(口)으로는 밝게(哲동喆) 웃으며, 다시는 부탁의 말(言)을 말자 맹서(誓)를 하고, 간다(辶)하며 죽으러 갈 듯 가네(逝), 도끼(斤)를 들고 가네(辶) 가까운 근(近)방 술집으로 가네.

| 兵 군사 병 |
| 所 바 소 |
| 斥 물리칠 척 |
| 訴 송사할 소 |

언덕(丘) 아래를 지키던 여덟(八) 명의 군사(兵)들은, 지게문(戶)을 도끼(斤)로 부수며 바로 그 장소(所)로 쳐들어 오는 적을, 도끼(斤)날에 불똥(丶)을 튀기며 밤 세워 물리치는(斥)척이라도 했는데 훈장을 못 받아, 억울하다는 말(言)을 하며 법정에 송사(訴)를 하더라.

셋째마당 | 주거 관련 한자

刀	칼 **도**	初	처음 **초**
3급 刀 2획	刀劍 도검 銀粧刀 은장도	5급 刀 7획	太初 태초 初面 초면

칼 도(刀)　　　　　　　　　　　옷 의(衤)+칼 도(刀)

切	벨 **절** *모두 **체**	忍	잔인할 **인** 참을 **인**
5급 刀 4획	切斷 절단 一切 일체	3급 心 7획	殘忍無道 잔인무도 忍耐力 인내력

일곱 칠(七)+칼 도(刀)　　　　　칼 도(刀)+삐침(丿)+마음 심(心)

認	알 **인** 허락할 **인**	梁	들보 **량**
4급 言 14획	認識 인식 承認 승인	3급 木 11획	橋梁 교량

말씀 언(言)+잔인할 인(忍)　　　물 수(氵)+칼날 인(刃)+나무 목(木)

那	어찌 **나**	潔	깨끗할 **결**
3급 阝 7획	刹那 찰나 那落 나락	4급 氵 15획	簡潔 간결 潔白 결백

칼 도(刀)+두 이(二)+고을 읍(阝)　물 수(氵)+예쁠 봉(丰)+칼 도(刀)+실 사(糸)

契	맺을 **계**
3급 大 9획	契約 계약 親睦契 친목계

예쁠 봉(丰)+칼 도(刀)+큰 대(大)

2-6-8　刀 칼 도

初 처음 초
切 벨 절
忍 잔인할 인
認 알 인

옷(衤)을 칼(刀)로 찢기며 난생 **처음(初)** 산적에 잡힌, 그대의 칠형제(七)를 다시 칼(刀)로 손가락까지 **베어(切)**가며 행패 부리던, 비딱(丿)한 녀석의 칼(刀)날 같은 마음(心)이 꽤나 **잔인(忍)**했다는, 자네의 말(言)을 듣고 보니 잘 **알(認)**겠네 인정하겠네.

梁 들보 량
邪 어찌 나

물(氵)가에서 칼(刀)의 앞과 뒤로 불똥(丶)을 튀기며 나무(木)를 깎아 **들보(梁)**을 놓아주고, 칼(刀)춤을 추는 두이(二)씨를 고을읍(阝)사람들은 **어찌나(邪)** 좋아 하는지.

潔 깨끗할 결
契 맺을 결

물(氵)가에서 예쁠봉(丰) 처녀에게 칼도(刀) 총각이 털실(糸)의 **깨끗한(潔)** 목도리를 선물하자, 예쁠봉(丰) 처녀는 칼도(刀) 총각에게 큰 대자(大)로 팔 벌려 껴안으며 백년가약을 **맺자(契)**하더라.

셋째마당 | 주거 관련 한자

刂 0급 刂 2획	선칼 도	前 7급 刂 9획	앞 전 前方 전방 前無後無 전무후무

선칼 도(刂) | | 풀 초(艹)+달 월(月)+선칼 도(刂)

刻 4급 刂 8획	새길 각 刻印 각인 刻骨難忘 각골난망	制 4급 刂 8획	마를 제 억제할 제 制造 제조 制御 제어

돼지 해(亥)+선칼 도(刂) | | 소 우(牛)+헝겊 건(巾)+선칼 도(刂)

製 4급 衣 14획	지을 제 製作 제작 外製 외제	刷 3급 刂 8획	인쇄 쇄 닦을 쇄 印刷 인쇄 刷新 쇄신

마를 제(制)+옷 의(衣) | | 지붕 시(尸)+헝겊 건(巾)+선칼 도(刂)

幅 3급 巾 12획	넓이 폭 *두건 복 步幅 보폭 幅巾 복건	福 5급 示 14획	복 복 福德房 복덕방 祝福 축복

수 건(巾)+한 일(一)+입 구(口)+밭 전(田) | | 조상 시(示)+한 일(一)+입 구(口)+밭 전(田)

富 4급 宀 12획	부자 부 甲富 갑부 貧富 빈부	副 4급 刂 11획	버금 부 副作用 부작용 副産物 부산물

집 면(宀)+한 일(一)+입 구(口)+밭 전(田) | | 한 일(一)+입 구(口)+밭 전(田)+선칼 도(刂)

刺 3급 刂 8획	찌를 자 *찌를 척 刺客 자객 刺殺 척살	策 3급 竹 12획	꾀 책 채찍 책 束手無策 속수무책 政策 정책

저자 시(市)+사람 인(人)+선칼 도(刂) | | 대 죽(竹)+저자 시(市)+사람 인(人)

2-6-9　刂 선칼 도

前 앞 전
刻 새길 각
制 마를 제
製 지을 제
刷 인쇄 쇄

풀(艹)만 먹던 달(月) 속에 토끼가 긴 칼(刂)로 지난 **앞전(前)**에, 돼지(亥)를 시켜 도안하고 종이에 **새긴(刻)** 것을, 소(牛)에게 헝겊(巾) 천에 **마름질(制)**시키고, 그것으로 옷(衣)을 **지어(製)** 놓고, 그림을 찍으라며 지붕(尸)에 현수막 헝겊(巾)을 걸던 **인쇄(刷)**소 사장을 부르더라.

幅 넓이 폭
福 복 복
富 부자 부
副 버금 부

수건(巾)을 자로 삼아 한(一) 가족 입(口)이 풀칠하며 살라고 밭(田)의 **폭(幅)**을, 조상(示)님이 재어서 너의 **복(福)**이라며 잘라 주니, 졸지에 집(宀)이 **부자(富)**가 되었는데, 긴 칼(刂)로 협박하여 집(宀)을 빼앗아간 **버금부(副)**놈이 원수로구나.

刺 찌를 자
策 꾀 책

저자(市) 거리 아래서 사람(人)을 긴 칼(刂)로 **찌른 자(刺)** 객을 잡아다, 대죽(竹) 씌워 감방에 가둘 **꾀(策)**를 내려니 머리가 터지는구나.

| 셋째마당 | 주거 관련 한자 |

殳 0급 殳 4획	몽둥이 수	殿 3급 殳 13획	큰집 전 / 전각 전
	戈殳 과수		殿堂 전당 / 聖殿 성전
몽둥이 수(殳)		지붕 시(尸)+함께 공(共)+몽둥이 수(殳)	

毁 3급 殳 13획	헐 훼 / 비방할 훼	殺 4급 殳 11획	죽일 살 / *감할 쇄 빠를 쇄
	毁謗 훼방 / 毁損 훼손		殺身成仁 살신성인 / 減殺 감쇄 殺到 쇄도
절구 구(臼)+장인 공(工)+몽둥이 수(殳)		乂+불똥 주(丶)+나무 목(木)+몽둥이 수(殳)	

投 4급 扌 7획	버릴 투 / 던질 투	擊 4급 手 17획	칠 격 / 부딪칠 격
	投石 투석 / 投棄 투기		攻擊 공격 / 擊滅 격멸
손 수(扌)+몽둥이 수(殳)		수레 차(車)+입벌릴 감(凵)+몽둥이 수(殳)+손 수(手)	

繫 3급 糸 19획	맬 계	穀 4급 禾 15획	곡식 곡 / 낟알 곡
	繫留 계류 / 連繫 연계		糧穀 양곡 / 雜穀 잡곡
수레 차(車)+입벌릴 감(凵)+몽둥이 수(殳)+실 사(糸)		선비 사(士)+덮을 멱(冖)+한 일(一)+벼화(禾)+몽둥이 수(殳)	

2-6-10 殳 몽둥이 수

殿 큰집 전
毁 헐 훼
殺 죽일 살

지붕(尸) 아래 일하던 함께공(共)씨는 열 받는다고 몽둥이(殳)로 **큰집(殿)**을 부수고, 절구(臼) 파던 장인공(工)씨는 화난다고 절구통을 **헐(毁)**어 훼손하니, '㐅' 같이 개똥 'ヽ' 같이 나무(木) 몽둥이(殳)로 쳐 **죽일(殺)** 인간들이구나.

投 버릴 투
擊 칠 격
繫 맬 계
穀 곡식 곡

손(扌)에 든 몽둥이(殳)는 **버리고(投)**, 수레차(車)로 납치하니 입 벌려 감(凵)히 소리치기에 몽둥이 다시 들어 농부의 손(手)을 **치고(擊)**, 실(糸)로 짠 밧줄로 발을 **메어(繫)** 두고, 못난 선비(士)는 볏단으로 덮어(冖)둔 한(一) 가마니 벼(禾)와 **곡식(穀)**을 빼앗아 오더라.

> 셋째마당 | 주거 관련 한자

車 7급 車 7획	수레 차 *수레 거 自動車 자동차 人力車 인력거	軍 8급 車 9획	군사 군 軍人 군인 靑軍白軍 청군백군
수레 차(車)		덮을 멱(冖)+수레 차(車)	
光 6급 儿 6획	빛 광 榮光 영광 日光浴 일광욕	輝 3급 車 15획	빛날 휘 輝煌燦爛 휘황찬란 輝線 휘선
그냥 외우기		빛 광(光)+군사 군(軍)	
陣 4급 阝 10획	진칠 진 진지 진 陣地 진지 重役陣 중역진	揮 4급 扌 12획	지휘할 휘 흩을 휘 指揮官 지휘관 揮發油 휘발유
언덕 부(阝)+수레 차(車)		손 수(扌)+군사 군(軍)	
軌 3급 車 9획	바퀴자국 궤 길 궤 軌道 궤도 軌跡 궤적	連 4급 辶 11획	이을 련 잇닿을 련 連續劇 연속극 連休 연휴
수레 차(車)+아홉(九)		수레 차(車)+갈 착(辶)	
蓮 3급 艹 15획	연꽃 연 木蓮 목련 白蓮 백련	運 6급 辶 13획	운전할 운 나를 운 運動 운동 運搬 운반
풀 초(艹)+이을 련(連)		군사 군(軍)+갈 착(辶)	
範 4급 竹 15획	모범 범 법 범 模範 모범 規範 규범		
대 죽(竹)+수레 차(車)+무릎마디 절(㔾)			

2-6-11 車 수레 차, 수레 거

軍 군사 군
光 빛 광
輝 빛날 휘
陣 진칠 진
揮 지휘할 휘
軌 바퀴자국 궤
連 이을 련
蓮 연꽃 련
運 운전할 운
範 모범 범

위장망을 덮어(冖) 수레(車)를 숨긴 군사(軍)는, 달빛(光)에 빛나는(輝) 계급장도 가리고, 언덕(阝)에다 진을 친(陣) 후, 대장이 손수(扌) 군사(軍)를 지휘(揮)하니, 수래(車) 아홉(九)대가 바퀴 자국(軌)을 남기며, 쳐들어가(辶) 잇닿아(連) 연전연승하고, 풀(艹)잎과 연꽃(蓮)잎을 덮어 위장한, 군사(軍)들은 적진 깊숙이 들어가서(辶) 적을 잡아 운전(運)병에 넘기고, 대죽(竹)을 머리에 씌워 호송하는 포로 중에 수레(車) 옆에서 무릎(巳) 꿇고 반성하며 모범(範)을 보인자들은 놓아 주더라.

셋째마당 | 주거 관련 한자

| 惠 4급 心 12획 | 은혜 혜
恩惠 은혜
惠澤 혜택 | 專 4급 寸 11획 | 오로지 전
마음대로 전
專門大學 전문대학
專用 전용 |

부러진 수레 차(車)+마음 심(心)   부러진 수레 차(車)+마디 촌(寸)

| 傳 3급 亻 13획 | 전할 전
傳說 전설
傳授 전수 | 轉 4급 車 18획 | 구를 전
옮길 전
回轉 회전
轉嫁 전가 |

사람 인(亻)+오로지 전(專)   수레 차(車)+오로지 전(專)

| 團 5급 口 14획 | 모일 단
둥글 단
團結 단결
團束 단속 | 斬 2급 斤 11획 | 벨 참
斬首 참수
斬新 참신 |

입구몸(口)+오로지 전(專)   수레 차(車)+도끼 근(斤)

| 漸 3급 氵 14획 | 점점 점
漸次 점차
漸進的 점진적 | 暫 3급 日 15획 | 잠시 잠
갑자기 잠
暫時 잠시
暫定的 잠정적 |

물 수(氵)+벨 참(斬)   벨 참(斬)+날 일(日)

| 慙 3급 心 15획 | 부끄러울 참
慙悔 참회
無慙 무참 (아주 잔인) | | |

벨 참(斬)+마음 심(心)

惠
은혜 혜

專
오로지 전

傳
전할 전

轉
구를 전

團
모일 단

수레(車)가 삐딱하게 부러져 지나는 이가 고쳐주니 마음(心)은 은혜(惠)를 갚고자, 마디(寸)만 한 선물을 오로지 전(專)해 주고 픈 생각에, 그 사람(亻)에게 전달하려(傳), 수레(車)만 오로지(專) 밀고 굴려(轉)서 찾아가자, 그 집 앞 입구(口)에는 많은 이들이 이미 모여(團) 있더라.

斬
벨 참

漸
점점 점

暫
잠시 잠

慙
부끄러울 참

고물 차(車)라고 도끼(斤)로 치고 톱으로 베다(斬)가, 냉각수(氵) 통이 터져 점점(漸) 새니, 해도 짧은 날(日)에 잠시 잠(暫)깐, 마음(心)은 참 부끄러울(慙동慚) 뿐이다.

넷째 마당

자연 관련 한자

01 | 천기 관련 부수 연상한자

02 | 동물 관련 부수 연상한자

03 | 식물 관련 부수 연상한자

04 | 색상 관련 부수 연상한자

05 | 산천 관련 부수 연상한자

넷째마당 | 자연 관련 한자

01

천기 관련 부수 연상한자

月 8급 月 4획	달 **월** 한 달 **월** 皎皎月色 교교월색* 月刊 월간	期 5급 月 12획	기약할 **기** 기간 **기** 期間 기간 期待 기대
달 월(月)		그 기(其)+달 월(月)	
服 6급 月 8획	옷 **복** 복종할 **복** 衣服 의복 服務 복무	朋 3급 月 8획	벗 **붕** 무리 **붕** 朋黨 붕당 朋友有信 붕우유신
달 월(月)+무릎마디 절(卩)+또우(又)		달 월(月)+月	
崩 3급 山 11획	무너질 **붕** 죽을 **붕** 崩壞 붕괴 崩御 붕어*	望 5급 月 11획	바라볼 **망** 바랄 **망** 野望 야망 熱望 열망 失望 실망 所望 소망
뫼 산(山)+벗 붕(朋)		망할 망(亡)+달 월(月)+임금 왕(王)	
早 4급 日 6획	새벽 **조** 일찍 **조** 早朝 조조 早期 조기	朝 6급 月 12획	아침 **조** 조정 **조** 朝夕 조석 朝廷 조정
해 일(日)+열 십(十)		卓+달 월(月)	
潮 4급 氵 15획	밀물 **조** 조수 **조** 潮力 조력 潮流 조류	朔 3급 月 10획	초하루 **삭** 북쪽 **삭** 朔望 삭망 朔風 삭풍
물 수(氵)+아침 조(朝)		풀 초(艹)+싹날 철(屮)+달 월(月)	
逆 4급 辶 10획	거스릴 **역** 어긋날 **역** 逆流 역류 逆謀 역모		
풀 초(艹)+싹날 철(屮)+갈 착(辶)			

3-1-1　月 달 월

期 기약할 기

服 옷 복

朋 벗 붕

崩 무너질 붕

그기(其) 친구와 달월(月)이 만나기로 한 **기약(期)**도 잊고, 달월(月)이는 무릎(冂)이 아프지만 또(又) 바위 타러 간다며 간편한 **옷(服)**을 입고, 쌍둥이 **벗(朋)**과 함께, 산(山)이 **무너질(崩)**듯한 험준한 봉우리를 오르더라.

*교교월색(皎皎月色) : 매우 맑고 밝은 달빛
*붕어(崩御) : 임금이 세상을 떠남

望 바라볼 망

早 새벽 조

朝 아침 조

潮 밀물 조

朔 초하루 삭

逆 거스릴 역

망할망(亡)하게 지는 달(月)을 쫓겨난 임금(王)은 밤 세워 **바라보는데(望)**, 해(日)는 어느덧 십자가(十) 위로 떠올라 **새벽(早)**이 되었고, 십자와 십자 사이 해(日)와 달(月)이 비추는 **아침(朝)**, 물(氵)가엔 **밀물(潮)**에 당도한, 'ㅗ'요상한 간신배가 봄철 싹 날(屮) 때 달(月)뜨는 **초하루(朔)**까지 있겠다며, 돌아가라(辶)는 왕의 명을 **거스르고(逆)** 있네.

넷째마당 | 자연 관련 한자

한자	훈음	용례	한자	훈음	용례
要 5급 襾 9획	구할 **요** 중요할 **요**	要求 요구 重要 중요	腰 3급 月 13획	허리 **요**	腰痛 요통 腰椎 요추

덮을 아(襾)+여자 여(女)　　　*육달 월(月)+구할 요(要)

| 腹 3급 月 13획 | 배 **복**
마음 **복** | 腹中 복중
腹案 복안 | 複 4급 衤 14획 | 겹옷 **복**
겹칠 **복** | 複式 복식
複雜 복잡 |

육달 월(月)+누운 인(亠)+날 일(日)+서서히(夊)　　　옷 의(衤)+누운 인(亠)+날 일(日)+서서히(夊)

| 復 4급 彳 12획 | 돌아올 **복**
*다시 **부** | 復仇 복구
復興 부흥 | 履 3급 尸 15획 | 밟을 **리**
신 **리** | 履修 이수
履歷書 이력서 |

두인변(彳)+누운 인(亠)+날 일(日)+서서히(夊)　　　지붕 시(尸)+돌아올 복(復)

| 覆 3급 襾 18획 | 덮을 **복**
다시 **복** | 覆蓋 복개
覆面 복면 | 始 6급 女 8획 | 처음 **시**
비로소 **시** | 始初 시초
始末書 시말서 |

덮을 아(襾)+돌아올 복(復)　　　여자 여(女)+기쁠 이(台)

| 怠 3급 心 9획 | 게으를 **태**
느릴 **태** | 怠慢 태만
怠業 태업 | 殆 3급 歹 9획 | 위태할 **태**
거의 **태** | 危殆 위태
殆半 태반 |

기쁠 이(台)+마음 심(心)　　　죽을 사(歹)+기쁠 이(台)

要 구할 요	덮을(襾) 담요를 여자(女)는 **구해(要)**서, 초승달(月) 같은 날씬한 **허리(腰)**에 두르며 배를 만지니 아! 임신이라.
腰 허리 요	*月 : 변(왼쪽)에 오면 육달 월(肉)로 몸이나 고기 등과 관련됨
腹 배 복	달(月)은 바뀌고 누워(一) 있자니 날(日)은 서서히(夊) 추워지고 **배(腹)**는 불러오는데, 옷(衤)이 얇아 두꺼운 **겹옷(複)**의 임신복을, 서울 갔던 두인변(彳) 친구가 **돌아올(復)** 때, 지붕(尸) 밑에 쌓인 눈을 살며시 **밟으며(履)** 들어와서는, 부른 배를 덮으라(襾)며 **덮어(覆)**주네.
複 겹옷 복	
復 돌아올 복	
履 밟을 리	
覆 덮을 복	
始 처음 시	아이 낳고 여자(女)가 저리 기뻐(台)하는 것을 보기는 **처음(始)**이라, 사랑스런 마음(心)에 **게으르지(怠)** 않고 보살피니, 아이는 죽기(歹) 쉬운 **위태로운(殆)** 연약한 고비를 무사히 넘겼더라.
怠 게으를 태	
殆 위태할 태	

넷째마당 | 자연 관련 한자

| 育 7급 月 8획 | 기를 **육**
育成 육성
養育 양육 | 胃 3급 月 9획 | 밥통 **위**
위 **위**
胃臟 위장
胃酸 위산 |

머리 두(亠)+사사 사(厶)+육달 월(月) | 밭 전(田)+육달 월(月)

| 謂 3급 言 16획 | 이를 **위**
일컬을 **위**
所謂 소위
可謂 가위 | 空 7급 穴 8획 | 구멍 **공**
빌 **공**
空間 공간
蒼空 창공 |

말씀 언(言)+밥통 위(胃) | 구멍 혈(穴)+장인 공(工)

| 肝 3급 月 7획 | 간 **간**
肝臟 간장
肝膽 간담 | 筋 4급 竹 12획 | 힘줄 **근**
筋肉 근육
鐵筋 철근 |

육달 월(月)+방패 간(干) | 대 죽(竹)+육달 월(月)+힘 력(力)

| 指 4급 扌 9획 | 손가락 **지**
가리킬 **지**
指壓 지압
指向 지향 | 脂 2급 月 10획 | 비계 **지**
기름 **지**
脂肪油 지방유
脂溶性 지용성 |

손 수(扌)+맛있을 지(旨) | 육달 월(月)+맛있을 지(旨)

| 豚 3급 豕 11획 | 돼지 **돈**
豚肉 돈육
豚皮 돈피 | 故 4급 攵 9획 | 연고 **고**
예 **고**
故國 고국
竹馬故友 죽마고우 |

육달 월(月)+돼지 시(豕) | 옛 고(古)+칠 복(攵)

| 胡 3급 月 9획 | 오랑캐 **호**
胡國 호국
丙子胡亂 병자호란 | 湖 5급 氵 12획 | 호수 **호**
큰못 **호**
湖水 호수
湖南地方 호남지방 |

옛 고(古)+육달 월(月=肉) | 물 수(氵)+오랑캐 호(胡)

育 기를 육	
胃 밥통 위	머리(亠)꼭지 예쁜 자식을 사사사(厶)하게 달(月)가는 줄 모르고 **기르며(育)**, 밭(田)에서 놀던 애가 반달(月) 같은 **위(胃)**가 비어 배고프다, 말씀(言)을 **이르면(謂)**, 배추 구덩이(穴) 파던 장인(工) 아버지가 **구멍(空)**이 널찍한 아궁이에다, 반달(月) 같고 방패(干)같이 생긴 암소의 **간(肝)**을 구워 주고, 힘(力)줄이 붙은 갈비(肋 갈비 륵)에서, 대(竹) 줄기 같이 질긴 **힘줄 근(筋)**육은 뜯어 버리기도 하고,
謂 이를 위	
空 구멍 공	
肝 간 간	
筋 힘줄 근	
指 손가락 지	국물을 숟가락(匕)에 떠서 날(日)마다 먹이면 맛있을지(旨)요 하던 녀석이, 손(扌)으로 고기 찢고 **손가락(指)**까지 빨아먹으니, 달(月)이 가며 뱃살에 **비계(脂)**가 끼고, 돼지(豕)보다 살찐 **돼지(豚)**가 되었더라.
脂 비계 지	
豚 돼지 돈	
故 연고 고	옛날(古)부터 원수라며 동네 사람들이 치고(攵) 때리니 아무 **연고(故)**도 없이, 월(月)세방에 사는 **오랑캐(胡)**가, 살기가 싫다며 물(氵)이 깊은 **호수(湖)**로 뛰어들더라.
胡 오랑캐 호	
湖 호수 호	

넷째마당 | 자연 관련 한자

能 5급 月 10획	능할 **능** 재능 **능** 才能 재능 能力 능력	熊 2급 灬 14획	곰 **웅** 熊膽 웅담 熊女 웅녀
사사 사(厶)+육달 월(月)+비수 비(匕)+匕		능란할 능(能)+물화(灬)	
態 4급 心 14획	모습 **태** 태도 **태** 事態 사태 態度 태도	罷 3급 罒 15획	그만둘 **파** 마칠 **파** 罷免 파면 罷場 파장
능란할 능(能)+마음 심(心)		그물 망(罒)+능란할 능(能)	
罰 4급 罒 14획	죄 **벌** 벌할 **벌** 賞罰 상벌 罰金 벌금		
그물 망(罒)+말씀 언(言)+선칼 도(刂)			
月 0급 月 10획	기운달 **월** *저자 만든 부수와 부수명	祭 4급 示 11획	제사 **제** 祭壇 제단 祝祭 축제
		기운달 월(月)+또 우(又)+조상 시(示)	
際 4급 阝 14획	사귈 **제** 交際 교제 國際的 국제적	察 4급 宀 14획	살필 **찰** 觀察 관찰 檢察 검찰
언덕 부(阝)+제사 제(祭)		집 면(宀)+제사 제(祭)	
搖 3급 扌 13획	흔들 **요** 흔들릴 **요** 動搖 동요 搖之不動 요지부동	謠 4급 言 17획	노래할 **요** 歌謠 가요 童謠 동요
손 수(扌)+기운달 월(月)+장군 부(缶)		말씀 언(言)+기운달 월(月)+장군 부(缶)	
遙 3급 辶 14획	멀 **요** 거닐 **요** 遙遠 요원 逍遙 소요		
기운달 월(月)+장군 부(缶)+갈 착(辶)			

能 능란할 능
熊 곰 웅
態 모습 태
罷 그만둘 파
罰 죄 벌

사사사(厶)하게 달(月)이 없는 밤에도 젊은 날엔 비수(匕) 두 개를 **능란(能)**하게 다루고, 언 발에 불(灬)쬐며 **곰(熊)**의 밀렵도 잘했건만, 이젠 마음(心)도 **겉모습(態)**도 늙어, 그물(罒)만은 능히(能) 칠 것 같아 마지막으로 쳐보고 **그만두려다(罷)**, 포졸의 그물(罒)에 걸리니 말씀(言)하면 긴 칼(刂)에 찔리며 고문당하는 **벌(罰)**을 받아도 싸다 싸.

3-1-2 月 기운달 월 *저자가 만든 부수와 부수명

祭 제사 제
際 사귈 제
察 살필 찰
搖 흔들 요
謠 노래할 요
遙 멀 요

기운달(月)밤 또우(又)가 조상(示)의 **제사(祭)**를 지내고, 언덕(阝) 위에 사는 훈장님과 **사귀(際)**려고, 훈장의 집(宀)을 **살피며(察)** 문을 여니 반갑다, 손(扌)잡고 기우는 달(月)을 보며 장군(缶)*에 담긴 술을 **흔들어(搖)** 먹고 취기가 돌자, 훈장님 말씀(言)하시기를 **노래(謠)**하러, 노래방을 가자(辶)며 **멀리(遙)**까지 갔더라.

***장군(缶)** : 술이나 간장, 오줌, 똥 등을 담는 배가 불룩하고 아가리가 있는 질그릇.

분청사기 모란 물고기 무늬 장군(조선시대)

넷째마당 | 자연 관련 한자

火 ㅆ 8급 火 4획	불 **화** 火災 화재 火魔 화마	然 7급 ㅆ 12획	그러할 **연** 自然 자연 天然 천연
불 화(火)		기운달 월(月)+개 견(犬)+불 화(ㅆ)	
燃 4급 火 16획	불사를 **연** 燃燒 연소 燃料 연료	熙 2급 ㅆ 14획	빛날 **희** 기뻐할 **희** 熙朝 희조 熙笑 희소
불 화(火)+그러할 연(然)		신하 신(臣)+뱀 사(巳)+불 화(ㅆ)	
灰 4급 火 6획	재 **회** 석회석 **회** 灰褐色 회갈색 石灰石 석회석	炭 5급 火 9획	숯 **탄** 석탄 **탄** 石炭 석탄 炭水化物 탄수화물
한 일(一)+삐침(丿)+불 화(火)		뫼 산(山)+민엄호(厂)+불 화(火)	
盧 0급 皿 16획	검을 **로** 성 **로**(노) 盧弓盧矢 노궁노시 (검은 칠의 활과 살)	爐 3급 火 20획	화로 **로** 火爐 화로 輕水爐 경수로
범 호(虍)+밭 전(田)+그릇 명(皿)		불 화(火)+검은 로(盧)	
營 4급 火 17획	경영할 **영** 진영 **영** 運營 운영 兵營 병영	煙 4급 火 13획	연기 **연** 안개 **연** 煙氣 연기 煤煙 매연
불 화(火)+火+덮을 멱(冖)+성씨 여(呂)		불 화(火)+서쪽 서(西)+흙 토(土)	
拜 4급 手 9획	절 **배** 공경할 **배** 歲拜 세배 崇拜 숭배		
손 수(手)+한 일(一)+예쁠 봉(丰)			

3-1-3 火(灬) 불 화

然 그러할 연
燃 불사를 연
熙 빛날 희

기우는 달(月)밤에 개(犬)고기를 불화(灬)로에 굽는 **그러할 연(然)**유를 아는지, 전깃불(火) 밝히고 장작을 **불사르던(燃)**, 신하신(臣)씨가 뱀(巳)까지 불화(灬)로에서 구워 먹고는 얼굴이 훤히 **빛나(熙)**더니 좋다고 희희희 하더라.

灰 재 회
炭 숯 탄
盧 검은 로
爐 화로 로
營 경영할 영

일자(一) 화덕 위에 삐딱(丿)하게 장작을 올려서 불(火)을 때면 **재(灰)**가 많이 남아, 산(山) 아래 민엄호(厂)씨 숯가마에서 불(火) 질러 만든 **숯(炭)**을 쓰려고, 성질이 불(火) 같은 범호(虍)씨네 밭(田)에 버려진 그릇(皿) 모양의 **검은(盧) 화로(爐)**를 주워왔지.

참고로 쌍 불(火)이 솟던 굴뚝의 숯가마 공장은 지금 기와로 덮고(冖) 확장하여 성씨여(呂)씨가 **경영(營)**을 한다.

煙 연기 연
拜 절 배

불(火)타는 노을이 서편(西) 토(土)담 위로 지자 저녁 짓는 **연기(煙)**가 오르고, 아낙은 손(手)을 머리 위에 일(一)자로 예쁘게(丰) 모아 올리고, 한양 간 낭군을 위해 **절(拜)**을 하더라.

넷째마당 | 자연 관련 한자

登 7급 癶 12획	오를 **등** 실을 **등** 登山 등산 登錄 등록	證 4급 言 19획	증거할 **증** 證明 증명 領收證 영수증
필발(癶)+콩 두(豆)		말씀 언(言)+오를 등(登)	
燈 4급 火 16획	등불 **등** 燈下不明 등하불명 風前燈火 풍전등화	觸 3급 角 20획	닿을 **촉** 接觸 접촉 觸角 촉각
불 화(火)+오를 등(登)		뿔 각(角)+애벌레 촉(蜀)	
燭 3급 火 17획	촛불 **촉** 밝을 **촉** 燭臺 촉대 燭光 촉광	濁 3급 氵 16획	흐릴 **탁** 어지러울 **탁** 濁流 탁류 鈍濁 둔탁
불 화(火)+애벌레 촉(蜀)		물 수(氵)+애벌레 촉(蜀)	
獨 5급 犭 16획	홀로 **독** 외로울 **독** 獨島 독도 獨身 독신	屬 4급 尸 21획	붙을 **속** 엮을 **속** 所屬 소속 屬性 속성
개 견(犭)+애벌레 촉(蜀)		지붕 시(尸)+잠자리(丰)+*애벌레 촉(蜀)	
勞 5급 力 12획	일할 **노** 수고할 **노** 勞力 노력 勞苦 노고	螢 3급 虫 16획	반딧불 **형** 螢雪之功 형설지공 螢光燈 형광등
불 화(火)+火+민갓머리(冖)+힘 력(力)		불 화(火)+火+민갓머리(冖)+벌레 충(虫)	
炎 3급 火 8획	불꽃 **염** 불탈 **염** 暴炎 폭염 腦炎 뇌염	談 5급 言 15획	말씀 **담** 이야기 **담** 談話 담화 常談 상담
불 화(火)+火		말씀 언(言)+불꽃 염(炎)	
淡 3급 氵 11획	묽을 **담** 맑을 **담** 淡白 담백 淡彩畵 담채화	容 4급 宀 10획	얼굴 **용** 받아들일 **용** 容貌 용모 收容所 수용소
물 수(氵)+불꽃 염(炎)		갓머리(宀)+계곡 곡(谷)	

登
오를 등

證
증거할 증

燈
등불 등

觸
닿을 촉

燭
촛불 촉

필발(癶)이 콩(豆)만 한 어린애가 높은 산에 **올라(登)** 참선한다는, 스님의 말씀(言)을 **증명(證)**하려고, 불(火) 밝힌 **등(燈)**촉을 들고 오르다, 뿔(角)이 나고 그물(罒)에 싸인(勹) 벌레(虫)가 얼굴에 **닿아(觸)** 놀라며, 불(火)타던 **촛불(燭)**을 떨구어 산불이 났네.

*애벌레 촉(蜀) = 그물 망(罒) + 쌀 포(勹) + 벌레 충(虫)

濁
흐릴 탁

獨
홀로 독

屬
붙을 속

勞
일할 노

螢
반딧불 형

불이 나자 물(氵)가에서 **탁(濁)**한 물을 길어다, 미친개(犭)처럼 **홀로(獨)** 끄고 보니, 바위 지붕(尸) 밑에 잠자리(丰) 애벌레(蜀)는 **붙어(屬)**있다 타죽고, 불이야(火) 불야(火) 소리치던 민갓머리(冖) 녀석은 힘(力)들게 **일(勞)**하다 놀라서 뛰어왔다며, 벌레(虫) 꽁지가 반짝이는 **반딧불(螢)**을 쥐고 있더라,

炎
불꽃 염

談
말씀 담

淡
맑을 담

容
얼굴 용

화롯불(火)에 불(火)길이 파랗게 솟는 **불꽃(炎)**이 일어, 스님께 차를 끓여 드시자 말씀(言) 올리며 **이야기(談)** 나누다, 나는 진한 커피를 물(氵)에 **묽게(淡)** 타 먹고는, 갓(宀)을 벗고 아래 골짜기 계곡(谷)으로 **얼굴(容)**을 씻으러 갔다 왔지.

넷째마당 | 자연 관련 한자

水 8급 水 4획	물 수 水蒸氣 수증기 水門 수문	氷 5급 水 5획	얼음 빙 얼 빙 氷山 빙산 氷山一角 빙산일각
물 수(水)		물 수(水)+불똥 주(丶)	
泉 4급 水 9획	샘 천 溫泉 온천 黃泉 황천	線 6급 糸 15획	줄 선 실 선 線路 선로 直線 직선
흰 백(白)+물 수(水)		실 사(糸)+샘 천(泉)	
永 6급 水 5획	길 영 멀 영 永遠 영원 永生 영생	泳 3급 氵 8획	헤엄칠 영 水泳 수영 潛泳 잠영
그냥 외우기		물 수(氵)+길 영(永)	
詠 3급 言 12획	읊을 영 노래할 영 詠歎 영탄 詠歌 영가	丞 1급 一 6획	정승 승 도울 승 政丞 정승
말씀 언(言)+길 영(永)		ㄱ+물 수(水)+한 일(一)	
蒸 3급 艹 14획	찔 증 더울 증 蒸發 증발 水蒸氣 수증기	承 4급 手 8획	받들 승 이을 승 承繼 승계 承諾 승낙
풀초(艹)+정승 승(丞)+불 화(灬)		ㄱ+물 수(水)+석 삼(三)	

연상한자 1800

| 3-1-4 | 水, 氵 물 수 (氺 아래물 수) |

氷 얼음 빙

泉 샘 천

線 줄 선

永 길 영

泳 헤엄칠 영

詠 읊을 영

언 물(氺)기둥에 불똥(丶)을 대니 얼음(氷)이 녹아, 백(白)옥 같은 맑은 물(水)이 샘(泉)에 넘쳐나고, 물길은 실(糸) 같은 선(線) 모양, 길(永)게 이어져, 차가운 물(氵)에서 헤엄(泳)도 치며, 말씀(言)하자면 시 한 수도 읊고(詠) 왔지.

丞 정승 승

蒸 찔 증

承 받들 승

'ㄱ'자 낫처럼 꼬부라진 정승이 물(水)에 빠지자 한일(一)씨가 정승(丞)을 건져주고, 풀(艹)뿌리 같은 머리를 불(灬) 지펴 덥여서(蒸) 말려주다 보니, 'ㄱ'자로 허리 굽고 물(水)에서 허우적대던 그의 앙상한 갈비뼈 세(三) 개를 보고 청렴하게 사는 그를 높이 받들(承)더라.

넷째마당 | 자연 관련 한자

한자	훈음	예
浪 3급 氵 10획	물결 랑 방랑할 랑	激浪 격랑 浪費 낭비

물 수(氵)+좋을 량(良)

한자	훈음	예
沒 3급 氵 7획	빠질 몰 없을 몰	沒入 몰입 沒殺 몰살

물 수(氵)+머리 뿔(宀)+또 우(又)

한자	훈음	예
法 5급 氵 8획	법 법	憲法 헌법 方法 방법

물 수(氵)+갈 거(去)

한자	훈음	예
治 4급 氵 8획	다스릴 치	統治 통치 以熱治熱 이열치열

물 수(氵)+사사 사(厶)+입 구(口)

한자	훈음	예
憲 4급 心 16획	법 헌	改憲 개헌 敎育憲章 교육헌장

집 면(宀)+안주인 주(主)+그물 망(罒)+마음 심(心)

한자	훈음	예
派 4급 氵 9획	물갈래 파	派閥 파벌 特派員 특파원

물 수(氵)+민엄호(厂)+뿌리 씨(氏)

한자	훈음	예
脈 4급 月 10획	맥 맥 줄기 맥	脈搏 맥박 一脈相通 일맥상통

육달 월(月)+민엄호(厂)+뿌리 씨(氏)

한자	훈음	예
潛 3급 氵 15획	자맥질 잠 잠길 잠	潛水艦 잠수함 潛伏 잠복

물 수(氵)+목멜 기(旡)+旡+해 일(日)

한자	훈음	예
蟲 4급 虫 18획	벌레 충	寄生蟲 기생충 蟲媒花 충매화

벌레 충(虫)+虫+虫

浪
물결 랑

沒
빠질 몰

法
법 법

治
다스릴 치

憲
법 헌

물(氵)가에서 노는 것은 좋지(良)만 높은 **물결(浪)**의 파도가 치면, 머리에 뿔(⺈)난 철없는 애들이 또(又) **빠질(沒)**까 봐, 물(氵)에 가지(去) 말라는 **법(法)**을 만들고, 사사사(厶) 입(口)으로 달래며 **다스려(治)**도 이를 어기니, 둥근 국회 지붕(宀)의 안주인(主) 나리들은 그물(罒) 같은 **법(憲)**을 만들면 뭐하냐며 마음(心)이 허탈하다 하네.

派
물갈래 파

脈
맥 맥

潛
자맥질 잠

蟲
벌레 충

물(氵)이 넘치니 들뜬 민엄호(厂)네 기둥뿌리(氏모양주의)는 여러 **갈래(派)**로 떠내려가, 육신(月)의 **맥(脈)**이 풀렸다가, 정신을 차린 부모는 물(氵)가에서 목이 메고(旡) 메이게(旡) 해(日)가 지도록 불러도 뵈지 않던 자식이 **자맥질(潛)**을 하고, 세 마리 벌레(虫) **벌레(蟲)**만한 고기를 잡아 오자 왈칵 눈물을 쏟더라.

넷째마당 | 자연 관련 한자

木 8급 木 4획	나무 **목** 土木工事 토목공사 樹木 수목		**村** 7급 木 7획	마을 **촌** 시골 **촌** 山村 산촌 村老 촌로
나무 목(木)			나무 목(木)+마디 촌(寸)	
林 7급 木 8획	수풀 **림** 성씨 **임** 農林 농림 山林 산림		**材** 5급 木 7획	재목 **재** 材木 재목 藥材 약재
나무 목(木)+木			나무 목(木)+재주 재(才)	
才 6급 才 3획	재주 **재** 人才 인재 才能 재능		**李** 6급 木 7획	오얏 **리** 오얏나무 **리** 李花 이화
그냥 외우기			나무 목(木)+아들 자(子)	
財 5급 貝 10획	재물 **재** 財物 재물 財産 재산		**閉** 4급 門 11획	닫을 **폐** 마칠 **폐** 閉幕 폐막 開閉 개폐
돈 패(貝)+재주 재(才)			문 문(門)+재주 재(才)	
床 4급 广 7획	평상 **상** 상 **상** 沈床 침상 溫床 온상		**桑** 3급 木 10획	뽕나무 **상** 蠶桑 잠상 桑田碧海 상전벽해
엄호(广)+나무 목(木)			또 우(又)+又+又+나무 목(木)	
本 6급 木 5획	뿌리 **본** 근본 **본** 同姓同本 동성동본 本業 본업			
나무 목(木)+한 일(一)				

3-1-5　木 나무 목

村 마을 촌
林 수풀 림
材 재목 재
才 재주 재
李 오얏 리
財 재물 재
閉 닫을 폐

대나무(木)의 마디(寸)만한 작은 **마을(村)**에는, 두 나무(木)가 우거져 **수풀(林)**을 이루고, 수풀의 오른쪽 가지를 잘라 **재목(材)**으로 다듬어 파는, **재주(才)** 좋은, 목(木)씨라는 아낙의 아들(子) **오얏리(李)**씨도, 돈(貝) 버는 재주(才)가 있어 **재물(財)**을 모아두고, 도둑 들지 말라고 문(門)에다 재주(才) 좋게 자물쇠 만들어 **닫고(閉)** 살더라.

床 평상 상
桑 뽕나무 상
本 뿌리 본

엄호(广) 방안에서 나무(木)로 만든 **평상(床)**을 펴놓고, 또 우(又) 셋이 나무(木)가 썩은 **뽕나무(桑)** 의자에 앉아서, 나무목(木)자에 한일(一)자를 그어가며 **뿌리 본(本)** 글씨를 연습하더라.

넷째마당 | 자연 관련 한자

東 8급 木 8획	동녘 **동** 東西南北 동서남북 東海 동해	凍 3급 氵 10획	얼 **동** 凍土 동토 凍傷 동상
나무 목(木)+해 일(日)		얼음 빙(氵)+동녘 동(東)	

陳 3급 阝 11획	펼칠 **진** 진술할 **진** 陳列 진열 陳情書 진정서	束 5급 木 7획	묶을 **속** 약속할 **속** 束縛 속박 約束 약속
언덕 부(阝)+동녘 동(東)		동녘 동(東)−한 일(一)	

速 6급 辶 11획	빠를 **속** 高速道路 고속도로 速力 속력	正 7급 止 5획	바를 **정** 正確 정확 正道 정도
묶을 속(束)+갈 착(辶)		그냥 외우기	

整 4급 攵 16획	정돈할 **정** 가지런할 **정** 整理 정리 調整 조정	柬 특급 木 9획	분별할 **간** 편지 **간** 柬理 간리(가리다) 書柬 서간
묶을 속(束)+칠 복(攵)+바를 정(正)		묶을 속(束)+불똥 주(丶)+丶	

欄 3급 木 21획	난간 **란** 欄干 난간 空欄 공란	爛 2급 火 21획	빛날 **란** 문드러질 **란** 爛發 난발 爛漫 난만
나무 목(木)+문 문(門)+분별할 간(柬)		불 화(火)+문 문(門)+분별할 간(柬)	

蘭 3급 艹 21획	난초 **란** 金蘭之交 금란지교 佛蘭西 불란서		
풀초(艹)+문 문(門)+분별할 간(柬)			

284

연상한자 1800

東 동녘 동	나무(木)가 가슴을 열고 해(日)가 뜨는 **동녘(東)**을 바라보니, 얼음(冫)이 **얼다(凍)** 풀린, 언덕(阝)에는 새벽부터 오일장이 넓게 **펼쳐져 진(陳)**을 치고 있더라.
凍 얼 동	
陳 펼질 진	
束 묶을 속	동쪽(東) 감방에 한일(一)이 도적이 **묶어(束)**둔 포승줄을 풀고 도망을 가, 집에 가려던(辶) 포졸이 빠르고 **신속(速)**하게 잡아와, 손을 묶고(束) 주먹으로 치고(攵) **정(正)**이란 무엇인가를 가르쳐주며, 사건일지를 **정돈(整)**하고 퇴근하더라.
速 빠를 속	
正 바를 정	
整 정돈할 정	
柬 분별할 간	이마를 묶은(束) 샌님이 두 눈에 불똥(丶)을 켜고 꽃들을 **분별(柬)**하며, 우리 집 문(門)으로 들어오더니 나무(木) **난간(欄)** 위에 활짝 피어, 불(火)타는 듯 **빛나는(爛)**, 잡초 같고 풀(艹) 같은 **난초(蘭)**의 향기에 흠뻑 취하더라.
欄 난간 란	
爛 빛날 란	
蘭 난초 란	

285

넷째마당 | 자연 관련 한자

同 7급 口 6획	같을 동 한가지 동 同文 동문 同窓 동창	洞 7급 氵 9획	마을 동 *통할 통 洞里 동리 洞察 통찰
성 경(冂)+한 일(一)+입 구(口)		물 수(氵)+같을 동(同)	
柔 3급 木 9획	부드러울 유 순할 유 柔順 유순 柔道 유도	卯 3급 卩 5획	토끼 묘 卯時 묘시 (오전 5~7시)
창 모(矛)+나무 목(木)		그냥 외우기	
柳 4급 木 9획	버들 류 花柳界 화류계	卵 4급 卩 7획	알 란 卵胎生 난태생 鷄卵有骨 계란유골
나무 목(木)+토끼 묘(卯)		토끼 묘(卯)+불똥 주(丶)+丶	
桂 3급 木 10획	계수나무 계 월계관 계 月桂樹 월계수 月桂冠 월계관	古 6급 口 5획	옛 고 선조 고 古今東西 고금동서 古代 고대
나무 목(木)+흙 토(土)+土		열 십(十)+입 구(口)	
枯 3급 木 9획	마를 고 枯葉 고엽 枯木 고목	苦 6급 ++ 9획	씀바귀 고 쓸 고 苦生 고생 同苦同樂 동고동락
나무 목(木)+옛 고(古)		풀 초(++)+옛 고(古)	

同 같을 동	성(冂)문에 한일(一)자 빗장을 열고 입구(口)를 나서면 **하나같이(同)** 모든 촌락이, 물(氵) 좋은 우리 **마을 동(洞)**네와 비슷하고, 창(矛) 자루로 쓸 나무(木)가 **부드럽고 유(柔)**하게 자라고 있더라.
洞 마을 동	
柔 부드울 유	
卯 토끼 묘	**토끼 묘(卯)**자 정도는 그냥 외워보자, 나무(木) 옆에 굴에서 토끼(卯)를 잡은 **버들류(柳)**씨는, 토끼가 쌍 **란(卵)**을 뱄다고 좋아하나, 토끼는 나무(木) 옆에다 흙(土)을 파고 또 흙(土)을 파서 **계수나무(桂)** 우거진 집 짓고, 열(十) 명의 동생들 입(口)에 풀칠하느라 **옛날(古)** 고리짝부터 지금까지, 나무(木)의 **마른(枯)** 뿌리나, 풀(艹)이라곤 **씀바귀(苦)**만 뜯어 먹다 겨우 임신을 했는데 류씨가 원수라며 울고 있네.
柳 버들 류	
卵 알 란	
桂 계수나무 계	
古 옛 고	
枯 마를 고	
苦 씀바귀 고	

넷째마당 | 자연 관련 한자

한자	훈음	용례
公 6급 八 4획	공평할 공, 함께할 공	公約 공약 公園 공원

여덟 팔(八)+사사로울 사(厶)

한자	훈음	용례
松 4급 木 8획	소나무 송	松林 송림 海松 해송

나무 목(木)+공평할 공(公)

한자	훈음	용례
訟 3급 言 11획	송사할 송, 시비할 송	訴訟 소송 訟事 송사

말씀 언(言)+공평할 공(公)

한자	훈음	용례
頌 4급 頁 13획	칭송할 송, 기릴 송	稱頌 칭송 頌德碑 송덕비

공평할 공(公)+머리 혈(頁)

한자	훈음	용례
翁 3급 羽 10획	늙은이 옹	塞翁之馬 새옹지마 (인생사 변화가 많다는 말)

공평할 공(公)+깃 우(羽)

한자	훈음	용례
利 6급 刂 7획	유리할 리, 이자 리	便利 편리 利用 이용

벼 화(禾)+선칼 도(刂)

한자	훈음	용례
梨 3급 木 11획	배나무 이	烏飛梨落 오비이락 梨花 이화

유익할 리(利)+나무 목(木)

한자	훈음	용례
核 4급 木 10획	씨 핵, 알맹이 핵	核武器 핵무기 結核 결핵

나무 목(木)+돼지 해(亥)

한자	훈음	용례
染 3급 木 9획	물들일 염	染色 염색 感染 감염

물 수(氵)+아홉 구(九)+나무 목(木)

한자	훈음	용례
兆 3급 儿 6획	조짐 조, 억조 조	吉兆 길조 億兆 억조

어진 인(儿)+사방

한자	훈음	용례
桃 3급 木 10획	복숭아 도	桃花 도화 武陵桃源 무릉도원

나무 목(木)+조짐 조(兆)

한자	훈음	용례
挑 3급 扌 9획	휠 도, 돋울 도	挑戰 도전 挑發 도발

손 수(扌)+조짐 조(兆)

한자	훈음	용례
跳 3급 足 13획	높이뛸 도, 뛸 도	跳躍 도약 棒高跳 봉고도

발 족(足)+조짐 조(兆)

한자	훈음	용례
逃 4급 辶 10획	달아날 도, 도망할 도	逃避 도피 逃走 도주

조짐 조(兆)+갈 착(辶)

公
공평할 공

松
소나무 송

訟
송사할 송

頌
칭송할 송

翁
늙은이 옹

팔자(八) 좋고 사사로울사(厶) 개인 욕심 없는 **공평한 공(公)**씨는, 사철 푸른 나무(木)의 **소나무(松)**를 좋아하고, 말씀(言)도 공평해(公) **송사(訟)** 처리도 잘하며, 머리(頁)는 현명해 **칭송(頌)**받는, 코 밑에 깃(羽) 같은 수염 달린 **늙은이 옹(翁)**이다.

利
유리할 리

梨
배나무 이

核
씨 핵

벼(禾)베기는 날이 긴 칼(刂)이 낫보다 **유리(利)**해 숫돌에 갈다가, 나무(木)에서 떨어진 **배(梨)**를, 돼지(亥)에게 던져 주니 맛있다고 **씨(核)**까지 다 먹더라.

染
물들일 염

兆
조짐 조

桃
복숭아 도

挑
휠 도

跳
높이뛸 도

逃
달아날 도

물(氵)에 아홉(九) 가지 염료를 풀어 나무(木)로 휘저어 옷감에 **물들이(染)**는데, 물감이 어진인(儿) 몸 사방에 튀는 나쁜 **조짐(兆)**이 보여 농장을 살펴보니, 좀도둑은 나무(木) 가지에 매달린 **복숭아(桃)**를, 손(扌)으로 **휘어서(挑)** 따가지고, 봉고도 선수처럼 발(𧾷)을 **높이 뛰어(跳)**, 가며 (辶) **달아(逃)**나더라.

넷째마당 | 자연 관련 한자

樂 6급 木 15획	즐거울 **락** *좋아할 **요** 노래 **악** 生死苦樂 생사고락 樂山樂水 요산요수	藥 6급 ⺿ 19획	약 **약** 藥草 약초 醫藥品 의약품
어릴 요(幺)+흰 백(白)+幺+나무 목(木)		풀 초(⺿)+즐거울 락(樂)	
榮 4급 木 14획	영화 **영** 꽃 **영** 榮光 영광 榮譽 영예	樹 6급 木 16획	나무 **수** 樹木 수목 樹林 수림
불 화(火)+火+덮을 멱(冖)+나무 목(木)		나무 목(木)+선비 사(士)+豆+마디 촌(寸)	
朱 4급 木 6획	붉을 **주** 성씨 **주** 朱木 주목 朱丹 주단	株 3급 木 10획	그루 **주** 株式 주식 株主 주주
소 우(牛)+사람 인(人)		나무 목(木)+붉을 주(朱)	
殊 3급 歹 10획	다를 **수** 뛰어날 **수** 特殊 특수 殊勳 수훈	珠 3급 王 10획	진주 **주** 구슬 **주** 珍珠 진주 珠玉 주옥
죽을 사(歹)+붉을 주(朱)		구슬 옥(王)+붉을 주(朱)	
未 4급 木 5획	아닐 **미** 못할 **미** 未滿 미만 未洽 미흡	味 4급 口 8획	맛 **미** 味覺 미각 興味 흥미
한 일(一)+나무 목(木)		입 구(口)+아닐 미(未)	
末 5급 木 5획	끝 **말** 末期 말기 末端 말단		
한 일(一)+나무 목(木)			

樂 즐거울 락	어린애(幺) 둘이 흰(白) 쌀밥을 마주해서 나무(木)젓가락으로 **즐겁게(樂)** 먹고서, 풀(艹) 같은 **약(藥)**초를 따는데, 한 쌍의 불(火)이 솟아올라 흙으로 덮어(冖) 끄고 나무(木) 막대기로 파헤치니 **영화로운(榮)** 것이 산삼이라, 놀란 애들은 나무(木) 옆에 선비사(士)의 '묘'가 손가락 마디(寸) 만하게 뵈는 **나무 수(樹)**풀을 향해 심봤다 소리치더라.
藥 약 약	
榮 영화 영	
樹 나무 수	

朱 붉을 주	술 취한 황소(牛) 놈이 사람(人)을 뿔로 받고, 얼굴은 **불그레(朱)**하게 취해, 나무(木) **그루(株)**에 매달아, 죽이려(歹) 하니 뭔가 **다른 것(殊)** 같아 살펴보자, 옥구슬(王)의 **진주(珠)** 코뚜레를 하고 있어 빼앗았지.
株 그루 주	
殊 다를 수	
珠 진주 주	

未 아닐 미	나무(木)에서 새로 나온 한일(一)자 작은 줄기는 아직 나무가 **아니(未)**라, 입(口)에 넣고 씹어보자 나물 같은 **맛(味)**이 나더니, 어느새 지붕 **끝(末)**까지 자랐네.
味 맛 미	
末 끝 말	

넷째마당 | 자연 관련 한자

한자	뜻/음	한자	뜻/음
不 0급 一 4획	아니 **불** *아니 **부** 不平不滿 불평불만 不正 부정	**杯** 3급 木 8획	잔 **배** 밥그릇 **배** 乾杯 건배 祝杯 축배
그냥 외우기		나무 목(木)+아니 불(不)	
楓 3급 木 13획	단풍 **풍** 丹楓 단풍 楓嶽山 풍악산	**漆** 3급 氵 14획	옻 **칠** 螺鈿漆器 나전칠기 漆工藝 칠공예
나무 목(木)+바람 풍(風)		물 수(氵)+나무 목(木)+사람 인(人)+아래물 수(氺)	
相 5급 目 9획	서로 **상** 정승 **상** 相生 상생 首相 수상	**霜** 3급 雨 17획	서리 **상** 霜雪 상설 雪上加霜 설상가상
나무 목(木)+눈 목(目)		비 우(雨)+서로 상(相)	
想 4급 心 13획	생각 **상** 思想 사상 感想 감상		
서로 상(相)+마음 심(心)			

| 不 아니 불 | 나무목(木)자의 상투 꼭지를 물고 간 새가 돌아오지 **아니(不)**하니 열 받아, 나무(木) 잔이 아닌(不) 도자기 **잔(杯**동 |
| 杯 잔 배 | 盃)에 술을 부어 먹고 만취 했었지. |

| 楓 단풍 풍 | 나무(木)가 찬바람(風)에 **단풍(楓)**이 들면, 수(氵)액을 옻 |
| 漆 옻 칠 | 나무(木)에서 사람(人)들이 긁어다 물(氺)에 타서 장롱에 **옻칠(漆)**을 하더라. |

相 서로 상	
霜 서리 상	나무(木) 옆에서 눈(目)이 **서로 상(相)**대방과 맞아 좋아했으나, 오뉴월 비(⻗)에 **서리(霜)**가 내려, 마음(心)속으로 다시 **생각(想)**해 봐야겠다.
想 생각 상	

| 넷째마당 | 자연 관련 한자 |

| 金 3급 金 8획 | 쇠 **금** / 金銀房 금은방 / 稅金 세금 | 練 5급 糸 15획 | 익힐 **련** / 비단 **련** / 訓練 훈련 / 練絲 연사 |

쇠 금(金) | 실 사(糸)+분별할 간(柬)

| 鍊 3급 金 17획 | 단련할 **련** / 老鍊 노련 / 試鍊 시련 | 針 4급 金 10획 | 바늘 **침** / 針術 침술 / 針葉樹 침엽수 |

쇠 금(金)+분별할 간(柬) | 쇠 금(金)+열 십(十)

| 屯 3급 屮 4획 | 진칠 **둔** / 駐屯 주둔 / 屯田 둔전 | 純 4급 糸 10획 | 순수할 **순** 생사 **순** / 純粹 순수 / 純綿 순면 |

숟가락 비(匕)+입 벌릴 감(凵) | 실 사(糸)+진칠 둔(屯)

| 鈍 3급 金 12획 | 둔할 **둔** 무딜 **둔** / 愚鈍 우둔 / 鈍才 둔재 | 俊 3급 亻 9획 | 준걸 **준** 뛰어날 **준** / 俊傑 준걸 / 俊秀 준수 |

쇠 금(金)+진칠 둔(屯) | 사람 인(亻)+진실할 윤(允)+서서히 쇠(夊)

| 酸 2급 酉 14획 | 초 **산** 실 **산** / 醋酸 초산 / 酸素 산소 | 充 5급 儿 6획 | 가득한 **충** 채울 **충** / 充滿 충만 / 充足 충족 |

술 유(酉)+진실한 윤(允)+서서히 쇠(夊) | 머리 두(亠)+진실한 윤(允)

| 銃 4급 金 14획 | 총 **총** / 銃殺 총살 / 銃器 총기 | 統 4급 糸 12획 | 거느릴 **통** 계통 **통** / 統率 통솔 / 大統領 대통령 |

쇠 금(金)+채울 충(充) | 실 사(糸)+가득 충(充)

| 肖 3급 月 7획 | 닮을 **초** 같을 **초** / 肖像畵 초상화 / 不肖子息 불초자식 |

작을 소(小)+육달 월(月)

3-1-6　金 쇠 금

練 익힐 련
鍊 단련할 련
針 바늘 침

질긴 실(糸)을 분별(柬)해 골라서 베 짜기를 **익히(練)**고, 쇠(金)는 두들겨 **단련(鍊)**한 후에, 열(十) 번을 갈아서 **바늘(針**동鍼**)**을 만들어 볼까 보다.

屯 진칠 둔
純 순수할 순
鈍 둔할 둔

숟가락(匕)에 밥을 떠 입을 벌려(凵) 먹고는 **진칠(屯)** 둔덕을 살펴보니, 실(糸)처럼 나약하고 **순박(純)한 순** 일병과, 쇠(金)같이 **둔(鈍)한 둔** 병장 녀석들이 자빠져 자기에 반쯤 죽여 놓았지.

俊 준걸 준
酸 초 산
充 가득 충
銃 총 총
統 거느릴 통
肖 닮을 초

사람(亻)이 진실한 진실한 윤(允)씨는 서서히(夋) **준걸(俊)**해 지고, 술(酉)로 빙**초산(酸)**도 만들며, 머리(亠)에는 충성심이 **가득한(充)** 장교가 되더니, 쇠(金)로 만든 **총(銃)**을 메고 부하들을, 늘어진 실(糸)처럼 **거느리며(統)** 통솔해 순찰을 하다, 작은(小) 초승달(月)을 보고 미인의 눈썹을 **닮았다(肖)**며 한참이나 보더라.

295

넷째마당 | 자연 관련 한자

童 6급 立 12획	아이 **동** 童心 동심 童話 동화	鐘 특급 金 20획	쇠북 **종** 鐘路 종로 鐘閣 종각
설 립(立)+마을 리(里)		쇠 금(金)+아이 동(童)	

錢 4급 金 16획	돈 **전** 金錢 금전 銅錢 동전	鎖 3급 金 18획	쇠사슬 **쇄** 閉鎖 폐쇄 鎖國政策 쇄국정책
쇠 금(金)+창 과(戈)+戈		쇠 금(金)+작을 소(小)+돈 패(貝)	

易 0급 日 9획	볕 **양** 陽(볕 양)자와 동자	暢 3급 日 14획	화창할 **창** 펼 **창** 暢快 창쾌 暢達 창달
바꿀 역(易)+한 일(一)		납 신(申)+볕 양(昜)	

場 7급 土 12획	마당 **장** 場所 장소 場面 장면	陽 6급 阝 12획	볕 **양** 太陽 태양 陽地 양지
흙 토(土)+볕 양(昜)		언덕 부(阝)+볕 양(昜)	

楊 3급 木 13획	버들 **량** 垂楊 수양(버드나무)	揚 3급 扌 12획	날릴 **양** 오를 **양** 讚揚 찬양 抑揚 억양
나무 목(木)+볕 양(昜)		손 수(扌)+볕 양(昜)	

湯 3급 氵 12획	끓을 **탕** 湯藥 탕약 補身湯 보신탕	傷 4급 亻 13획	상할 **상** 상처 **상** 傷害 상해 損傷 손상
물 수(氵)+볕 양(昜)		사람 인(亻)+뻗은 인(⺁)+볕 양(昜)	

腸 4급 月 13획	창자 **장** 大腸 대장 腸炎 장염		
육달 월(月)+볕 양(昜)			

童 아이 동	세종대왕이 설립(立)한 학교에 다니는 옆 마을(里)의 **아이(童)**들은, 쇠(金)로 만든 **쇠종(鐘)**을 몰래 팔아, 창과(戈)자 문양 둘이 새겨진 **돈(錢)**을 벌어, 작(小)은 돈(貝)의 구멍에 **쇠사슬(鎖)**을 꿰어 허리에 차고 좋아하더라.
鐘 쇠북 종	
錢 돈 전	
鎖 쇠사슬 쇄	
易 볕 양	재주 좋은 원숭이 납신(申)이 바꿀 역(易)의 옆구리를 한 일(一)자로 찌르자 볕(昜=陽)이 들어, 흐린 날이 **화창(暢)**해 지고, 흙(土)을 고르니 **마당(場)**이 되어, 언덕(阝)에 쥐구멍도 **볕(陽)**이 들고, 천안삼거리에 나무(木) **버들(楊)**도, 손(扌)을 높이 들어주자 이름을 **날리(揚)**며 유명해 지니, 삼거리에 구경꾼들 몰려와 물(氵) 끓듯이 **끓을 탕(湯)**하고, 버들은 사람(亻)에게 밟혀서 삔(一)고 **부상(傷)**을 당해, 육달월(月) **창자(腸)**가 터졌네.
暢 화창할 창	
場 마당 장	
陽 볕 양	
楊 버들 양	
揚 날릴 양	
湯 끓을 탕	
傷 상할 상	
腸 창자 장	

넷째마당 | 자연 관련 한자

銅 4급 金 14획	구리 동 銅錢 동전 銅像 동상	銀 6급 金 14획	은 은 銀行 은행 金銀房 금은방
쇠 금(金)+한가지 동(同)		쇠 금(金)+그칠 간(艮)	
剛 3급 刂 10획	굳셀 강 剛直 강직 外柔內剛 외유내강	鋼 3급 金 16획	강철 강 굳셀 강 鋼鐵 강철 製鋼 제강
산등성이 강(岡)+선칼 도(刂)		쇠 금(金)+산등성이 강岡	
全 7급 入 6획	모두 전 全體 전체 安全 안전	名 7급 口 6획	이름 명 사람수 명 地名 지명 百名 백명
들 입(入)+구슬 옥(王)		저녁 석(夕)+입 구(口)	
銘 3급 金 14획	새길 명 기록할 명 座右銘 좌우명 銘心 명심		
쇠 금(金)+이름 명(名)			

銅 구리 동	
銀 은 은	
剛 굳셀 강	
鋼 강철 강	
全 모두 전	
名 이름 명	
銘 새길 명	

한편으로 재주 많은 원숭이는 쇠(金)와 같은 동(同)의 **구리(銅)**로, 금(金)을 만들다 그치면(艮) **은(銀)**이 되고, 칼(刂)로 찔러도 까딱 않는 산등성이(岡)의 **굳셀 강(剛)**처럼, 쇠(金)로 강한 **강철(鋼)**도 만들다, 쇠금(金)자에서 구슬 두 개를 빼고 나머지 **모두 전**(全모양주의)부를 녹이더니, 저녁(夕)에 동네 입구(口) 벽에다 자기의 **이름(名)**을, 금(金)원숭이라 **새겨(銘)** 놓더라.

넷째마당 | 자연 관련 한자

土 8급 土 3획	흙 토 土地 토지 土砂 토사	均 4급 土 7획	고를 균 均一 균일 均等 균등
흙 토(土)		흑 토(土)+쌀 포(勹)+두 이(二)	
也 3급 乙 3획	어찌 야 어조사 야 獨也靑靑 독야청청	地 7급 土 6획	땅 지 地球 지구 地雷 지뢰
그냥 외우기		흙 토(土)+어찌 야(也)	
池 3급 氵 6획	못 지 貯水池 저수지 蓄電池 축전지	平 7급 干 5획	평평할 평 다스릴 평 平面 평면 平定 평정
물 수(氵)+어찌 야(也)		그냥 외우기	
評 4급 言 12획	평할 평 評價 평가 評論 평론	塞 3급Ⅱ 土 13획	변방 새 *막힐 색 要塞 요새 窮塞 궁색
말씀 언(言)+평평할 평(平)		집 면(宀)+우물 정(井)+십팔(一八)+흙 토(土)	
寒 5급 宀 12획	찰 한 寒氣 한기 寒冷前線 한랭전선		
집 면(宀)+우물 정(井)+십팔(一八)+얼음 빙(冫)			

300

3-1-7　土 흙 토

均 고를 균

也 어찌 야

地 땅 지

池 못 지

平 평평할 평

評 평할 평

흙(土)으로 메꾸고 포대에 싼(勹) 돌멩이 두(二) 개는 버리며 바닥을 **고르다(均)** 보니, **어찌야(也)** 흙(土)벽돌로 집을 지을 **땅(地)**이 넓은지, 어찌야(也) 물(氵) 맑은 **못(池)**이 넓은지, 모두가 **평평한(平)** 평야 같아, 말(言)로서 **평(評)**을 하자면 기분이 그만이구나.

塞 변방 새

寒 찰 한

갓머리(宀) 뚜껑을 덮어 우물(井) 같은 열여덟(一八) 곳에 흙(土)을 깊이 파고 **요새(塞)**를 만들다, 얼음(冫)처럼 **차가운(寒)** 물이 나와 등목 한번 잘했네.

넷째마당 | 자연 관련 한자

熱 5급 灬 15획	더울 열 熱氣 열기 熱狂 열광	勢 4급 力 13획	기세 세 형세 세 勢力 세력 形勢 형세
*재주 예(埶)+불 화(灬)		재주 예(埶)+힘 력(力)	
藝 4급 ++ 19획	재주 예 藝能 예능 藝術 예술	雲 5급 雨 12획	구름 운 雲海 운해 雲霧 운무
풀 초(++)+재주 예(埶)+이를 운(云)		비 우(雨)+이를 운(云)	
魂 3급 鬼 14획	넋 혼 魂飛魄散 혼비백산 魂靈 혼령	云 3급 二 4획	이를 운 말할 운 云云 운운
이를 운(云)+귀신 귀(鬼)		두 이(二)+사사 사(厶)	
卦 1급 卜 8획	점괘 괘 占卦 점괘	掛 3급 扌 11획	높이들 괘 걸 괘 掛佛 괘불 掛鐘時計 괘종시계
흙 토(土)+土+점 복(卜)		손 수(扌)+점괘 괘(卦)	
赴 3급 走 9획	알릴 부 다다를 부 赴告 부고 赴任 부임	墻 3급 土 16획	담 장 越墻 월장 墻壁 장벽
달릴 주(走)+점 복(卜)		흙 토(土)+土+사람 인(人)+人+돌 회(回)	

熱
더울 렬

勢
기세 세

藝
재주 예

雲
구름 운

魂
넋 혼

云
이를 운

진흙(土) 가마에 어진인(儿)이 흙(土)을 반죽하여 둥그런(丸) 도자기를 만들어 불(灬)에 굽다보니 너무나 **더워(熱)**, 발에 힘(力)을 주어 **기세(勢)** 좋게 불을 밟아 끄고, 풀(艹) 같은 난초가 그려진 도자기를 운운(云)하며 **재주(藝)**가 좋다기에, 비(雨)도 질세라 이를 운운(云)하며 멋진 **구름(雲)**을 만들자, 귀신(鬼)도 귀를 잡고 운운(云)하며 **넋과 혼(魂)**을 빼니, 두이(二)자도 사사사(厶) **이를 운운(云)**하더라.

*재주 예(埶) = 흙 토(土) + 어진 인(儿) + 흙 토(土) + 둥글 환(丸)

卦
점괘 괘

掛
높이들 괘

赴
알릴 부

아래윗집 흙토(土) 둘이 점(卜)을 보니 **점괘(卦)**가 좋아, 부적을 사가지고 손(扌)을 **높이 들고(掛)**, 달려가(走) 엄마에게 점(卜)을 봤다고 **알리더라(赴)**.

墻
담 장

흙(土)을 구워 만든 흙(土)벽돌을 사가지고 남편과 아내 두 사람(人)은 마차에 싣고 집에 돌아와(回) **담장(墻**동牆**)**을 멋지게 쌓더라.

넷째마당 | 자연 관련 한자

한자	훈음	한자	훈음
日 8급 日 4획	날 **일** 해 **일** 曜日 요일 休日 휴일	乞 3급 乙 3획	빌 **걸** 求乞 구걸 乞食 걸식
날 일(日)		누운 인(𠃋)+새 을(乙)	
乾 3급 乙 11획	하늘 **건** 마를 **건** 乾坤 건곤(하늘, 땅) 乾魚物 건어물	韓 8급 韋 17획	한국 **한** 한나라 **한** 大韓民國 대한민국
후+빌 걸(乞)		후+가죽 위(韋)	
幹 3급 干 13획	간부 **간** 줄기 **간** 幹部 간부 根幹 근간	暴 4급 日 15획	사나울 **폭** *사나울 **포** 暴飮 폭음 暴惡 포악
후+사람 인(人)+방패 간(干)		해 일(日)+함께 공(共)+아래물 수(氺)	
爆 4급 火 19획	터질 **폭** 爆彈 폭탄 爆發 폭발	旦 3급 日 5획	아침 **단** 旦夕 단석(아침저녁)
불 화(火)+사나울 폭(暴)		해 일(日)+한 일(一)	
但 3급 亻 7획	다만 **단** 홀로 **단** 但只 단지 但書 단서	檀 4급 木 17획	박달나무 **단** 檀君 단군 檀紀 단기
사람 인(亻)+아침 단(旦)		나무 목(木)+머리 두(亠)+돌아올 회(回)+아침 단(旦)	
壇 5급 土 16획	제단 **단** 단 **단** 壇上 단상 登壇 등단		
흙 토(土)+머리 두(亠)+돌아올 회(回)+아침 단(旦)			

3-1-8　日 날 일, 해 일

乞 빌 걸
乾 하늘 건
韓 한국 한
幹 간부 간

서울역에 누운인(一)씨가 지나가는 새(乙)들에게 구걸하고, **빌(乞)**던 생활을 청산하고, 십자와 십자 사이에 해(日)가 뜨자 **하늘(乾)**에 올라가, 가죽(韋) 코트 입은 **한국한(韓)**씨에게 청하여, 노동하는 사람(人)들의 방패(干)막이 노조의 **간부(幹)**로 새 출발 했더라.

暴 사나울 폭
爆 터질 폭

해(日)는 함께공(共)씨의 머리에 내리쬐고 발아래 물(氺)도 **사나워(暴)**지자, 그의 불(火) 같은 울화통이 **터져 폭(爆)**발하더라.

旦 아침 단
但 다만 단
檀 박달나무 단
壇 제단 단

해(日)는 매일 한(一) 번씩 **아침(旦)**에 뜨고 저녁에 지는데, 술 취한 사람(亻)은 **다만(但)**, 머리(亠)에 제정신이 돌아오는(回) 아침(旦)에만 단단한 나무(木)의 **박달나무(檀**동檀**)**와, 흙(土)으로 **제단(壇)**을 만들다가 힘들면 또 술 먹고 돌더라.

넷째마당 | 자연 관련 한자

量 5급 里 12획	수량 **량** 용량 **량** 헤아릴 **량**	數量 수량 熱量 열량		**糧** 4급 米 18획	양식 **량**	糧食 양식 軍糧米 군량미
아침 단(旦)+마을 리(里)				쌀 미(米)+수량 량(量)		
重 7급 里 9획	무거울 **중** 거듭 **중**	重力 중력 重復 중복		**種** 5급 禾 14획	씨 **종** 종류 **종**	品種 품종 種族 종족
일천 천(千)+마을 리(里)				벼 화(禾)+무거울 중(重)		
召 3급 口 5획	부를 **소**	召集 소집 召喚 소환		**紹** 2급 糸 11획	소개할 **소** 이을 **소**	紹介狀 소개장 繼紹 계소(이어받아 계승함)
칼 도(刀)+입 구(口)				실 사(糸)+부를 소(召)		
招 4급 扌 8획	부를 **초**	招魂 초혼 招請 초청		**昭** 3급 日 9획	밝을 **소**	昭明 소명 昭詳 소상
손 수(扌)+부를 소(召)				해 일(日)+부를 소(召)		
照 3급 灬 13획	비출 **조** 대조할 **조**	照明燈 조명등 對照 대조		**超** 3급 走 12획	넘을 **초** 초월할 **초**	超越 초월 超過 초과
밝을 소(昭)+불 화(灬)				달아날 주(走)+부를 소(召)		

量
수량 량

糧
양식 량

重
무거울 중

種
씨 종

이른 아침(旦)부터 마을(里)을 출발해 많은 **수량(量)**의, 쌀(米) **양식(糧)**을 사 오려고, 일천(千) 리 밖 마을(里)까지 가기도 힘들고 짐도 **무거워(重)**, 내년부터는 벼(禾)**씨(種)**를 심어 농사를 져야겠다.

召
부를 소

紹
소개할 소

招
부를 초

昭
밝을 소

照
비출 조

超
넘을 초

어둠 속에서 칼(刀)을 입(口)에 대고 조용히 휘파람으로 길동을 **불러(召)**, 실(糸)을 도둑맞은 장사치가 자기를 **소개(紹)**하며, 손(扌)을 잡고 서로 이름을 **부르(招)**는데, 해(日)가 **밝아오고(昭)**, 불(灬)이 도둑을 **비추자(照)**, 달아나는(走) 놈을 부르니(召) 그놈은 담을 **넘어(超)**가며 길동을 보고 웃더라.

> 넷째마당 | 자연 관련 한자

| 明 6급 日 8획 | 밝을 명
發明 발명
分明 분명 | 盟 3급 皿 13획 | 맹세할 맹 믿을 맹
盟誓 맹서
同盟 동맹 |

해 일(日)+달 월(月) | 밝을 명(明)+그릇 명(皿)

| 曉 3급 日 16획 | 새벽 효
깨달을 효
曉星 효성
曉達 효달 | 燒 3급 火 16획 | 불사를 소
익힐 소
燒却 소각
燒酒 소주 |

날 일(日)+흙 토(土)+土+土+우뚝할 올(兀) | 불 화(火)+흙 토(土)+土+土+우뚝할 올(兀)

| 旱 3급 日 7획 | 가물 한
旱害 한해
旱災 한재 | 莫 3급 ++ 11획 | 없을 막
莫强 막강
莫上莫下 막상막하 |

해 일(日)+방패 간(干) | 풀 초(++)+해 일(日)+큰 대(大)

| 漠 3급 氵 14획 | 사막 막
넓을 막
沙漠 사막
漠然 막연 | 模 4급 木 15획 | 모호할 모
본보기 모
模糊 모호
模範 모범 |

물 수(氵)+없을 막(莫) | 나무 목(木)+없을 막(莫)

| 幕 3급 巾 14획 | 장막 막
덮을 막
帳幕 장막
黑幕 흑막 | 慕 3급 小 15획 | 그리워할 모
사모할 모
愛慕 애모
思慕 사모 |

없을 막(莫)+헝겊 건(巾) | 없을 막(莫)+마음 심(小)

| 暮 3급 日 15획 | 저물 모
歲暮 세모
朝三暮四 조삼모사 | 募 3급 力 13획 | 모을 모 뽑을 모
募集 모집
公募 공모 |

없을 막(莫)+해 일(日) | 없을 막(莫)+힘 력(力)

| 墓 4급 土 14획 | 무덤 묘
墓地 묘지
墓碑銘 묘비명 | 冥 3급 冖 10획 | 어두울 명
冥福 명복
冥想 명상 |

없을 막(莫)+흙 토(土) | 덮을 멱(冖)+해 일(日)+여섯 육(六)

| 明 밝을 명 |
| 盟 맹세할 맹 |
| 曉 새벽 효 |
| 燒 불사를 소 |

해(日)와 달(月)이 **밝은(明)** 밤에, 그릇(皿)에 냉수 떠 놓고 **맹세(盟)**하여 식을 올리니, 땅(土)을 세 군데나 투기하면 영 파이(兀)라 하시는 요(堯요임금 요)임금께서 좋은 날 (日)을 잡아 주례를 서시고 **새벽 효(曉)**성이 뜰 때까지 하객들과 먹고 놀다, 쓰레기는 불(火) **사르(燒)**고 가더라.

| 旱 가물 한 |
| 莫 없을 막 |
| 漠 사막 막 |
| 模 모호할 모 |

머리 위로 내리 쬐는 해(日)를 방패(干)로 가려봐도 **가뭄(旱)**은 막지 못하고, 풀(艹)도 뜨거운 햇볕(日)에 말라 큰 대(大)자로 죽으니 아무것도 **없어(莫)** 막막하고, 물(氵) 없는 **사막(漠)**에는, 나무(木) 같지도 않은 **모호한(模)** 것들만 자라고 있더라.

| 幕 장막 막 |
| 慕 그릴 모 |
| 暮 저물 모 |
| 募 모을 모 |
| 墓 무덤 묘 |
| 冥 어두울 명 |

성묘를 가니 그늘이 없어(莫) 헝겊(巾)으로 **장막(幕)**치고, 마음(忄)속으로 부모님을 **그리워(慕)**하다, 날(日)이 **저물(暮)**기에, 힘(力) 있는 인부를 **모아(募)**서, 흙(土)으로 봉분을 메꿔 **무덤(墓)**을 손질하니, 어느덧 머리를 덮은(冖) 포장 아래로 해(日)는 기울어 여섯(六) 시라 **어두워(冥)** 서둘러 명복을 빌고 왔네.

| 넷째마당 | 자연 관련 한자 |

者 6급 耂 9획	사람 자 놈 자 作者 작자 新聞記者 신문기자	署 3급 罒 14획	관청 서 서명할 서 警察署 경찰서 署名 서명
흙 토(土)+삐침(丿)+불똥 주(丶)+날 일(日)		그물 망(罒)+사람 자(者)	
著 3급 ++ 13획	지을 저 분명할 저 著作權 저작권 顯著 현저	緒 3급 糸 15획	실마리 서 緖論 서론 端緖 단서
풀 초(++)+사람 자(者)		실 사(糸)+사람 자(者)	
暑 3급 日 13획	더위 서 避暑 피서 處暑 처서	都 5급 阝 12획	마을 도 都市 도시 古都 고도
해 일(日)+사람 자(者)		사람 자(者)+고을 읍(阝)	
諸 3급 言 16획	모든 제 여러 제 諸家 제가 諸君 제군		
말씀 언(言)+사람 자(者)			

者
사람 자

署
관청 서

著
지을 저

緖
실마리 서

토(土)요일 서류에 삐침(丿)하게 종지부(丶) 찍고 날(日)은 저물어 당직하던 **사람(者)**은, 지붕에 그물(罒)을 덧씌운 **관청서(署)** 퇴근 후, 엉클어진 풀(艹)뿌리 같은 머리를 곱게 빗고 책을 **지으려(著)** 하니, 실(糸)처럼 이어지는 글의 소재 **실마리(緖)**를 찾았다 좋아하더라.

暑
더위 서

都
마을 도

諸
모든 제

해(日)는 사람(者)을 찌는 듯 **무더위(暑)** 속으로 몰아넣자, 사람(者)들은 고을(阝 방에 오면 고을읍)에 있는 새**마을(都)**은행으로 피서를 가니, 경비 아저씨 말씀(言)이 **모든 제(諸)** 군 여러분 나가시오 하네.

넷째마당 | 자연 관련 한자

한자	뜻/음	급수/부수/획수	예시
夕	저녁 석	7급 夕 3획	夕陽 석양 秋夕 추석
多	많을 다 과할 다	6급 夕 6획	多幸 다행 多數 다수

저녁 석(夕)　　　　　　　　　　저녁 석(夕)+夕

한자	뜻/음	급수/부수/획수	예시
外	바깥 외	8급 夕 5획	外出 외출 外國 외국
朴	순박할 박 후박나무 박	6급 木 6획	素朴 소박 質朴 질박

저녁 석(夕)+점 복(卜)　　　　　나무 목(木)+점 복(卜)

한자	뜻/음	급수/부수/획수	예시
課	부과할 과 과정 과 공부할 과	5급 言 15획	公課金 공과금 課題 과제
移	옮길 이	4급 禾 11획	移住 이주 移民 이민

말씀 언(言)+과실 과(果)　　　　벼 화(禾)+많을 다(多)

한자	뜻/음	급수/부수/획수	예시
夜	밤 야 어두울 야	6급 夕 8획	夜間 야간 夜盲症 야맹증
蒙	덮을 몽 어릴 몽	3급 ++ 14획	蒙耳 몽이 啓蒙 계몽

머리 두(亠)+사람 인(亻)+서서히 쇠(夂)+　　풀 초(++)+덮을 멱(冖)+한 일(一)+
불똥 주(丶)　　　　　　　　　　　　돼지 시(豕)

한자	뜻/음	급수/부수/획수	예시
夢	꿈 몽	3급 夕 14획	同床異夢 동상이몽 惡夢 악몽

풀 초(++)+그물 망(罒)+덮을 멱(冖)+
저녁 석(夕)

3-1-9 夕 저녁 석

多 많을 다
外 바깥 외
朴 순박할 박
課 부과할 과
移 옮길 이
夜 밤 야
蒙 덮을 몽
夢 꿈 몽

오늘 저녁(夕)은 석(夕)자가 하나 더 **많아(多)** 이상하다며, 저녁(夕)에 점(卜)을 보고 **바깥 외(外)**출을 않는, 나무(木) 옆에 사는 **순박한 박(朴)**씨, 신령님 말씀(言)이 밭(田) 아래 나무(木) 목조 건물의 세무서 직원이 세금을 **부과하려(課)** 조사를 가니, 벼(禾)가 많으면(多) 다른 곳으로 **옮겨(移)** 숨기라지만, 머리(亠) 나쁜 세무서 사람(亻)이 서서히(夂) 불똥(丶) 밝히고 **밤(夜)**에 온다면, 풀(艹)로 덮어(冖) 두었던 한(一) 바가지 돼지(豕)의 똥물로 **덮어(蒙)**주겠다며, 풀(艹)뿌리 같은 머리에 그물(罒) 덮어(冖)쓰고 숨어있을 테니 세리야 저녁(夕)에 **꿈(夢)**이나 잘 꾸라고 다짐을 하네.

넷째마당 | 자연 관련 한자

雨 5급 雨 8획	비 **우** / 雨氣 우기 / 雨傘 우산		**辰** 3급 辰 7획	별 **진** / *때 **신** / 辰時 진시(오전7시~9시) / 生辰 생신	

비 우(雨)　　　　　　　　　　　별 진(辰)

雪 6급 雨 11획	눈 **설** / 씻을 **설** / 雪上加霜 설상가상 / 雪辱 설욕		**務** 4급 力 11획	힘쓸 **무** / 事務職 사무직 / 醫務室 의무실	

비 우(雨)+돼지머리 계(彑)　　　창 모(矛)+칠 복(攵)+힘 력(力)

霧 3급 雨 19획	안개 **무** / 雲霧 운무 / 五里霧中 오리무중		**雷** 3급 雨 13획	우뢰 **뢰** / 천둥 **뢰** / 落雷 낙뢰 / 附和雷同 부화뇌동	

비 우(雨)+힘쓸 무(務)　　　　　비 우(雨)+밭 전(田)

電 7급 雨 13획	번개 **전** / 電流 전류 / 電氣 전기		**震** 3급 雨 15획	벼락 **진** / 우뢰 **진** / 地震 지진 / 震怒 진노	

비 우(雨)+밭 전(田)+새 을(乚)　비 우(雨)+별 진(辰)

振 3급 扌 10획	떨칠 **진** / 振動 진동 / 振興 진흥	

손 수(扌)+별 진(辰)

3-1-10　雨 비 우, 辰 별 진, 때 신

雪 눈 설	추위에 비(雨)는 돼지머리(⺕) 위로 눈(雪)이 되어 쌓이자, 눈에 갇힌 멧돼지를 창(矛)으로 치고(攵) 힘(力)을 쓰고 힘을 써(務)서 잡았지.
務 힘쓸 무	
霧 안개 무	
雷 우레 뢰	비(雨)가 오는 날 용이 힘쓰며(務) 승천하니 안개(霧)는 끼고, 밭(田)에서는 우레(雷)소리가 들리고, 새(乚)는 번개(電)에 놀라 날고, 별진(辰)은 벼락(震)을 자꾸만 치려 하기에, 내가 손수(扌) 별진을 떨쳐(振) 말렸네.
電 번개 전	
震 벼락 진	
振 떨칠 진	

넷째마당 | 자연 관련 한자

한자	훈음	한자	훈음
晨 3급 日 11획	새벽 **신** / 晨星 신성(샛별) / 淸晨 청신	**農** 7급 曲 13획	농사 **농** / 農事 농사 / 農耕文化 농경문화
해 일(日)+별 진(辰)		굽을 곡(曲)+별 진(辰)	
濃 2급 氵 16획	짙을 **농** / 濃艶 농염 / 濃縮 농축	**脣** 3급 月 11획	입술 **순** / 脣亡齒寒 순망치한
물 수(氵)+농사 농(農)		별 진(辰)+육달 월(月)	
辱 3급 辰 10획	욕될 **욕** / 汚辱 오욕 / 困辱 곤욕	**需** 3급 雨 14획	필요할 **수** / 구할 **수** / 需要 수요 / 婚需品 혼수품
별 진(辰)+마디 촌(寸)		비 우(雨)+말 이을 이(而)	
儒 4급 亻 16획	선비 **유** / 유교 **유** / 儒林 유림 / 儒學 유학	**端** 4급 立 14획	단정할 **단** / 끝 **단** / 端整 단정 / 末端 말단
사람 인(亻)+필요할 수(需)		설 립(立)+뫼 산(山)+말 이을 이(而)	
兩 4급 入 8획	두 **량** / 兩面 양면 / 兩親 양친	**滿** 4급 氵 14획	찰 **만** / 滿潮 만조 / 充滿 충만
한 일(一)+수 건(巾)+들 입(入)+入		물 수(氵)+풀 초(艹)+두 량(兩)	

晨 새벽 신	
農 농사 농	해(日)가 뜨자 별진(辰)씨는 **새벽(晨)**부터, 굽은(曲) 길로 소를 몰고 **농사(農)** 지러 가려니, 물수변(氵)에 짙은 안개 즉 **농(濃)**무(霧)가 걷히고, 별진(辰)씨는 초승달(月) 같은 **입술(脣)**로 노래하며, 게으른 소에게 손가락 마디(寸) 걸고 **욕(辱)**을 않겠다며 다짐을 하네.
濃 짙을 농	
脣 입술 순	
辱 욕될 욕	
需 필요할 수	지루한 장맛비(雨)에 말을 이을(而) 듯 읊조리는 시조는 **필요(需)**해라, 사람(亻)이 재주꾼인 **선비 유(儒)**생은, 홀로 서서(立) 산(山)을 바라보며 길게 말을 이어(而)가듯 **단정한(端)** 모습으로 시조를 읊조리네.
儒 선비 유	
端 단정할 단	
兩 두 량	목에 한(一) 장 수건(巾)을 걸치고 탕으로 들어(入)가니 따라서 들어(入)온 뚱뚱한 **두 양(兩)**반 때문에, 물(氵)은 넘치고 풀(艹)뿌리 같은 곱슬머리까지 물이 **차(滿)**올랐네.
滿 찰 만	

넷째마당 | 자연 관련 한자

气 0급 气 4획	기운 **기**	氣 7급 气 10획	기운 **기** 날씨 **기** 活氣 활기 日氣豫報 일기예보
기운 기(气)		기운 기(气)+쌀 미(米)	
汽 5급 氵 7획	김 **기** 汽車 기차 汽船 기선	乃 3급 丿 2획	곧 **내** 이에 **내** 人乃天 인내천 乃至 내지
물 수(氵)+기운 기(气)		ㄱ+ㄱ+ㄱ	
秀 4급 禾 7획	빼어날 **수** 優秀 우수 秀麗 수려	透 3급 辶 11획	통할 **투** 꿰뚫을 **투** 透視 투시 透徹 투철
벼 화(禾)+곧 내(乃)		빼어날 수(秀)+갈 착(辶)	
携 3급 扌 13획	가질 **휴** 이끌 **휴** 携帶品 휴대품 提携 제휴	誘 3급 言 14획	꾈 **유** 달랠 **유** 誘惑 유혹 誘引 유인
손 수(扌)+새 추(隹)+이에 내(乃)		말씀 언(言)+빼어날 수(秀)	
及 3급 又 4획	미칠 **급** 及其也 급기야 波及效果 파급효과	級 6급 糸 10획	등급 **급** 차례 **급** 學級 학급 級數 급수
이에 내(乃)+파임 불(乀)		실 사(糸)+미칠 급(及)	
吸 4급 口 7획	마실 **흡** 吸收 흡수 吸引 흡인		
입 구(口)+미칠 급(及)			

3-1-11 气 기운 기

氣 기운 기

汽 김 기

乃 곧 내

秀 빼어날 수

자르르한 기운(气)의 윤기 나는 쌀(米)은 몸에 **기(氣)**를 돋아주고, 밥을 하면 물(氵)방울의 기운(气)이 터지며 **김(汽)**이 솟는, 비타민 'ㄱ'이 세 개씩 있는 품종이라 **곧(乃)**, 벼(禾)의 품종이 **빼어나다(秀)**는 증거이다.

透 통할 투

携 가질 휴

誘 꾈 유

빼어난(秀) 모델하우스를 가니(辶) 영사기를 **통해(透)** 투영되는 집 구조를, 손(扌)으로 가리키며 설명하던 참새(隹) 아가씨가 이내(乃) **휴(携)**대폰을 끄고는, 말(言)도 빼어나게(秀) 하면서 청약하라고 나를 **꾀며(誘)** 유혹하네.

及 미칠 급

級 등급 급

吸 마실 흡

하인에게 경매가 시작하자 곧(乃) 파임(㇏)자로 신호를 보내 비단 사재기를 하니 영향이 시장에 **미치고(及)**, 좋은 명주실(糸)의 비단도 팔지 않자 낮은 **등급(級)**은 절로 비싸져, 입(口)으로 긴 안도의 숨을 **마셨네(吸)**.

| 넷째마당 | 자연 관련 한자 |

02 동물 관련 부수 연상한자

| 鳥 4급 鳥 11획 | 새 조
鳥類 조류
一石二鳥 일석이조 | 鳴 4급 鳥 14획 | 울 명
共鳴 공명
悲鳴 비명 |

새 조(鳥) | 입 구(口)+새 조(鳥)

| 島 5급 山 10획 | 섬 도
獨島 독도
韓半島 한반도 | 烏 3급 灬 10획 | 까마귀 오
검을 오
烏鵲橋 오작교
烏合之卒 오합지졸 |

새 조(鳥)–불 화(灬)+뫼 산(山) | 새 조(鳥)–한 일(一)

| 嗚 3급 口 13획 | 탄식할 오
슬플 오
嗚呼痛哉 오호통재
嗚咽 오열 | 奚 3급 大 10획 | 어찌 해
종 해
奚必 해필(하필)
奚童 해동(어린 종) |

입 구(口)+까마귀 오(烏) | 손 조(爫)+어릴 요(幺)+큰 대(大)

| 鷄 4급 鳥 21획 | 닭 계
鷄肋 계륵(닭갈비)
鷄卵有骨 계란유골 | 溪 3급 氵 13획 | 시내 계
溪谷 계곡
淸溪川 청계천 |

어찌 해(奚)+새 조(鳥) | 물 수(氵)+어찌 해(奚)

| 鳳 3급 鳥 14획 | 봉새 봉
鳳凰 봉황
鳳仙花 봉선화 |

성 경(冂)+한 일(一)+새 조(鳥)

| 3-2-1 | 鳥 새 조 |

鳴 울 명

島 섬 도

烏 까마귀 오

嗚 탄식할 오

입(口)을 크게 벌리고 어린 새(鳥)는 **울며(鳴)**, 산(山) 넘어 외딴 **섬(島**동嶋**)**으로 시집가 살다 보니, 새(鳥)는 늙고 눈(一)은 멀어 **까마귀(烏)**가 되고, 입(口)에서는 오오 하는 **탄식(嗚)**만 하는구나.

奚 어찌 해

鷄 닭 계

溪 시내 계

鳳 봉새 봉

손(爫)은 어린애(幺) 같고 발은 큰대(大)자라 **어찌해(奚)**도 날지 못하는, 새(鳥)도 아닌 **닭(鷄**동雞**)**이, 물(氵)가에 놀다가 **시냇(溪**동谿**)**물에 빠지니, 성(冂)안에 사는 한(一) 마리 멋진 새(鳥) **봉황(鳳)**이 지나다 구해 주더라.

넷째마당 | 자연 관련 한자

隹 0급 隹 8획	새 **추** / 꽁지가 짧은 새의 총칭	雙 3급 隹 18획	두 **쌍** / 짝 **쌍** / 雙曲線 쌍곡선 / 雙手 쌍수

새 추(隹) / 새 추(隹)+隹+또 우(又)

鶴 3급 鳥 21획	학 **학** / 群鷄一鶴 군계일학 / 鶴首苦待 학수고대	雜 4급 隹 18획	섞일 **잡** / 어수선할 **잡** / 雜誌 잡지 / 雜念 잡념

갓머리(宀)+새 추(隹)+새 조(鳥) / 군사 졸(卒)+사람 인(人)+새 추(隹)

稚 3급 禾 13획	어릴 **치** / 稚漁 치어 / 稚拙 치졸	雁 3급 隹 12획	기러기 **안** / 木雁 목안* / 平沙落雁 평사낙안*

벼 화(禾)+새 추(隹) / 민엄호(厂)+사람 인(亻)+새 추(隹)

應 4급 心 17획	응할 **응** / 응당 **응** / 應答 응답 / 反應 반응	擁 3급 扌 16획	껴안을 **옹** / 抱擁 포옹

엄호(广)+사람 인(亻)+새 추(隹)+마음 심(心) / 손수(扌)+머리 두(亠)+대접할 향(乡)+새 추(隹)

崔 2급 山 11획	높을 **최** / 성씨 **최** / 崔崔 최최 (산이 우뚝함)	催 3급 亻 13획	재촉할 **최** / 베풀 **최** / 催淚彈 최루탄 / 開催 개최

뫼 산(山)+새 추(隹) / 사람 인(亻)+높을 최(崔)

集 6급 隹 12획	모을 **집** / 集會 집회 / 集合 집합	維 3급 糸 14획	얽을 **유** / 벼리 **유** / 維持 유지 / 維新憲法 유신헌법

새 추(隹)+나무 목(木) / 실 사(糸)+새 추(隹)

3-2-2　隹 새 추

雙 두 쌍
鶴 학 학
雜 섞일 잡
稚 어릴 치

꽁지 짧은 두 마리 새(隹)와 또(又) 다른 **두 쌍(雙속双)**을 미끼로 하여, 갓(亠) 쓴 새(隹)보다 큰 새(鳥)인 **학(鶴)**을 유인해 잡는다고, 졸(卒)개 같은 사람(人)이 잡은 새(隹)는 피가 **섞인 잡(雜)**새, 벼화(禾) 보다 작은 **어린(稚)** 새였더라.

雁 기러기 안
應 응할 응
擁 껴안을 옹

민엄호(厂)네 사람(亻)과 즐거이 사는 새(隹) **기러기(雁)**가, 머리꼭지(丶) 올리고 잔치 초대를 기쁜 마음(心)에 **응하여(應)** 가서는, 손(扌) 모아 머리(亠) 숙여 대접(彡)하는 그 집 새(隹)와 반가이 껴안고 **포옹(擁)**을 했다네.

*목안 : 목기러기(나무로 만들어 채색한 기러기).
*평사낙안 : 모래펄에 날아와 앉은 기러기라는 뜻으로 글씨나 문장이 매끈하게 잘 쓰여진 것을 비유한 말.

崔 높을 최
催 재촉할 최
集 모을 집
維 얽을 유

산(山)에 사는 새(隹)는 **높을 최(崔)**씨를 무서워하니, 그 사람(亻)은 성질이 급해 **재촉(催)**을 잘하고, 새(隹)를 나무(木) 위로 **모아(集)**, 실(糸)을 **얽은(維)** 그물로 잘 잡아,

넷째마당 | 자연 관련 한자

雖 3급 隹 17획	비록 **수**	雖然 수연 (그렇지만)
입 구(口)+벌레 충(虫)+새 추(隹)		
唯 3급 口 11획	오직 **유**	唯一無二 유일무이 唯我獨尊 유아독존
입 구(口)+새 추(隹)		
誰 3급 言 15획	누구 **수**	誰何 수하 (누구냐 물어봄)
말씀 언(言)+새 추(隹)		
羅 4급 罒 19획	벌릴 **라** 비단 **라**	羅列 나열 新羅 신라
그물 망(罒)+실 사(糸)+새 추(隹)		
躍 3급 足 21획	뛸 **약**	躍進 약진 活躍 활약
발 족(足)+날개 우(羽)+새 추(隹)		
確 4급 石 15획	확실할 **확** 굳을 **확**	正確 정확 確答 확답
돌 석(石)+갓머리(宀)+새 추(隹)		
奪 3급 大 14획	빼앗을 **탈**	掠奪 약탈 奪還 탈환
큰 대(大)+새 추(隹)+마디 촌(寸)		
奮 3급 大 16획	떨칠 **분**	興奮 흥분 孤軍奮鬪 고군분투
큰 대(大)+새 추(隹)+밭 전(田)		
穫 3급 禾 19획	거둘 **확** 벼벨 **확**	收穫 수확
벼 화(禾)+풀 초(艹)+새 추(隹)+또 우(又)		
獲 3급 犭 17획	얻을 **획**	獲得物 획득물 捕獲 포획
개 견(犭)+풀 초(艹)+새 추(隹)+또 우(又)		
護 4급 言 21획	지킬 **호** 도울 **호**	守護 수호 救護物資 구호물자
말씀 언(言)+풀 초(艹)+새 추(隹)+또 우(又)		

연상한자 1800

雖 비록 수	
唯 오직 유	입(口)으로 벌레(虫)를 잡으며 새(隹)들이 **비록 수(雖)**다를 떨다가도, 그가 오면 입(口)으로 **오직 유(唯)**일하게, 하는 말(言)은 알면서도 당신은 **누구(誰)**요 하네.
誰 누구 수	

羅 벌릴 라	
躍 뛸 약	그물(罒) 실(糸)에 걸린 새(隹)의 죽지를 **벌리(羅)**려니, 발(足)길질과 날갯(羽)짓으로 새(隹)는 발버둥 치며 날 **뛰기(躍)**에, 돌(石)로 갓(宀) 같은 머리 깃 달린 새(隹)를 **확실(確)**하게 눌러 놓았지.
確 확실할 확	

奪 빼앗을 탈	
奮 떨칠 분	돌을 치우고 큰(大) 머리의 새(隹) 똥꼬를 손가락 마디(寸)로 찔러 목숨을 **빼앗(奪)**고, 밭(田)에다 던져 농사 망친 분통을 **떨친(奮)** 후, 벼(禾)의 줄기와 풀(艹)로 새(隹)를 묶고 또(又) 묶어서 **거두니(穫)**, 개새끼(犭)가 거저 **얻으려(獲)** 해서 걸어차며, 말씀(言)하기를 집이나 잘 **지키라(護)** 했네.
穫 거둘 확	
獲 얻을 획	
護 지킬 호	

325

| 넷째마당 | 자연 관련 한자 |

曜 5급 日 18획	빛날 요 해비칠 요 日曜日 일요일 曜日表 요일표	濯 3급 氵 17획	씻을 탁 빨 탁 洗濯 세탁
해 일(日)+날개 우(羽)+새 추(隹)		물 수(氵)+날개 우(羽)+새 추(隹)	
準 4급 氵 13획	법도 준 준할 준 準則 준칙 基準 기준	顧 3급 頁 21획	돌아볼 고 생각할 고 回顧錄 회고록 顧問 고문
물 수(氵)+새 추(隹)+열 십(十)		머슴 고(雇)+머리 혈(頁)	
權 4급 木 22획	권세 권 權利 권리 政權 정권	勸 4급 力 20획	권할 권 勸告 권고 勸奬 권장
나무 목(木)+풀 초(艹)+입 구(口)+口+새 추(隹)		풀 초(艹)+입 구(口)+口+새 추(隹)+힘 력(力)	
歡 4급 欠 22획	기뻐할 환 즐길 환 歡樂 환락 歡送 환송	觀 5급 見 25획	볼 관 觀測 관측 觀光 관광
풀 초(艹)+입 구(口)+口+새 추(隹)+하품 흠(欠)		풀 초(艹)+입 구(口)+口+새 추(隹)+볼 견(見)	
懼 3급 忄 21획	두려워할 구 疑懼心 의구심	進 4급 辶 12획	나갈 진 오를 진 進退兩難 진퇴양난 進級 진급
마음 심(忄)+눈 목(目)+目+새 추(隹)		새 추(隹)+갈 착(辶)	

曜 빛날 요	
濯 씻을 탁	해(日)가 뜨자 날개(羽)를 펴보던 새(隹) 꿩(翟꿩 적)은 오색으로 **빛나는(曜)** 몸을, 물(氵)에서 **씻고(濯)**, 물(氵)을 털고는 십자(十)가에 올라가 기도하며 **법도 준(準)**수 하며 살겠다고, 지게문(戶) 밑에서 잠자며 학대받던 머슴(雇) 시절을, 머리(頁) 숙여 **돌아보고(顧)** 울더라.
準 법도 준	
顧 돌아볼 고	
權 권세 권	
勸 권할 권	나무(木) 주변 풀(艹) 속에서 입(口)이 둘 달린 귀한 새(隹)를 잡아 **권세(權)** 있는 그자에게, 힘(力)좀 써 달라며 **권하자(勸)**, 하품(欠)하듯 **기뻐하며(歡)**, 부탁한 내용을 보고(見) 다시 관심 있게 **보더니(觀)** 알았다하네.
歡 기뻐할 환	
觀 볼 관	
懼 두려울 구	참새가 마음(忄) 굳게 먹고 두 눈(目) 바로 뜨고 새(隹)들아 **두려움(懼)**은 떨쳐버리고, 가자(辶) 하며 방앗간을 향해 **나가네(進)**.
進 나갈 진	

넷째마당 | 자연 관련 한자

犬 犭 4급 犬 4획	개 **견** 犬猿之間 견원지간 軍犬 군견	**狀** 4급 犬 8획	형상 **상** *문서 **장** 狀態 상태 賞狀 상장
개 견(犬)		뉘+개 견(犬)	
器 4급 口 16획	밥그릇 **기** 도구 **기** 樂器 악기 器機 기기	**哭** 3급 口 10획	울 **곡** 慟哭 통곡 哭聲 곡성
品+개 견(犬)		부르짖을 훤(吅)+개 견(犬)	
犯 4급 犭 5획	범할 **범** 戰犯 전범 犯罪者 범죄자	**臭** 3급 自 10획	냄새 **취** 惡臭 악취 乳臭 유취
개 견(犭)+무릎마디 절(卩)		스스로 자(自)+개 견(犬)	
突 3급 穴 9획	갑자기 **돌** 突然 돌연 突發 돌발	**狂** 3급 犭 7획	미칠 **광** 狂牛病 광우병 熱狂 열광
구멍 혈(穴)+개 견(犬)		개 견(犭)+임금 왕(王)	
獄 3급 犭 14획	옥 **옥** 監獄 감옥 脫獄 탈옥		
개 견(犭)+말씀 언(言)+개 견(犬)			

3-2-3　犬(犭) 개 견

狀 형상 상
器 밥그릇 기
哭 울 곡
犯 범할 범

큰대(大)자 목에 방울 단 개(犬)가, '뉘'집에서 주워온 거울에 비친 자신의 **형상(狀)**과, 밥 담긴 입구(口)가 넷으로 보이는 개 **밥그릇(器)**을 보고 좋아라 돌아서더니, 밥그릇이 반으로 줄었다고 울며 **곡(哭)**을 하다, 개(犭) 녀석은 기어이 더 먹겠다며 무릎(㔾)으로 기어 몰래 옆집을 **침범(犯)**하더라.

臭 냄새 취
突 갑자기 돌
狂 미칠 광
獄 옥 옥

스스로(自) 자신은 냄새를 잘 맡는 탐지견(犬)이라더니 **냄새(臭)**에 취해, 개구멍(穴)에서 **갑자기 돌(突)**진하여 나와, 개(犭)지랄 떨며 내가 왕(王)이라며 **미친(狂)** 소리를 하니, 개(犭) 똥 같은 말(言)을 들은 포졸은 개(犬) 녀석을 **옥(獄)**에 가둬버리더라.

| 넷째마당 | 자연 관련 한자 |

牛 5급 牛 4획	소 **우** 牛骨 우골 牛角 우각	牧 4급 牛 8획	칠 **목** 放牧 방목 牧場 목장
소 우(牛)		소 우(牛)+칠 복(攵)	
特 6급 牛 10획	특별할 **특** 수컷 **특** 特選 특선 特牛 특우	牽 3급 牛 11획	끌 **견** 牽引 견인 牽强附會 견강부회
소 우(牛)+절 사(寺)		검을 현(玄)+덮을 멱(冖)+소 우(牛)	
物 7급 牛 8획	물건 **물** 事物 사물 萬物 만물	告 5급 口 7획	알릴 **고** 訃告 부고 公告 공고
소 우(牛)+말 물(勿)		소 우(牛)-소꼬리+입 구(口)	
浩 3급 氵 10획	넓을 **호** 클 **호** 浩然之氣 호연지기 浩蕩 호탕	造 4급 辶 11획	지을 **조** 創造 창조 造船所 조선소
물 수(氵)+알릴 고(告)		알릴 고(告)+갈 착(辶)	
解 4급 角 13획	풀 **해** 해산할 **해** 解釋 해석 解産 해산	午 7급 十 4획	낮 **오** 말 **오** 午前 오전 午後 오후
뿔 각(角)+칼 도(刀)+소 우(牛)		소 우(牛)-소뿔	
許 5급 言 11획	허락할 **허** 特許 특허 許諾 허락	遲 3급 辶 16획	늦을 **지** 더딜 **지** 遲刻 지각 遲遲不進 지지부진
말씀 언(言)+낮 오(午)		지붕 시(尸)+잠자리+소 우(牛)+갈 착(辶)	

3-2-4　牛 소 우

牧 칠 목
特 특별할 특
牽 끌 견
物 물건 물
告 알릴 고

소(牛)를 칠복(攵)이네 목장에서 **치다가(牧)**, 절(寺)로 **특별(特)**하게 유학 보냈더니, 검은(玄) 장삼으로 허리를 덮고(冖)는 소(牛)의 본분을 잊었나 수레를 **끌지(牽)**, 말자(勿)고 선동하는 **물건(物)**이 되어, 괘씸해 소(牛)꼬리 잘라 꼬리 탕 해먹었다 동네 입구(口)에 **알리며 고(告)**했지.

浩 넓은 호
造 지을 조

알릴고(告)씨가 물(氵)이 **넓은 호(浩)**수에서 술을 잔뜩 먹고, 집에 가서(辶)는 술 깨는 약 **지워(造)**오라며 애들을 다 그쳤더라.

解 풀 해
午 낮 오
許 허락할 허
遲 늦을 지

아버지가 쇠뿔(角)을 칼(刀)로 자르고 소(牛)의 멍에를 **풀어(解)**주라 하셨지만, 소(牛)뿔만 잘랐는데 벌써 **오후(午)**가 되어, 말씀(言)도 안 올리고 **허락(許)** 없이, 학교 지붕(尸) 밑에 잠자리(丰) 잡으러 소(牛) 타고 가면서(辶) **늦을 지(遲)** 모른다며 어린 자식 투덜대네.

넷째마당 | 자연 관련 한자

羊 4급 羊 6획	양 **양** 羊皮 양피 羊毛 양모	詳 3급 言 13획	상세할 **상** 詳論 상론 詳細 상세
양 양(羊)		말씀 언(言)+양 양(羊)	
着 5급 目 12획	붙일 **착** 着手 착수 愛着 애착	君 4급 口 7획	임금 **군** 그대 **군** 君臣有義 군신유의 諸君 제군
양 양(羊)+눈 목(目)		성씨 윤(尹)+입 구(口)	
群 4급 羊 13획	무리 **군** 群舞 군무 群衆 군중	郡 6급 阝 10획	고을 **군** 郡民 군민 郡廳 군청
임금 군(君)+양 양(羊)		임금 군(君)+고을 읍(阝)	
洋 6급 氵 9획	큰 바다 **양** 太平洋 태평양 大西洋 대서양	祥 3급 示 11획	상서로울 **상** 祥瑞 상서 祥雲 상운
물 수(氵)+양 양(羊)		조상 시(示)+양 양(羊)	
達 4급 辶 13획	통달할 **달** 通達 통달 四通八達 사통팔달	鮮 5급 魚 17획	고울 **선** 싱싱할 **선** 新鮮 신선 朝鮮日報 조선일보
흙 토(土)+양 양(羊)+갈 착(辶)		고기 어(魚)+양 양(羊)	
善 5급 口 12획	착할 **선** 善行 선행 善良 선량		
양 양(羊)+풀 초(艹)+입 구(口)			

3-2-5　羊 양양

詳 상세할 상

着 붙일 착

君 임금 군

群 무리 군

郡 고을 군

洋 큰바다 양

祥 상서로울 상

말(言)을 보태서 양(羊)을 **상세(詳)**하게 얘기하면, 양(羊)은 앞에 놈 꼬리에다 눈(目)을 바짝 **붙여서(着)** 다니는 모습이, 윤(尹)씨네 동네 입구(口)에 행차한 **임금(君)**이 거느린 신하들 모양, 양(羊)은 **무리(群)**로 뭉쳐 다니며, 강원도 고을읍(阝) **고을군(郡)**, 물수변(氵) 양양(羊)리 목장은 **큰 바다(洋)** 같고, 조상(示)부터 기르던 양(羊)은 **상서로운(祥)** 동물이더라.

達 통달할 달

鮮 고울 선

善 착할 선

철조망 아래 땅(土)을 파고 양(羊)이 도망을 가는(辶)데는 **통달(達)**하였으나, 심성은 물고기(魚)같이 **곱고 선(鮮)**하며, 양(羊)의 '丷' 요상하게 꼬부라진 뿔과 입(口)모습은 **착하고 선(善)**해 보인다.

넷째마당 | 자연 관련 한자

한자	뜻·음	한자	뜻·음
美 6급 羊 9획	아름다울 **미** 美術 미술 美人 미인	樣 4급 木 15획	모양 **양** 模樣 모양 樣相 양상
羊+큰 대(大)		나무 목(木)+羊+길 영(永)	
養 5급 食 15획	기를 **양** 養殖 양식 營養 영양	義 4급 羊 13획	옳을 **의** 民主主義 민주주의 義士 의사
羊+밥 식(食)		羊+나 아(我)	
儀 4급 亻 15획	거동 **의** 법식 **의** 儀禮 의례 禮儀 예의	議 4급 言 20획	의논할 **의** 議會 의회 議論 의논
사람 인(亻)+옳을 의(義)		말씀 언(言)+옳을 의(義)	
彐 0급 彐 3획	돼지머리 **계**	肅 4급 聿 13획	엄숙할 **숙** 嚴肅 엄숙 靜肅 정숙
돼지머리 계(彐)		돼지머리 계(彐)+조각 장(片)+한 일(一)+ 조각 편(爿)+송곳 곤(丨)	
亥 3급 亠 6획	돼지 **해** 癸亥年 계해년 亥時 해시(21~23시)	骸 1급 骨 16획	뼈 **해** 骸骨 해골
비 부수		뼈골(骨)+돼지 해(亥)	
劾 1급 力 8획	캐물을 **핵** 꾸짖을 **핵** 彈劾 탄핵	該 3급 言 13획	당연 **해** 마땅 **해** 갖출 **해** 그 **해** 該當 해당 該博 해박
돼지 해(亥)+힘 력(力)		말씀 언(言)+돼지 해(亥)	

美
아름다울 미

樣
모양 양

養
기를 양

義
옳을 의

儀
거동 의

議
의논할 의

꼬리 없는 저 양(羊)의 몸집이 크지(大)는 않지만 생김이 **아름답고(美)**, 나무(木) 옆에 서있는 양(羊)도 긴(永) 털 **모양(樣)**이 탐스럽고, 밥(食)도 잘 먹어 **기르고 양(養)**육하기 쉽다는 것이, 나(我)의 **옳은(義)** 생각이라 믿으며, 나 같은 사람(亻)의 **거동(儀)**이 믿기지 않으면, 말(言)로서 서로 **의논(議)** 한번 해 봅시다.

3-2-6 彑 돼지머리 계

肅
엄숙할 숙

돼지머리(彑)를 긴 송곳(丨)으로 꽂고 부스러기 조각(片)과 조각(爿)은 한일(一)자로 묶어서 제사상에 놓고 **엄숙(肅)**하게 절을 하였지.

3-2-7 亥 돼지 해 *비 부수

骸
뼈 해

劾
캐물을 핵

該
당연 해

뼈(骨)만 남은 돼지(亥)가 **해(骸)**골 같은 모습에, 힘(力)이 없어 보여 그놈에게 **캐물어(劾)** 보니, 살찌면 잡아먹힌다는 말(言)을 듣고 보니 **당연해(該)**라.

335

> 넷째마당 | 자연 관련 한자

馬 5급 馬 10획	말 **마**	篤 3급 ⺮ 16획	도타울 **독**
	馬車 마차 馬賊 마적		敦篤 돈독 篤實 독실

말 마(馬) 　　　　　　　　　　대 죽(⺮)+말 마(馬)

驅 3급 馬 21획	몰 **구**	鷗 2급 鳥 22획	갈매기 **구**
	驅步 구보 驅迫 구박		白鷗 백구 海鷗 해구

말 마(馬)+구역 구(區) 　　　　구역 구(區)+새 조(鳥)

匹 3급 匚 4획	짝 **필**	驛 3급 馬 23획	정거장 **역** 역참 **역**
	配匹 배필 匹夫匹婦 필부필부*		驛前 역전 驛站 역참*

터진입 구(匚)+어진 인(儿) 　　말 마(馬)+그물 망(罒)+다행 행(幸)

騎 3급 馬 18획	말탈 **기**		
	騎手 기수 騎馬兵 기마병		

말 마(馬)+기이할 기(奇)

336

3-2-8　馬 말 마

篤 도타울 독
驅 몰 구
鷗 갈매기 구
匹 짝 필
驛 정거장 역
騎 말탈 기

대죽(竹) 모자 쓴 말(馬)은 정이 **도타워(篤)**, 이 말(馬)을 구박하는 말은 홍당무 심은 구역(區)에서 **몰아내어(驅)**, 바닷새(鳥)인 **갈매기(鷗)** 똥 밭에 옮겨놓고, 터진입구(匸) 집에 혼자 살던 어진(儿) 마부는 **짝(匹)**이 될 신부를, 천리마(馬)에 시원한 그물(罒) 모자 쓰고 달려가 다행히(幸) **정거장 역(驛)**전에서 만나자 기쁜 마음에, 말(馬)을 타라 하니 기이하게(奇) 생겼다며 그녀는 **말타기(騎)**를 꺼리더라.

***필부필부(匹夫匹婦)** : 평범한 남녀를 일컬음.
***역참(驛站)** : 역마(驛馬)를 바꾸어 타던 곳.

넷째마당 | 자연 관련 한자

虎 0급 虍 6획	범 호 범 무늬 호	膚 2급 月 15획	피부 부 살갗 부 皮膚病 피부병
범 호(虍)		범 호(虍)+밥통 위(胃)	

獻 3급 犬 20획	바칠 헌 드릴 헌 獻納 헌납 獻血 헌혈	虎 3급 虍 8획	범 호 虎皮 호피 虎死留皮 호사유피
범 호(虍)+솥 격(鬲)+개 견(犬)		범 호(虍)+어진 인(儿)	

號 6급 虍 13획	부르짖을 호 부를 호 口號 구호 記號 기호	處 4급 虍 11획	곳 처 處所 처소 處理 처리
부를 호(号)+범 호(虍)+책상 궤(几)		범 호(虍)+서서히(夂)+책상 궤(几)	

虛 4급 虍 12획	빌 허 약할 허 虛空 허공 虛弱 허약	戲 3급 戈 17획	희롱할 희 戲曲 희곡 戲弄 희롱
범 호(虍)+쌍 상투관(䒑)+한 일(一)		범 호(虍)+콩 두(豆)+창 과(戈)	

劇 4급 刂 15획	심할 극 연극 극 劇的 극적 悲劇 비극	男 7급 田 7획	사내 남 男女老少 남녀노소 南男北女 남남북녀
범 호(虍)+돼지 시(豕)+선칼 도(刂)		밭 전(田)+힘 력(力)	

勇 6급 力 9획	날랠 용 勇氣 용기 勇敢 용감	壓 4급 土 17획	누를 압 壓力 압력 抑壓 억압
창 끝(マ)+사내 남(男)		민엄호(厂)+물릴 염(猒)+흙 토(土)	

思 5급 心 9획	생각 사 思母曲 사모곡 思春期 사춘기	慮 4급 心 15획	생각 려 深慮 심려 思慮 사려
밭 전(田)+마음 심(心)		범 호(虍)+생각 사(思)	

3-2-9 虍 범 호, 범 무늬 호

膚 피부 부
獻 바칠 헌
虎 범 호
號 부르짖을 호
處 곳 처
虛 빌 허
戲 희롱할 희
劇 심할 극
男 사내 남
勇 날랠 용
壓 누를 압
思 생각 사
慮 생각 려

범(虍)이 위(胃)가 나빠 **피부(膚)**가 거칠어지자, 토끼가 범(虍)에게 솥(鬲)에다 개(犬)를 푹 삶아 **바치려니(獻)**, 어진 인(儿) 같던 **범(虎)**이, 개고기를 너무 삶아 '묵'처럼 묵사발 되었다며 책상(几)에 올라가 **부르짖어(號**약号**)** 이에 놀란 토끼는 혼절하더라.

범(虍)은 서서히(夂) 책상(几)이 있는 **곳(處)**으로 가서, 사지창(丱쌍 상투 관)을 한일(一)자 위 **빈 곳(虛)**에 세워 두고, 콩(豆)만한 토끼를 창(戈)으로 놀리며 **희롱(戲)**하고, 돼지(豕)를 긴 칼(刂)로 베는 **극심한(劇)** 짓도 하고, 밭(田)에서 힘(力)들게 일하는 **사내(男)**와, 창끝(マ)을 잡고 마주한 사내(男)를 **날래게(勇)** 물어뜯고, 민엄호(厂) 굴에서 날일(日) 달월(月) 개(犬)를 싫증 나도록(厭) 땅(土)에 **눌러서(壓)** 잡아먹으니, 밭(田)에서 일하다 마음(心)에 두고두고 **생각(思)**해보고, 범(虍)을 **생각(慮)**해봐도 못된 짐승이더라.

넷째마당 | 자연 관련 한자

遣 3급 辶 14획	보낼 견 派遣 파견	遞 3급 辶 14획	갈마들 체 郵遞局 우체국 遞信部 체신부
가운데 중(中)+한 일(一)+써 이(㠯)+갈 착(辶)		민엄호(厂)+범 호(虎)+갈 착(辶)	
歸 4급 止 18획	돌아갈 귀 事必歸正 사필귀정 歸着 귀착	帶 4급 巾 11획	띠 대 連帶 연대 熱帶地方 열대지방
언덕 부(阜)-열 십(十)+그칠 지(止)+ 비 추(帚)		떨 감(廿)+삐침(丿)+乀+덮을 멱(冖)+ 헝겊 건(巾)	
滯 3급 氵 14획	막힐 체 滯留 체류 延滯 연체		
물 수(氵)+띠 대(帶)			
鹿 3급 鹿 11획	사슴 록 鹿皮 녹피 鹿茸 녹용	麗 4급 鹿 19획	고울 려 高句麗 고구려 閑麗水道 한려수도
사슴 록(鹿)		두 눈썹과 눈+사슴 록(鹿)	
慶 4급 心 15획	경사 경 慶祝 경축 國慶日 국경일	焉 3급 灬 11획	어찌 언 焉敢生心 언감생심
사슴 록(鹿)-견줄 비(比)+冖+마음 심(心) +서서히(夂)		새 조(鳥)-흰 백(白)+바를 정(正)	
薦 3급 ⺿ 17획	천거할 천 推薦 추천 薦擧 천거		
풀 초(⺿)+사슴 록(鹿)-견줄 비(比)+ 새 조(鳥)의 발			

遣 보낼 견	중(中) 일(一)짜리 '써이(曰)'가 학교에 간다(辶)기에 **보내(遣)**놓고, 민엄호(厂)를 들치고 나온 범호(虎)씨는 교회를 가다(辶) 우체국으로 또다시 **갈마들(遞**번갈아)하여, 언덕(阝) 교회로 오다 십자가(十) 훔쳐간 도둑을 보고 잠시 멈추었다(止) 빗자루(帚) 들고 **돌아가서(歸)** 녀석을 갈겼네.
遞 갈마들 체	
歸 돌아갈 귀	
帶 띠 대	떨감(廿) 글자 양쪽을 삐침(丿 乀)한 문양의 이마를 감싸덮는(冖) 헝겊(巾) **띠(帶)**를 빨려니, 물(氵)은 없고 하수도는 **막혀(滯)** 있네.
滯 막힐 체	

3-2-10　鹿 사슴 록

麗 고울 려	두 눈썹과 눈을 성형한 **사슴록(鹿)**씨는 참으로 **고운(麗)** 여자 배우라, 비교하고 견주는(比) 속내를 반쯤은 덮고(冖) 기쁜 마음(心)으로 서서히(夂) **경사(慶)**스런 시상식장에 들어서니, 새조(鳥)씨는 하얀(白) 얼굴에 바를정(正) 자 가면을 썼는데 **어찌(焉)**나 멋이 있는지, 풀(艹)잎의 월계관을 수여받은 사슴록(鹿) 배우는 그의 발(比)보다 새조(鳥)씨의 발이 곱다고 **천거(薦)**를 하더라.
慶 경사 경	
焉 어찌 언	
薦 천거할 천	

넷째마당 | 자연 관련 한자

| 龍 4급 龍 16획 | 용 **룡** 龍頭蛇尾 용두사미 靑龍白虎 청룡백호 | 聾 1급 耳 22획 | 귀머거리 **롱** 聾啞 농아 聾盲 농맹 |

용 룡(龍) · 용 룡(龍)+귀 이(耳)

| 襲 3급 衣 22획 | 엄습할 **습** 襲擊 습격 攻襲 공습 | 籠 2급 ⺮ 22획 | 바구니 **롱** 籠球 농구 籠絡 농락하다 |

용 룡(龍)+옷 의(衣) · 대 죽(⺮)+용 룡(龍)

| 魚 5급 魚 11획 | 고기 **어** 魚種 어종 魚市場 어시장 | 漁 5급 氵 14획 | 잡을 **어** 漁業 어업 漁農 어농 |

고기 어(魚) · 물 수(氵)+고기 어(魚)

| 蘇 3급 ⺾ 20획 | 소생할 **소** 蘇生 소생 蘇聯 소련 |

풀 초(⺾)+고기 어(魚)+벼 화(禾)

| 内 0급 内 5획 | 발자국 **유** | 亂 4급 乙 13획 | 난리 **란** 어지러울 **난** 亂離 난리 亂場 난장 |

발자국 유(内) · 손 조(爫)+창끝(ᄀ)+발자국 유(内)+또 우(又)+새 을(乚)

| 辭 4급 辛 19획 | 말 **사** 사양할 **사** 辭典 사전 辭退 사퇴 | 禽 3급 内 13획 | 날짐승 **금** 새 **금** 禽獸 금수 禽鳥 금조 |

손 조(爫)+창끝(ᄀ)+발자국 유(内)+또 우(又)+매울 신(辛) · 소+흉할 흉(凶)+발자국 유(内)

| 離 4급 隹 19획 | 떠날 **리** 떼놓을 **리** 離別歌 이별가 分離 분리 |

날짐승 금(禽)-사람 인(人)+새 추(隹)

3-2-11 龍 용 룡

聾 귀머거리 롱
襲 엄습할 습
籠 바구니 롱

늙은 용(龍)과 귀(耳)가 먹은 용 농아(聾)가, 발톱을 옷(衣)에 숨기고 몰래 엄습(襲)해 와서는, 대나무(竹) 바구니(籠)에다 농구공을 던지며 놀더라.

3-2-12 魚 고기 어

漁 잡을 어
蘇 소생할 소

물(氵)에서 고기(魚)를 잡아(漁) 올리다, 풀(艹)뿌리 아래 떨어져 기절했던 고기(魚)가 벼(禾)를 먹고 소생(蘇)하여 소련으로 망명했네.

3-2-13 内 발자국 유

亂 난리 란
辭 말 사
禽 날짐승 금
離 떠날 리

손(爫)에 창끝(マ)을 잡고 발자국(内)을 따라온 또우(又)가 새(乚)에게 난리(亂) 치자, 새 엄마에게 매운(辛) 꾸중의 말(辭)을 들었네.

'소'의 흉한(凶) 발자국(内) 같고 날짐승(禽) 같은 자가, 사람(人)의 탈을 벗으니 곁에 있던 새(隹)가 놀라서 그의 곁을 떠나려(離) 하더라.

> 넷째마당 | 자연 관련 한자

03

식물 관련 부수 연상한자

艹 0급 艹 4획	풀 **초**	央 3급 大 5획	가운데 **앙** 中央 중앙 中央廳 중앙청
풀 초(艹)		성 경(冂)+큰 대(大)	
秧 1급 禾 10획	모 **앙** 移秧期 이앙기 秧板 앙판	殃 3급 歹 9획	재앙 **앙** 災殃 재앙
벼 화(禾)+가운데 앙(央)		죽을 사(歹)+가운데 앙(央)	
英 6급 艹 9획	꽃부리 **영** 英國 영국 英特 영특	映 4급 日 9획	비칠 **영** 映畵 영화 反映 반영
풀 초(艹)+가운데 앙(央)		날 일(日)+가운데 앙(央)	
右 7급 口 5획	오른 **우** 右翼 우익 右回 우회	若 3급 艹 9획	같을 **약** *반야 **야** 明若觀火 명약관화 般若 반야
한 일(一)+삐침(丿)+입 구(口)		풀 초(艹)+오른 우(右)	
諾 3급 言 16획	허락할 **락** 대답할 **락** 許諾 허락 承諾 승낙	草 7급 艹 10획	풀 **초** 草原 초원 草食動物 초식동물
말씀 언(言)+같을 약(若)		풀 초(艹)+새벽 조(早)	
卓 5급 十 8획	높을 **탁** 卓上空論 탁상공론 卓越 탁월		
卜+새벽 조(早)			

344

3-3-1 艹 풀 초

央 가운데 앙	
秧 모 앙	성(冂)밖에 농부들은 논에다 큰대(大)자 깃발을 **가운데(央)** 꽂고, 고물 이앙기로 벼(禾)의 **모(秧)**를 심었는데, 모두 죽고(歹) **재앙(殃)**은 닥쳐오자, 풀(艹)을 뜯어 먹고 열매도 열지 않은 **꽃부리(英)**까지, 날(日)마다 해가 **비치면(映)** 따라 다니더라.
殃 재앙 앙	
英 꽃부리 영	
映 비칠 영	
右 오른 우	심마니 한일(一)씨가 삐딱이(丿) 서서 산신각 입구(口)를 둘러보니 **오른(右)**쪽, 풀(艹) 속에 산삼 **같은 약(若)**초가 있어, 신령께 고맙다 말씀(言)드린 후 **허락(諾)**을 받고 얼른 캐어 가더라.
若 같을 약	
諾 허락할 락	
草 풀 초	풀(艹)밭을 새벽(早)에 지나다 화려한 **풀(草)**꽃이 있어 임금께 진상하려나, 'ㅏ' 아 저리도 **높은(卓)** 절벽에 피어있으니 어쩐란 말이냐.
卓 높을 탁	

넷째마당 | 자연 관련 한자

壯 4급 士 7획	장사 **장** 씩씩할 **장** 壯士 장사 壯觀 장관	裝 4급 衣 13획	꾸밀 **장** 裝飾 장식 裝置 장치
뉘+선비 사(士)		장사 장(壯)+옷 의(衣)	
莊 3급 ⺿ 11획	별장 **장** 장엄할 **장** 別莊 별장 莊嚴 장엄	世 7급 一 5획	인간 **세** 대 **세** 世界 세계 世代 세대
풀 초(⺿)+장사 장(壯)		열 십(十)+十+十+두 이(二)	
葉 5급 ⺿ 13획	잎 **엽** 葉綠素 엽록소 落葉 낙엽	蝶 3급 虫 15획	나비 **접** 胡蝶 호접 蝶泳 접영
풀 초(⺿)+인간 세(世)+나무 목(木)		벌레 충(虫)+인간 세(世)+나무 목(木)	
麻 3급 麻 11획	삼 **마** 大麻草 대마초	拓 3급 扌 8획	박을 **탁** *넓힐 **척** 拓本 탁본 開拓 개척
삼 마(麻)		손 수(扌)+돌 석(石)	
磨 3급 石 16획	갈 **마** 研磨 연마 磨耗 마모		
삼 마(麻)+돌 석(石)			

壯 장사 장		
裝 꾸밀 장	'뉘'집 선비(士)가 힘이 **장사(壯)**인지, 옷(衣)은 멋있게 **꾸며(裝)** 입고, 풀(++)이 우거진 **별장(莊)** 주인 아들 같구나.	
莊 별장 장		
世 인간 세		
葉 잎 엽	열십(十)자 셋을 두 이(二)자로 예쁘게 이으니 삼십 년 **인간세(世)**라, 풀(++) 같은 인간세(世)는 나무(木)에 달린 **이파리(葉)**인가, 한낱 벌레(虫)에 지나지 않는 **나비(蝶)**인가.	
蝶 나비 접		
3-3-2	麻 삼 마	
拓 박을 탁	손(扌)으로 보석(石) 알을 잡고 반지에 **박으려니(拓)**, 커서 **삼마(麻)** 껍질에 보석을 감고 숫돌(石)에 **갈아(磨)**서 끼웠네.	
磨 갈 마		

> 넷째마당 | 자연 관련 한자

04

색상 관련 부수 연상한자

한자	뜻·음	용례
色 7급 色 6획	빛 색	月色 월색 秋色 추색
把 3급 扌 7획	잡을 파	把守兵 파수병 把握 파악

빛 색(色) / 손 수(扌)+뱀 파(巴)

| 肥
3급 月 8획 | 살찔 비 | 肥滿 비만
天高馬肥 천고마비 |

육달 월(月)+뱀 파(巴)

| 靑
8급 靑 8획 | 푸를 청 젊을 청 | 靑春 청춘
靑山別曲 청산별곡 |
| 淸
6급 氵 11획 | 맑을 청 | 淸風明月 청풍명월
淸算 청산 |

푸를 청(靑) / 물 수(氵)+푸를 청(靑)

| 靖
1급 靑 13획 | 편안할 정 | 肅靖門 숙정문(북대문) |
| 情
5급 忄 11획 | 뜻 정 | 感情 감정
表情 표정 |

설 립(立)+푸를 청(靑) / 마음 심(忄)+푸를 청(靑)

| 晴
3급 日 12획 | 맑을 청 갤 청 | 快晴 쾌청
晴朗 청랑 |
| 精
4급 米 14획 | 찧을 정 정할 정 | 精米所 정미소
精神 정신 |

해 일(日)+푸를 청(靑) / 쌀 미(米)+푸를 청(靑)

| 請
4급 言 15획 | 청할 청 | 請求書 청구서
提請 제청 |
| 靜
4급 靑 16획 | 조용할 정 고요할 정 | 靜物畵 정물화
安靜 안정 |

말씀 언(言)+푸를 청(靑) / 푸를 청(靑)+다툴 쟁(爭)

3-4-1	色 빛 색
把 잡을 파	손수(扌) 빛색(色)놈의 머리뿔(宀)을 뽑고 뱀(巴)을 **잡아(把)** 먹다 보니, 달(月)이 가고 몸은 **살찌기(肥)** 시작하더라.
肥 살찔 비	

3-4-2	青 푸를 청
淸 맑을 청	그대의 눈은 호수의 물(氵)처럼 푸르게(靑) **맑고(淸)**, 곁에 서 있는(立) 모습은 늘 **편안(靖)**하여, 내 마음(忄) 모든 **정(情)**을 당신에게 이미 다 주었소.
靖 편안할 정	
情 뜻 정	
晴 맑을 청	해(日)는 **맑고 청(晴)**명해, 풍년에 쌀(米)도 **찧어(精)** 떡 만들어, 먹어보라 말씀(言)을 **청(請)**하니, 걸인들은 다투지(爭) 않고 **조용히(靜)** 잘들 먹더라.
精 찧을 정	
請 청할 청	
靜 조용할 정	

넷째마당 | 자연 관련 한자

| 白 8급 白 5획 | 흰 **백**
 白沙場 백사장
 白日場 백일장 | 泊 3급 氵 8획 | 배댈 **박**
 머무를 **박**
 宿泊 숙박
 碇泊 정박 |

흰 백(白)　　　　　　　　　물 수(氵)+흰 백(白)

| 拍 4급 扌 8획 | 칠 **박**
 拍手 박수
 拍掌大笑 박장대소 | 迫 3급 辶 9획 | 닥칠 **박** 핍박할 **박**
 迫頭 박두
 迫害 박해 |

손 수(扌)+흰 백(白)　　　　　흰 백(白)+갈 착(辶)

| 綿 3급 糸 14획 | 솜 **면** 이어질 **면**
 綿絲 면사
 綿綿 면면 | 錦 3급 金 16획 | 비단 **금**
 錦衫 금삼
 錦衣還鄕 금의환향 |

실 사(糸)+비단 백(帛)　　　　쇠 금(金)+*비단 백(帛)

| 原 5급 厂 10획 | 근본 **원**
 原理原則 원리원칙
 原因 원인 | 源 4급 氵 13획 | 근원 **원**
 源泉 원천
 資源 자원 |

민엄호(厂)+흰 백(白)+작을 소(小)　　물 수(氵)+근본 원(原)

| 願 5급 頁 19획 | 원할 **원** 바랄 **원**
 所願 소원
 願書 원서 | 宿 5급 宀 11획 | 묵을 **숙**
 宿所 숙소
 下宿 하숙 |

근본 원(原)+머리 혈(頁)　　　집 면(宀)+사람 인(亻)+일백 백(百)

| 縮 4급 糸 17획 | 오그라들 **축**
 줄일 **축**
 縮小 축소
 壓縮 압축 | 碧 3급 石 14획 | 옥돌 **벽**
 푸를 **벽**
 碧梧桐 벽오동
 碧溪水 벽계수 |

실 사(糸)+묵을 숙(宿)　　　　구슬 옥(王)+흰 백(白)+돌 석(石)

| 習 6급 羽 11획 | 익힐 **습** 숙달할 **습**
 練習 연습
 實習 실습 | | |

날개 우(羽)+흰 백(白)

3-4-3　白 흰 백

泊 배댈 박
拍 칠 박
迫 닥칠 박

얼굴이 흰(白) 백 아무개라는 인기 가수가 하루를 물가(氵)에 **배를 대고(泊)** 묵어간다니, 팬들은 손(扌)에 손뼉을 **치며(拍)**, 집에 가지(辶)도 않고 숙소로 들이**닥쳐(迫)** 오더라.

綿 솜 면
錦 비단 금
原 근본 원
源 근원 원
願 원할 원

실(糸)로 짠 흰(白) 수건(巾)은 면화 **솜(綿)**으로 만듦을 알지만, 쇠(金)를 **비단(錦)**처럼 도금하는 비법의, **근본 원(原)**리는 몰랐다가 민엄호(厂)네 희고(白) 작은(小), 물(氵) 같은 도금액이 **근원(源)**지라는 것을, 똑똑한 내 머리(頁)가 **원해서(願)** 찾아냈지.

*비단 백(帛) = 흰 백(白) + 수건 건(巾)

宿 묵을 숙
縮 오그라들 축
碧 옥돌 벽
習 익힐 습

잘나가던 친구 집(宀)에 사람(亻) 일백(百) 명이 놀고먹고 **묵으니(宿)**, 실(糸)이 꼬이듯 살림이 **오그라들어(縮)** 망하자, 친구는 찜질방에서 옥(王) 같은 흰(白) 돌(石)의 **옥돌(碧)** 베개를 베고, 날개(羽) 꺾인 새 모양 흰(白) 옷을 빌려 입고 잠자는데 익히 **숙달(習)**되었더라.

| 넷째마당 | 자연 관련 한자 |

| 黑 5급 黑 12획 | 검을 **흑**
 暗黑 암흑
 黑白 흑백 | 墨 3급 土 15획 | 먹 **묵**
 墨筆 묵필
 墨畵 묵화 |

검을 흑(黑) | 검을 흑(黑)+흙 토(土)

| 點 4급 黑 17획 | 점 **점**
 點數 점수
 點檢 점검 | 默 3급Ⅱ 黑 16획 | 묵묵할 **묵** 말없을 **묵**
 默言 묵언
 沈默 침묵 |

검을 흑(黑)+점칠 점(占) | 검을 흑(黑)+개 견(犬)

| 赤 5급 赤 7획 | 붉을 **적**
 赤色 적색
 赤字 적자 | 亦 3급 亠 6획 | 또 **역**
 亦是 역시
 亦是 역시 |

붉을 적(赤) | 붉을 적(赤)-한 일(一)

| 跡 3급 足 13획 | 자취 **적**
 追跡 추적
 潛跡 잠적 | | |

발 족(足)+또 역(亦)

| 玄 3급 玄 5획 | 검을 **현**
 玄米 현미
 玄關 현관 | 玆 3급 玄 10획 | 이 **자** (이에, 지금)
 검을 **자**
 玆山魚譜 자산어보
 (정약전의 저서) |

검을 현(玄) | 검을 현(玄)+玄

| 磁 2급 石 14획 | 자석 **자**
 磁石 자석
 磁性 자성 | 慈 3급 心 13획 | 사랑할 **자**
 慈愛 자애
 慈善 자선 |

돌 석(石)+이 자(玆) | 이 자(玆)+마음 심(心)

| 誇 3급 言 13획 | 자랑할 **과**
 誇大妄想 과대망상
 誇示 과시 | | |

말씀 언(言)+큰 대(大)+한 일(一)+공교할 교(丂)

3-4-4 黑 검을 흑

墨 먹 묵
點 점 점
默 묵묵할 묵

검은(黑) 흙(土)으로 먹(墨)을 만들어 쓴 먹글씨에, 점친(占) 괘가 점점(點약点) 불길하게 나오면, 검둥(黑) 개(犬)는 죽을까 묵묵(默)히 눈만 껌뻑이더라.

3-4-5 赤 붉을 적

亦 또 역
跡 자취 적

도둑놈 호적에 붉은 적(赤)선 긋고 석방하니, 붉을적 글자에 일자(一)를 또 역(亦)시 훔쳐가, 그놈 발(足)자취(跡)를 따라가 잡아왔네.

3-4-6 玄 검을 현

兹 이 자
磁 자석 자
慈 사랑할 자
誇 자랑할 과

검게(玄) 생긴 두 녀석 이 자(兹)식들은, 맨날 밀고 당기는 돌(石) 같은 자석(磁)이지만, 마음(心)만은 서로 사랑하는 자(慈)식이다라고, 말(言)을 큰대(大)자로 크게 한번(一) 외치다 공교롭게(丂)도 자랑(誇)을 했네.

넷째마당 | 자연 관련 한자

05

산천 관련 부수 연상한자

山 8급 山 3획	뫼 **산** 山水畵 산수화 山紫水明 산자수명	岳 3급 丘 8획	큰산 **악** 岳友 악우 山岳地方 산악지방
뫼 산(山)		언덕 구(丘)+뫼 산(山)	
枝 3급 木 8획	가지 **지** 枝葉 지엽 竹枝 죽지	逢 3급 辶 11획	만날 **봉** 相逢 상봉 逢遇 봉우
나무 목(木)+지탱할 지(支)		서서히(夂)+예쁠 봉(丰)+갈 착(辶)	
蜂 3급 虫 13획	벌 **봉** 蜂起 봉기 (벌 떼처럼 일어남) 蜜蜂 밀봉	峯 3급 山 10획	봉우리 **봉** 靈峯 영봉 高峯峻嶺 고봉준령
벌레 충(虫)+서서히(夂)+예쁠 봉(丰)		뫼 산(山)+서서히(夂)+예쁠 봉(丰)	
岩 특급 山 8획	바위 **암** 岩盤 암반 岩石 암석	岸 3급 山 8획	언덕 **안** 낭떠러지 **안** 海岸 해안 岸壁 안벽
뫼 산(山)+돌 석(石)		뫼 산(山)+민엄호(厂)+방패 간(干)	
出 7급 凵 5획	날 **출** 出生 출생 出發 출발	拙 3급 扌 8획	못난 **졸** 옹졸할 **졸** 拙丈夫 졸장부 拙速工事 졸속공사
뫼 산(山)+山		손 수(扌)+날 출(出)	
屈 4급 尸 8획	굽을 **굴** 강할 **굴** 屈伏 굴복 屈指 굴지	掘 2급 扌 11획	팔 **굴** 盜掘 도굴 掘鑿 굴착
지붕 시(尸)+날 출(出)		손 수(扌)+굽을 굴(屈)	

3-5-1 山 뫼 산

岳 큰산 악
枝 가지 지
逢 만날 봉
蜂 벌 봉
峯 봉우리 봉
岩 바위 암
岸 언덕 안

언덕(丘)을 지나 산(山)이 높은 **큰 산(岳)**을 오르며, 나무(木)를 지탱(支)하던 **가지(枝)**를 주워 지팡이 삼아, 서서히(夊) 예쁜 봉(丰)우리 끝봉(夆)을 올라가니(辶) **만날봉(逢)**이라는 표지석에는, 애벌레(虫)에서 깬 **벌(蜂)**들이 날고, 산(山) **봉우리(峯**동峰**)**들이, 험한 바윗돌(石)로 이어진 **바위(岩**동巖**)** 능선을 넘어서니, 낮은 산(山)은 민엄호(厂)씨 집을 방패(干)처럼 가려주고 **언덕(岸)**에는 어느새 봄이 왔구나.

出 날 출
拙 못난 졸
屈 굽을 굴
掘 팔 굴

산(山) 위에 산(山)으로 높이 **날아(出)** 새 출발 하니, 손(扌)을 벌려 구걸하던 **못난 졸(拙)**의 동료와, 낮은 지붕(尸)에 **구불구불(屈)**한 토굴을, 손수(扌) **파며(掘)** 살던 내가 한심했구나.

넷째마당 | 자연 관련 한자

谷 3급 谷 7획	골짜기 곡 골 곡	深山幽谷 심산유곡 進退維谷 진퇴유곡
欲 3급 欠 11획	하고자할 욕 바랄 욕	欲求 욕구 欲念 욕념

골짜기 곡(谷)+하품 흠(欠)

慾 3급 心 15획	욕심 욕 탐낼 욕	慾求 욕구 慾望 욕망
沐 2급 氵 7획	머리감을 목	沐浴 목욕 沐間桶 목간통

하고자할 욕(欲)+마음 심(心)   물 수(氵)+나무 목(木)

浴 5급 氵 10획	목욕할 욕	沐浴 목욕 半身浴 반신욕
裕 3급 衤 12획	넉넉할 유 너그러울 유	餘裕 여유 裕福 유복

물 수(氵)+골짜기 곡(谷)   옷 의(衤)+골짜기 곡(谷)

俗 4급 亻 9획	풍속 속 속될 속	民俗 민속 俗談 속담

사람 인(亻)+골짜기 곡(谷)

穴 3급 穴 5획	구멍 혈	風穴 풍혈 經穴 경혈
究 4급 穴 7획	연구할 구	探究 탐구 研究 연구

구멍 혈(穴)   구멍 혈(穴)+아홉 구(九)

窓 6급 穴 11획	창 창	窓門 창문 窓戶紙 창호지
窮 4급 穴 15획	궁할 궁	貧窮 빈궁 窮色 궁색

구멍 혈(穴)+사사 사(厶)+마음 심(心)   구멍 혈(穴)+몸 신(身)+활 궁(弓)

邊 4급 辶 19획	가 변	邊方 변방 江邊 강변

스스로 자(自)+구멍 혈(穴)+사방 방(方)+갈 착(辶)

3-5-2 谷 골짜기 곡, 골 곡

欲 하고자할 욕
慾 욕심 욕
沐 머리감을 목
浴 목욕할 욕
裕 넉넉할 유
俗 풍속 속

낙향해서 골짜기 **계곡(谷)**에 살며, 졸리면 하품(欠)하고 **하고자 할 욕(欲)**동慾)망과, 마음(心)에는 **욕심(慾)**도 없어, 그저 물(氵)가 나무(木) 그늘에서 **머리 감고(沐) 목욕(浴)**이나 하며, 옷(衤)은 낡아도 **넉넉(裕)**하고 여유롭게, 사는 것이 이곳 사람(亻)들의 **풍속(俗)**이다.

3-5-3 穴 구멍 혈

究 연구할 구
窓 창 창
窮 궁할 궁
邊 가 변

구멍(穴)에서 구(九)년을 활에 관한 **연구(究)**를 하던 한량이, 사사사(厶)한 마음(心)에 **창(窓)**문을 여니, 몸(身)과 활(弓)은 거덜 나고 돈은 **궁한(窮)**지라, 스스로(自) 구멍(穴)을 나와 사방(方)을 둘러봐도 갈(辶) 곳이 없어 강 **가(邊)**로 산책을 나서더라.

넷째마당 | 자연 관련 한자

川《	내 **천**
7급 川 3획	山川草木 산천초목 淸溪川 청계천

내 천(川,《)

災	재앙 **재**
5급 火 7획	水災 수재 天災地變 천재지변

내 천(《)+불 화(火)

巡	돌 **순**
3급 《 7획	巡禮 순례 巡察 순찰

내 천(《)+갈 착(辶)

經	날 **경** 지날 **경** 경서 **경**
4급 糸 13획	經過 경과 牛耳讀經 우이독경

실 사(糸)+지하수 경(巠)

輕	가벼울 **경** 경할 **경**
5급 車 14획	輕量級 경량급 輕油 경유

수레 차(車)+지하수 경(巠)

惱	번뇌할 **뇌** 괴로워할 **뇌**
3급 忄 12획	煩惱 번뇌 苦惱 고뇌

마음 심(忄)+내 천(《)+정수리 신(囟)

腦	머리 **뇌** 뇌 **뇌**
3급 月 13획	頭腦 두뇌 腦裏 뇌리

육달 월(月)+내 천(《)+정수리 신(囟)

聰	귀밝을 **총**
3급 耳 17획	聰氣 총기 聰明 총명

귀이耳+바쁠 총(悤)+마음 심(心)

總	거느릴 **총** 다 **총**
4급 糸 17획	國務總理 국무총리 總務 총무

실 사(糸)+바쁠 총(悤)+마음 심(心)

訓	가르칠 **훈**
6급 言 10획	訓話 훈화 訓示 훈시

말씀 언(言)+내 천(川)

順	따를 **순** 순할 **순**
5급 頁 12획	順從 순종 應千順人 응천순인

내 천(川)+머리 혈(頁)

州	고을 **주**
5급 川 6획	全州 전주 光州 광주

내 천(川)+불똥 주(丶)+丶+丶

洲	섬 **주**
3급 氵 9획	三角洲 삼각주 五大洲 오대주

물 수(氵)+고을 주(州)

연상한자 1800

| 3-5-4 | 川(巛) 내 천 |

災
재앙 재

巡
돌 순

經
날 경

輕
가벼울 경

내(巛)가 말라 들불(火)에 엄청난 **재앙(災)**이 수시로 일어나, 냇가(巛)로 가서(辶) **돌아보고 순(巡)**찰을 하고, 한일(一)자 파이프를 냇가(巛) 바닥에 박고 장인공(工)씨에게 지하수(巠)를, 실(糸)을 **날줄(經)**과 씨줄로 촘촘히 짠 호스로 뽑아서, 수레(車)가 **가벼운 경(輕)**차에 담아 놓고 대기하라 했네.

惱
번뇌할 뇌

腦
머리 뇌

聰
귀밝을 총

總
거느릴 총

마음(忄)속 생각은 냇가(巛)로 가서 정수리(囟)를 푹 담그면 **번뇌(惱)**가 사라질까, 달(月)덩이 같이 둥근 **뇌(腦)**는 좋아질까, 귀(耳)는 너무도 바삐 총총(囪)히 어두워지는데 마음(心)만은 **귀라도 밝(聰)**았으면, 실(糸)처럼 늘어지게 졸개들을 **거느리며(總)** 총수나 다시 해볼 터인데.

訓
가르칠 훈

順
따를 순

망아지를 냇가(川)로 데려와 물을 먹이려고 말(言)로 **가르쳤으나(訓)**, 그놈의 머리(頁)가 **따르지(順)** 않아 매질을 했네.

州
고을 주

洲
섬 주

냇가(川)에 내려가서 보면 점점점이 **고을(州)**처럼 보이기도 하고, 큰 물가(氵)에서 바라보면 **섬(洲)**같이 보이더라.

> 넷째마당 | 자연 관련 한자

冂 0급 冂 2획	성 경 멀 경	周 4급 口 8획	두루 주 周知 주지 用意周到 용의주도
성 경(冂)		성 경(冂)+길할 길(吉)	

調 5급 言 15획	고를 조 조사할 조 調律 조율 調節器 조절기	週 5급 辶 12획	돌 주 주일 주 週末 주말 週期的 주기적
말씀 언(言)+두루 주(周)		두루 주(周)+갈 착(辶)	

再 5급 冂 6획	거듭 재 再次 재차 再建 재건	講 4급 言 17획	강의할 강 익힐 강 講義 강의 講習 강습
한 일(一)+성 경(冂)+흙 토(土)		말씀 언(言)+우물 정(井)+거듭 재(再)	

構 4급 木 14획	얽을 구 맺을 구 構造物 구조물 構內食堂 구내식당	冊 4급 冂 5획	책 책 空冊 공책 冊房 책방
나무 목(木)+우물 정(井)+거듭 재(再)		성 경(冂)+스물 입(卄)	

商 5급 口 11획	장사 상 商業 상업 開城商人 개성상인	嫡 1급 女 14획	본마누라 적 정실 적 嫡子 적자 嫡妻 적처
여섯 육(六)+성 경(冂)+어진 인(儿)+입 구(口)		여자 여(女)+*밑동 적(商)	

滴 3급 氵 14획	물방울 적 硯滴 연적	敵 4급 攵 15획	원수 적 대적할 적 敵軍 적군 敵愾心 적개심
물 수(氵)+밑동 적(商)		밑동 적(商)+칠 복(攵)	

摘 3급 扌 14획	들추어낼 적 딸 적 指摘 지적 摘出 적출	適 4급 辶 15획	맞을 적 適材適所 적재적소 適切 적절
손 수(扌)+밑동 적(商)		밑동 적(商)+갈 착(辶)	

3-5-5　冂 성 경, 멀 경

周 두루 주	
調 고를 조	성(冂)으로 통하는 이 길은 길하다(吉)고 두루 **두루(周)** 소문이 나, 말(言)도 공손히 하는 예쁜 색싯감을 **고르기(調)** 위해서는 꼭 이 길로, 가야(辶) 한다며 부모들은 우리집 앞을 **돌아(週)**서 가더라.
週 돌 주	

再 거듭 재	
講 강의할 강	정조 대왕은 단번(一)에 튼튼한 성(冂)을 쌓으려면 흙(土)을 **거듭 재(再)**차 다지고 다지라, 말씀(言)하시며 우물(井)물 마시다 또 거듭 재(再)차 **강의(講)**하고, 나무(木)를 **얽으시는(構)** 시범도 보이며, 성(冂)의 설계도 스무(卄) 권을 **책(冊)**으로 엮어 유네스코에 등록하셨네.
構 얽을 구	
冊 책 책	

商 장사 상	
嫡 본마누라 적	육자성(六冂) 밖에 어진인(儿) 이라 입(口)에 침만 바르는 **장사(商)**꾼과, 웬 여자(女)가 육자성(六冂)에서 오래(古) 전부터 소문이 있었는데 바로 내 **본 마누라(嫡)**였네, 어느 때는 물(氵)**방울(滴)**이 떨어지는 연적으로, 나를 때리며 (攵) **원수(敵)** 대하듯 하고, 손수(扌) 내 보따릴 **들치고(摘)** 일당을 빼앗아, 백화점에 가서(辶) 몸에 잘 **맞는(適)** 비싼 옷도 사 입었더라.
滴 물방울 적	
敵 원수 적	
摘 들추어낼 적	
適 맞을 적	

*밑동 적(商) = 여섯 육(六) + 성 경(冂) + 어진 인(儿) + 오랠 고(古)

넷째마당 | 자연 관련 한자

한자	훈음	한자	훈음
里 7급 里 7획	마을 **리** / 里長 이장, 十里浦口 십리포구	理 6급 玉 11획	다스릴 **리**, 깨달을 **리** / 物理 물리, 理解 이해
마을 리(里)		구슬 옥(玉)+마을 리(里)	
埋 3급 土 10획	묻을 **매**, 감출 **매** / 埋沒 매몰, 埋伏 매복		
흙 토(土)+마을 리(里)			
阜 2급 阜 8획	언덕 **부** / 좌부변(阝)의 원형	追 3급 辶 10획	쫓을 **추**, 따를 **추** / 追擊 추격, 追窮 추궁
언덕 부(阜, 阝)		언덕 부(阜)-열 십(十)+갈 착(辶)	
帥 3급 巾 9획	장수 **수** / 將帥 장수, 統帥權 통수권	師 4급 巾 10획	스승 **사**, 군사 **사** / 師父 사부, 師團 사단
언덕 부(阜)-열 십(十)+수건 건(巾)		장수 수(帥)+한 일(一)	
陷 3급 阝 11획	빠질 **함** / 謀陷 모함, 陷穽 함정	逐 3급 辶 11획	쫓을 **축** / 逐出 축출, 驅逐艦 구축함
언덕 부(阝)+뿔난 인(⺈)+절구 구(臼)		돼지 시(豕)+갈 착(辶)	
遂 3급 辶 13획	이룰 **수**, 드디어 **수** / 遂行 수행, 完遂 완수	隊 4급 阝 12획	무리 **대**, 군대 **대** / 隊商 대상, 軍隊 군대
여덟 팔(八)+돼지 시(豕)+갈 착(辶)		언덕 부(阝)+여덟 팔(八)+돼지 시(豕)	

3-5-6 里 마을 리

理 다스릴 리
埋 묻을 매

옥구슬(王)의 보석이 많은 마을(里)을 편안히 **다스려(理)** 나가려면, 산적들을 모두 잡아다 땅(土)속에 **묻어야(埋)** 한다.

3-5-7 阜(阝 좌부변) 언덕 부

追 쫓을 추
帥 장수 수
師 스승 사

언덕(阜)에 십자가를 멍 첨지가 뜯어 가자(辶) **쫓아(追)**가, 수건(巾)으로 목을 묶어온 **장수(帥)**가 일(一)자 철봉에 매달며, **스승(師)**에게 오늘이 말복이라네.

陷 빠질 함
逐 쫓을 축
遂 이를 수
隊 무리 대

언덕(阝)에 사는 뿔난인(⺈)이 절구(臼)에 **빠진(陷)**, 새끼 돼지(豕)를 꺼내 놓고 쫓아 가고(辶) **쫓아(逐)**가, 여덟(八) 마리가 사는 굴에 **드디어 이르러(遂)**, 언덕(阝)으로 몰아 **무리(隊)**로 잡아,

넷째마당 | 자연 관련 한자

益 4급 皿 10획	이로울 **익** 더할 **익** 利益 이익 益母草 익모초	訪 4급 言 11획	찾을 **방** 訪問客 방문객 探訪 탐방
팔하나 팔(八一八)+그릇 명(皿)		말씀 언(言)+사방 방(方)	
防 3급 阝 7획	막을 **방** 防禦 방어 防空 방공	降 4급 阝 9획	내릴 **강** 下降 하강 昇降機 승강기
언덕 부(阝)+사방 방(方)		언덕 부(阝)+어그러질 천(舛)	
陵 3급 阝 11획	언덕 **릉** 王陵 왕릉 江陵 강릉	陸 5급 阝 11획	뭍 **육** 陸地 육지 陸軍 육군
언덕 부(阝)+흙 토(土)+어진 인(儿)+서서히 쇠(夊)		언덕 부(阝)+흙 토(土)+어진 인(儿)+흙 토(土)	
睦 3급 目 13획	화목할 **목** 親睦 친목 和睦 화목	陶 3급 阝 11획	질그릇 **도** 陶磁器 도자기 陶窯 도요
눈 목(目)+흙 토(土)+어진 인(儿)+흙 토(土)		언덕 부(阝)+쌀 포(勹)+장군 부(缶)	
墮 3급 土 15획	떨어질 **타** 빠질 **타** 墮落 타락 墮罪 타죄(죄에 빠짐)	隨 3급 阝 16획	따를 **수** 맡길 **수** 隨行 수행 隨筆 수필
수나라 수(隋)+흙 토(土)		*수나라 수(隋)+갈 착(辶)	
鄕 4급 阝 13획	시골 **향** 고향 **향** 故鄕 고향 鄕校 향교	響 3급 音 22획	울릴 **향** 소리 **향** 音響 음향 反響 반향
시골 향(乡)+곧 즉(卽)		시골 향(鄕)+소리 음(音)	

연상한자 1800

益 이로울 익

팔하나팔(八一八) 팔팔하게 그릇(皿)에 삶아서 두고두고 먹으니 몸에 무척이나 **이롭더라(益)**.

訪 찾을 방

防 막을 방

降 내릴 강

말(言)로는 사방(方)천지 **찾아(訪)**가 불로초라며, 우리 동네 언덕(阝) 위 노인정까지 사기 치는 자들을 **막을 방(防)** 법이 없어, 비싼 돈에 구매한 노인들은 어그러질천(舛) 거꾸러지며 언덕(阝)길을 **내려(降)**오더라.

陵 언덕 릉

陸 뭍 육

睦 화목할 목

陶 질그릇 도

언덕(阝) 옆 토(土)방 아래 사는 어진인(儿)씨가 서서히 (夂) **언덕(陵)**에 오르며 내게 말하길, 발에 흙(土)을 묻히고 **뭍(陸)**에서 도굴하며 살다, 지금은 식구들과 눈(目)을 맞추고 **화목(睦)**하게 사는 것은, 언덕(阝)에 있는 고총을 도굴해서 싸(勹)온 장군(缶)이 **질그릇(陶)**이 아닌 비싼 고려자기 덕이라 하더라.

墮 떨어질 타

隨 따를 수

앞서가던 친구가 언덕(阝) 왼(左)쪽에 뜬 달(月)을 보다가 땅(土)구덩이에 **떨어져(墮)** 다치니, 무심히 가며(辶) **따르던(隨)** 나는 정신이 번쩍 들었네.

*수나라 수(隋) = 언덕 부(阝) + 왼 좌(左) + 달 월(月)

鄕 시골 향

響 소리 향

시골(乡)을 떠나왔더니 이내 곧(卽) **시골(鄕)** 고향이 그리워지고, 자나 깨나 외할머니의 소리(音)가 귀에 **울리는(響)** 듯하구나.

| 넷째마당 | 자연 관련 한자 |

| 方
7급 方 4획 | 사방 **방** 모 **방**
四方八方 사방팔방
八方美人 팔방미인 | 房
4급 戶 8획 | 방 **방**
文房四友 문방사우
監房 감방 |

사방 방(方) | 지게문 호(戶)+사방 방(方)

| 芳
3급 ++ 8획 | 꽃다울 **방**
芳名錄 방명록
芳年 방년 | 族
6급 方 11획 | 겨레 **족**
同族 동족
民族 민족 |

풀 초(++)+사방 방(方) | 사방 방(方)+누운 인(⌐)+화살 시(矢)

| 旗
7급 方 14획 | 깃발 **기**
太極旗 태극기
國旗 국기 | 旅
5급 方 10획 | 군사 **려** 나그네 **려**
旅團 여단
旅券 여권 |

사방 방(方)+누운 인(⌐)+그 기(其) | 사방 방(方)+누운 인(⌐)+씨 씨(氏)

| 旋
3급 方 11획 | 돌 **선**
旋回 선회
凱旋 개선 | 施
4급 方 9획 | 베풀 **시**
施設物 시설물
報施 보시 |

사방 방(方)+누운 인(⌐)+필 필(疋) | 사방 방(方)+누운 인(⌐)+어찌 야(也)

| 激
4급 氵 16획 | 격할 **격**
부딪칠 **격**
激烈 격렬
激勵 격려 | 放
6급 攵 8획 | 놓을 **방**
내칠 **방**
放心 방심
訓放 훈방 |

물수(氵)+흰백(白)+사방 방(方)+칠 복(攵) | 사방 방(方)+칠 복(攵)

| 倣
3급 亻 10획 | 모방할 **방** 본뜰 **방**
模倣 모방 | 遊
4급 辶 13획 | 놀 **유**
遊興 유흥
周遊天下 주유천하 |

사람 인(亻)+놓을 방(放) | 사방 방(方)+누운 인(⌐)+아들 자(子)+갈 착(辶)

| 傍
3급 亻 12획 | 곁 **방**
傍觀者 방관자
傍聽客 방청객 | 謗
1급 言 17획 | 헐뜯을 **방**
誹謗 비방
毁謗 훼방 |

사람 인(亻)+*두루 방(旁) | 말씀 언(言)+두루 방(旁)

| 3-5-8 | **方** 사방 **방**, 모 **방** |

房 방 방
芳 꽃다울 방

지게문(戶)과 사방(方)으로 방(房)문을 활짝 여니, 어느덧 풀(艹)은 자라 꽃다운 방(芳)초 향기 날아드네.

族 겨레 족
旗 깃발 기
旅 군사 려
旋 돌 선
施 베풀 시

북쪽 방(方)향에서 누운인(丿)은 화살시(矢) 글자가 들어간 겨레족(族)이란 문양이 있는, 그(其) 깃발(旗)을 들고, 같은 성씨(氏)의 군사(旅모양주의)들과, 여러 필(疋)의 옷감을 전리품으로 가지고 개선하여 돌아(旋)오니, 어찌야(也) 잔치를 베풀지(施) 않으리.

激 격할 격
放 놓을 방
倣 본뜰 방
遊 놀 유

물(氵)에는 흰(白) 포말이 사방(方)에서 파도를 치며(攵) 격(激)하게 일고, 사방(方)에서 비바람 몰아쳐(攵) 잡은 고기를 놓아(放) 방생하니, 사람(亻)들은 나를 본떠(倣)서 따라 하는데, 방향(方)을 헤매던 누운인(丿)과 그 아들(子)은 먼 바다로 나가(辶) 놀며 유(遊)람하다 조난을 당했네.

傍 곁 방
謗 헐뜯을 방

임금(帝)은 지가 쓰던 수건(巾)을 사방(方)에다 두루(旁) 나눠주며 쓰라 하니, 사람(亻)이 곁(傍)에서 보고, 이 말(言)을 헐뜯고(謗) 비방하면 귀양을 보냈네.

*두루 방(旁) = 임금 제(帝) - 수건 건(巾) + 사방 방(方)

기타 연상한자

다섯째마당 | 기타 한자

한자	훈음	한자	훈음
秩 3급 禾 10획	차례 질 秩序 질서	捉 3급 扌 10획	잡을 착 捕捉 포착
벼 화(禾)+잃을 실(失)		손 수(扌)+발 족(足)	
是 4급 日 9획	옳을 시 是是非非 시시비비 必是 필시	定 6급 宀 8획	정할 정 定着 정착 定足數 정족수
가로 왈(日)+아래 하(下)+사람 인(人)		갓머리(宀)+아래 하(下)+사람 인(人)	
貿 3급 貝 12획	무역할 무 바꿀 무 貿易 무역 貿易風 무역풍	留 4급 田 10획	머무를 류 留念 유념 留學 유학
그냥 외우기		무역할 무(貿)-돈 패(貝)+밭 전(田)	
榴 특급 木 14획	석류나무 류 石榴 석류	卷 4급 㔾 8획	책 권 말을 권 卷頭言 권두언 卷甲 권갑 (갑옷을 말다)
나무 목(木)+머무를 류(留)		팔십이(八二)+사람 인(人)+무릎마디 절(㔾)	
拳 3급 手 10획	주먹 권 跆拳道 태권도 拳銃 권총	券 4급 刀 8획	문서 권 證券 증권 旅券 여권
팔십이(八二)+사람 인(人)+손 수(手)		팔십이(八二)+사람 인(人)+칼 도(刀)	
勝 6급 力 12획	이길 승 乘勝長驅 승승장구 百戰百勝 백전백승	騰 3급 馬 20획	오를 등 騰落 등락 暴騰 폭등
달 월(月)+팔십이(八二)+사람 인(人)+힘 력(力)		달 월(月)+팔십이(八二)+사람 인(人)+말 마(馬)	

4-1 기타

秩 차례 질
捉 잡을 착
是 옳을 시
定 정할 정

야구장에서 벼화(禾) 녀석이 좌석표를 잃고(失) **질서(秩)**를 무시하며 로얄석에 앉자, 손(扌)과 발(足)을 **잡아(捉)** 당기며, 날(日)이 창창한데 저급한 하인(下人)처럼 굴지 말고 **옳게(是)** 살라며, 갓(宀) 쓴 양반은 하인(下人) 같은 녀석에게 일반석 자리를 **정해(定)**주더라.

貿 무역할 무
留 머물를 류
榴 석류나무 류

무역할 무(貿)자는 무역하다 외웠으니, 무역하던 돈(貝)을 빼내 시골에 밭(田)을 사서 그곳에 **머물며(留)**, 나무(木) 열매가 향기로운 **석류나무(榴)**나 키우고 살아야겠다.

卷 책 권
拳 주먹 권
券 문서 권
勝 이길 승
騰 오를 등

팔십이(八二) 명의 사람(人)이 무릎(巳)을 꿇고 **책(卷)**을 읽는데, 도둑이 손(手)을 움켜쥔 **주먹(拳)**으로 때리고, 칼(力)로 **문서(券)**를 잘라 가려해, 달(月)밤에 떼로 덤벼 힘(力)으로 **이기니(勝)**, 그자는 말(馬) 먹일 당근 값이 많이 **올라(騰)** 그랬다더라.

다섯째마당 | 기타 한자

垂 3급 土 8획	드리울 수 垂直 수직 率先垂範 솔선수범		郵 4급 阝 11획	우편 우 역참 우 郵遞局 우체국 郵票 우표

북방 임(壬)+쯔 　　　　　　　드리울 수(垂)+고을 읍(阝)

唾 1급 口 11획	침 타 唾具 타구 唾器 타기		睡 3급 目 13획	잘 수 졸음 수 睡眠不足 수면부족 午睡 오수

입 구(口)+드리울 수(垂) 　　　　　눈 목(目)+드리울 수(垂)

之 3급 丿 4획	갈 지 쓸 지 之東之西 지동지서* 塞翁之馬 새옹지마*		乏 1급 丿 5획	궁핍할 핍 모자랄 핍 窮乏 궁핍 乏錢 핍전

z+불똥 주(丶) 　　　　　　　삐침(丿)+갈 지(之)

芝 특급 ++ 8획	영지 지 지초 지 芝草 지초 靈芝 영지		昌 3급 日 8획	창성할 창 昌盛 창성 昌原市 창원시

풀 초(++)+갈 지(之) 　　　　　　날 일(日)+日

菖 1급 ++ 12획	창포 창 菖蒲 창포 菖蒲酒 창포주		唱 5급 口 11획	노래 창 부를 창 唱歌 창가 提唱 제창

풀 초(++)+창성할 창(昌) 　　　　　입 구(口)+창성할 창(昌)

垂 드리울 수	
郵 우편 우	북방임(壬)이 'ㅍ'씨에게 고백할 연애편지를 오래도록 가슴에 **드리우고(垂)** 잠 못 이루더니, 고을(阝) **우편국(郵)**에 가서, 입(口)에 **침(唾)**을 등기우표에 발라 편지를 부치고, 집에 돌아와 눈(目)을 감고 편히 잠을 **자더라(睡)**.
唾 침 타	
睡 잘 수	
之 갈 지	알파벳의 마지막 지(z)가 어두워지자 불똥(丶)을 켜고 **가다가(之)**, 삐침하게(丿) 자란 나뭇가지에 머리를 다치니 **궁핍(乏)**한 녀석은, 풀초(艹)의 **영지(芝)**를 찧어 바르고, 날일(日) 날일(日)이 밝아 빛이 **창성(昌)**하니, 풀초머리(艹)를 **창포(菖)**에 감고서 다 나았다며, 입(口)을 크게 벌려 **창가(唱)**를 하더라.
乏 궁핍할 핍	
芝 영지 지	
昌 창성할 창	
菖 창포 창	***지동지서** : 동쪽을 가리켰다가 다시 서쪽을 가리킨다는 뜻으로, 말하는 요지(要旨)도 모르고 엉뚱한 소리를 함. ***새옹지마** : 변방(邊方)에 사는 노인(老人)의 말(馬)이라는 뜻으로, 인생의 길흉화복은 변화가 많아서 예측이 어렵다는 말.
唱 노래 창	

다섯째마당 | 기타 한자

한자	훈음	용례
學 8급 子 16획	배울 학 / 학문 학	學生 학생 初等學校 초등학교
覺 4급 見 20획	깨달을 각 / *깰 교	先覺者 선각자 夢覺 몽교

그냥 외우기 | 臼+爻+덮을 멱(冖)+볼 견(見)

| **興** 4급 臼 16획 | 일어날 흥 / 흥겨울 흥 | 興亡 흥망
興奮 흥분 |
| **輿** 3급 車 17획 | 수레 여 / 많을 여 | 喪輿 상여
輿論調査 여론조사 |

臼+한가지 동(同)+(一八) | 臼+수레 거(車)+(一八)

| **與** 4급 臼 14획 | 같이할 여 / 줄 여 | 與黨 여당
授與 수여 |
| **擧** 5급 手 18획 | 들 거 | 擧手 거수
選擧 선거 |

臼+与+(一八) | 같이할 여(與)+손 수(手)

| **譽** 3급 言 21획 | 명예 예 / 기릴 예 | 名譽 명예
榮譽 영예 |

같이할 여(與)+말씀 언(言)

學 배울 학	이정도 한자를 공부하니 **배울학(學**약학)자는 저절로 알게 되고, 또 절구통(𦥑) 같은 머리 안에 뇌(爻)와 허리(冖)와 발(子)로 분해하여 볼(見) 줄 아는 나는 이제 모든 글자를 **깨달(覺)**았고, 뇌를 한가지동(同)자로, 허리와 발을 일팔자(一八)자로 고치자 재산은 불같이 **일어나 흥(興)**하니, 뇌리에는 비싼 수레(車)를 사고픈 생각에 자나 깨나 수레여 **수레여(輿)** 하네.
覺 깨달을 각	
興 일어날 흥	
輿 수레 여	
與 같이할 여	절구통(𦥑) 같은 머리에 돌 같은 뇌(丨)가 자리에 앉더니 공부를 **같이할 여(與)**자분 계시면, 발 아니 손(手)을 **드시오(擧)** 하자, 이 책으로 공부한 여자분 말씀(言)이 나는 이미 한자 박사란 **명예(譽)**를 얻었으니 그럴 필요 없다 하더라.
擧 들 거	
譽 명예 예	

다섯째마당 | 기타 한자

본문에서 다루지 않는 한자

兼 3급 八 10획	겸할 겸 兼備 겸비 兼職 겸직	壞 3급 土 19획	무너질 괴 파괴할 괴 壞滅 괴멸 破壞 파괴
敎 8급 攵 11획	가르칠 교 敎育 교육 宗敎 종교	闕 3급 厂 12획	대궐 궐 그궐 빠질 궐 大闕 대궐 補闕選擧 보궐선거
棄 3급 木 12획	버릴 기 抛棄 포기 廢棄 폐기	年 8급 干 6획	해 년 年末年始 연말연시 學年 학년
段 4급 殳 9획	구분 단 층계 단 段階 단계 手段 수단	獵 3급 犭 18획	사냥 렵 狩獵 수렵 密獵 밀렵
事 7급 亅 8획	일 사 食事 식사 世上萬事 세상만사	蛇 3급 虫 11획	뱀 사 龍頭蛇尾 용두사미 長蛇陣 장사진
歲 5급 止 13획	해 세 萬世 만세 年歲 연세	獸 3급 犬 19획	짐승 수 禽獸 금수 野獸 야수
於 3급 方 8획	어조사 어 於此彼 어차피	僞 3급 亻 14획	거짓 위 僞造 위조 僞善者 위선자

376

연상한자 1800

爲 4급 爪 12획	위할 위 할 위 人爲的 인위적 行爲 행위	越 3급 走 12획	넘을 월 超越 초월 越權行爲 월권행위

*爪(손톱 조) = 爫

印 4급 卩 6획	도장 인 印度 인도 印鑑證明 인감증명	爵 3급 爫 18획	벼슬 작 高官大爵 고관대작 伯爵 백작

竊 3급 穴 22획	훔칠 절 竊盜犯 절도범	衆 4급 血 12획	무리 중 民衆 민중 衆生 중생

鬪 4급 鬥 20획	싸움 투 鬪爭 투쟁 戰鬪 전투	畢 3급 田 11획	마칠 필 兵役畢 병역필 納稅畢 납세필

華 4급 艹 12획	빛날 화 華麗 화려 繁華街 번화가	環 4급 王 17획	고리 환 循環 순환 花環 화환

還 3급 辶 17획	돌아올 환 返還 반환 還收 환수	兮 3급 八 4획	어조사 혜 감동을 표시 어조사

懷 3급 忄 19획	품을 회 생각할 회 懷疑 회의 感懷 감회	胸 3급 月 10획	가슴 흉 胸中 흉중 胸襟 흉금

부록 | 한자 찾아보기

(ㄱ)

漢字	쪽	漢字	쪽	漢字	쪽	漢字	쪽	漢字	쪽	漢字	쪽
		蓋개	100	竟경	138	恐공	66	求구	148	斤근	252
		改개	148	鏡경	138	恭공	116	球구	148	近근	252
假가	36	慨개	162	境경	138	功공	146	救구	148	筋근	270
暇가	36	概개	162	競경	138	共공	190	句구	156	今금	30
佳가	40	開개	192	敬경	156	供공	190	狗구	156	琴금	30
街가	128	开개	193	驚경	156	貢공	206	拘구	156	禁금	74
加가	146	皆개	198	警경	156	空공	270	苟구	156	金금	294
架가	146	客객	180	庚경	182	公공	288	臼구	208	禽금	342
價가	154	巨거	64	耕경	192	過과	76	舊구	208	錦금	350
家가	178	拒거	64	慶경	340	科과	200	旧구	209	給급	28
可가	202	距거	64	經경	358	果과	212	丘구	252	急급	78
歌가	202	據거	96	輕경	358	寡과	236	懼구	326	及급	318
却각	100	去거	100	界계	34	戈과	240	驅구	336	級급	318
脚각	100	居거	184	季계	48	課과	312	鷗구	336	肯긍	76
各각	134	擧거	374	繼계	72	誇과	352	究구	356	亘긍	181
閣각	180	件건	42	癸계	126	郭곽	50	構구	360	技기	46
刻각	256	建건	132	啓계	186	關관	88	國국	116	伎기	47
覺각	374	健건	132	階계	198	卯관	89	菊국	156	己기	58
姦간	54	巾건	218	系계	224	寬관	118	局국	184	起기	58
看간	84	乾건	304	係계	224	冠관	152	軍군	260	紀기	58
艮간	144	傑걸	140	計계	238	貫관	178	君군	332	忌기	58
懇간	144	乞걸	304	戒계	242	慣관	178	群군	332	記기	58
間간	188	劍검	28	械계	242	官관	178	郡군	332	幾기	72
簡간	188	儉검	28	繫계	258	館관	178	屈굴	354	幾기	72
干간	246	檢검	28	桂계	286	管관	178	掘굴	354	機기	72
奸간	246	格격	134	鷄계	320	冊관	179	宮궁	178	企기	76
刊간	246	隔격	200	溪계	320	觀관	326	弓궁	250	旣기	162
肝간	270	擊격	258	雞계	321	廣광	174	窮궁	356	其기	192
柬간	284	激격	366	谿계	321	鑛광	174	權권	326	基기	192
幹간	304	堅견	60	考고	48	光광	260	勸권	326	欺기	192
渴갈	122	見견	118	孤고	48	狂광	328	卷권	370	棋기	192
葛갈	122	肩견	186	姑고	54	卦괘	302	拳권	370	寄기	202
喝갈	123	絹견	224	固고	92	掛괘	302	券권	370	飢기	214
監감	60	犬견	328	庫고	176	愧괴	76	厥궐	376	豈기	216
鑑감	60	牽견	330	高고	234	塊괴	76	几궤	196	奇기	228
敢감	66	遣견	340	稿고	234	怪괴	114	軌궤	260	祈기	252
減감	240	結결	62	故고	270	壞괴	376	鬼귀	76	期기	266
感감	240	訣결	230	古고	286	左굉	219	貴귀	206	氣기	318
甲갑	120	缺결	230	枯고	286	交교	46	歸귀	340	汽기	318
江강	66	決결	230	苦고	286	校교	46	圭규	41	器기	328
康강	182	潔결	254	顧고	326	較교	46	叫규	92	騎기	336
剛강	194	契결	254	告고	330	郊교	46	糾규	92	旗기	366
綱강	194	謙겸	214	曲곡	74	巧교	64	規규	118	緊긴	60
岡강	195	兼겸	376	穀곡	258	橋교	234	菌균	92	吉길	62
强강	250	頃경	40	哭곡	328	矯교	234	均균	300		
剛강	298	傾경	40	谷곡	356	敎교	376	克극	68	**(ㄴ)**	
鋼강	298	京경	82	坤곤	74	仇구	44	極극	64		
講강	360	景경	82	困곤	90	久구	78	劇극	338	那나	254
降강	364	卿경	96	骨골	74	具구	86	根근	144	暖난	104
介개	34	更경	120	孔공	48	俱구	86	謹근	222	難난	222
個개	92	硬경	120	工공	64	口구	90	僅근	222	南남	238
豈개	95	徑경	128	攻공	66	區구	90	勤근	222	男남	338

찾아보기

漢字	음	쪽	漢字	음	쪽	漢字	음	쪽	漢字	음	쪽	漢字	음	쪽
納	납	168	貸	대	44	鈍	둔	294	烈	렬	166	離	리	342	明	명	308
内	내	168	對	대	106	得	득	128	熱	렬	302	里	리	362	鳴	명	320
奈	내	228	待	대	128	等	등	106	廉	렴	214	理	리	362	某	모	52
乃	내	318	臺	대	140	登	등	276	獵	렵	376	隣	린	114	謀	모	52
冷	냉	30	大	대	228	燈	등	276	令	령	30	林	림	282	母	모	40
年	년	376	帶	대	340	騰	등	370	零	령	30	立	립	136	侮	모	40
念	념	32	隊	대	362				齡	령	32				冒	모	84
老	노	48	德	덕	130	(ㄹ)			嶺	령	32	(ㅁ)			月	모	85
奴	노	116	惠	덕	131				領	령	32				貌	모	144
努	노	116	途	도	32	羅	라	324	靈	령	64	馬	마	336	矛	모	246
怒	노	116	塗	도	32	落	락	134	寧	령	182	麻	마	346	暮	모	308
勞	노	276	道	도	80	絡	락	134	例	례	42	磨	마	346	慕	모	308
論	논	34	導	도	80	樂	락	290	隷	례	148	幕	막	308	模	모	308
農	농	316	圖	도	92	諾	락	344	路	로	134	莫	막	308	慕	모	308
濃	농	316	徒	도	126	欄	란	284	露	로	134	漠	막	308	目	목	84
惱	뇌	358	到	도	140	爛	란	284	盧	로	274	萬	만	38	木	목	282
腦	뇌	358	倒	도	140	蘭	란	284	爐	로	274	晩	만	70	牧	목	330
能	능	272	度	도	174	卵	란	286	綠	록	226	漫	만	194	沐	목	356
尼	니	184	渡	도	174	亂	란	342	錄	록	226	饅	만	194	睦	목	364
泥	니	184	盜	도	200	濫	람	60	祿	록	226	慢	만	194	沒	몰	280
			稻	도	208	覽	람	60	鹿	록	340	曼	만	195	蒙	몽	312
(ㄷ)			刀	도	254	娘	랑	54	弄	롱	188	蠻	만	224	夢	몽	312
			桃	도	288	郞	랑	176	聾	롱	342	卍	만	238	妙	묘	54
茶	다	34	挑	도	288	廊	랑	176	籠	롱	342	滿	만	316	廟	묘	176
多	다	312	跳	도	288	浪	랑	280	賴	뢰	204	末	말	290	苗	묘	212
斷	단	72	逃	도	288	來	래	34	雷	뢰	314	忙	망	56	描	묘	212
丹	단	196	都	도	310	耐	내	108	僚	료	40	妄	망	56	猫	묘	212
單	단	212	島	도	320	掠	략	82	寮	료	41	忘	망	56	卯	묘	286
短	단	216	嶋	도	321	涼	량	82	了	료	50	罔	망	194	墓	묘	308
團	단	262	陶	도	364	諒	량	82	料	료	200	望	망	266	母	무	124
旦	단	304	督	독	98	凉	량	83	龍	룡	342	妹	매	52	無	무	140
但	단	304	毒	독	124	良	량	144	樓	루	54	媒	매	52	舞	무	140
檀	단	304	讀	독	204	梁	량	254	屢	루	54	每	매	124	武	무	198
壇	단	304	獨	독	276	楊	량	296	妻	루	55	梅	매	124	戊	무	240
端	단	316	篤	독	336	量	량	306	漏	루	184	買	매	204	茂	무	242
段	단	376	敦	돈	50	糧	량	306	淚	루	186	賣	매	204	務	무	314
達	달	332	豚	돈	270	兩	량	316	累	루	210	埋	매	362	霧	무	314
膽	담	78	突	돌	328	餘	려	32	類	류	80	脈	맥	280	貿	무	370
擔	담	78	冬	동	134	勵	려	38	流	류	110	孟	맹	48	墨	묵	352
澹	담	78	動	동	146	慮	려	338	柳	류	286	猛	맹	48	默	묵	352
談	담	276	桐	동	188	麗	려	340	留	류	370	盲	맹	56	聞	문	88
淡	담	276	東	동	284	旅	려	366	榴	류	370	盟	맹	308	門	문	188
答	답	28	凍	동	284	歷	력	142	輪	륜	34	免	면	70	問	문	188
畓	답	210	同	동	286	曆	력	142	倫	륜	44	勉	면	70	勿	물	158
踏	답	210	洞	동	286	力	력	146	律	률	146	眠	면	164	物	물	330
堂	당	152	童	동	296	憐	련	114	肋	륵	271	綿	면	350	眉	미	84
黨	당	152	銅	동	298	戀	련	224	陵	릉	364	滅	멸	240	微	미	130
當	당	152	斗	두	200	連	련	260	裡	리	220	命	명	30	米	미	153
党	당	153	豆	두	216	練	련	294	裏	리	221	皿	명	200	尾	미	184
唐	당	182	頭	두	216	鍊	련	294	履	리	268	名	명	298	米	미	212
糖	당	182	痘	두	216	列	렬	166	李	리	282	銘	명	298	迷	미	212
代	대	44	屯	둔	294	裂	렬	166	利	리	288	冥	명	308	未	미	290

味 미	290	煩 번	80	負 부	78	斜 사	32	想 상	292	成 성	242
美 미	334	繁 번	124	否 부	92	仕 사	38	傷 상	296	盛 성	242
敏 민	124	番 번	210	浮 부	104	巳 사	58	狀 상	328	城 성	242
民 민	164	飜 번	210	附 부	108	士 사	62	詳 상	332	誠 성	242
憫 민	188	翻 번	211	符 부	108	社 사	74	祥 상	332	稅 세	68
閔 민	189	伐 벌	46	府 부	108	祀 사	74	商 상	360	洗 세	166
密 밀	180	罰 벌	272	腐 부	108	査 사	86	雙 쌍	322	細 세	210
蜜 밀	180	凡 범	218	部 부	138	舍 사	94	塞 새	300	勢 세	302
		範 범	260	傅 부	160	捨 사	94	索 색	238	世 세	346
(ㅂ)		犯 범	328	賻 부	160	邪 사	94	色 색	348	歲 세	376
		法 법	280	簿 부	160	寺 사	106	生 생	166	騷 소	28
博 박	160	壁 벽	170	賦 부	198	射 사	108	甥 생	166	素 소	36
薄 박	160	碧 벽	350	扶 부	230	謝 사	108	徐 서	130	掃 소	56
朴 박	312	辯 변	170	富 부	256	史 사	120	敍 서	32	疏 소	110
泊 박	350	辨 변	170	副 부	256	使 사	120	恕 서	54	蔬 소	110
拍 박	350	變 변	224	赴 부	302	卸 사	131	庶 서	174	疎 소	111
迫 박	350	邊 변	356	膚 부	338	賜 사	158	書 서	196	笑 소	228
伴 반	36	別 별	78	阜 부	362	死 사	166	序 서	246	小 소	232
反 반	98	竝 병	136	北 북	198	斯 사	192	誓 서	252	少 소	232
返 반	98	丙 병	168	分 분	236	巳 사	194	逝 서	252	消 소	232
飯 반	98	病 병	168	粉 분	236	寫 사	208	署 서	310	所 소	252
半 반	100	倂 병	184	紛 분	236	私 사	214	緖 서	310	訴 소	252
叛 반	100	屛 병	184	奔 분	238	絲 사	224	暑 서	310	召 소	306
班 반	118	兵 병	252	憤 분	238	沙 사	232	釋 석	170	紹 소	306
般 반	200	保 보	40	墳 분	238	思 사	338	昔 석	190	昭 소	306
盤 반	200	普 보	136	奮 분	324	辭 사	342	惜 석	190	燒 소	308
拔 발	112	譜 보	136	弗 불	130	師 사	362	席 석	218	蘇 소	342
髮 발	112	步 보	142	拂 불	130	事 사	376	析 석	252	粟 속	154
發 발	126	甫 보	160	佛 불	130	蛇 사	376	夕 석	312	續 속	204
妨 방	54	補 보	160	仏 불	131	削 삭	232	石 석	352	屬 속	276
邦 방	94	報 보	170	不 불	292	朔 삭	266	選 선	58	束 속	284
訪 방	364	寶 보	204	朋 붕	266	散 산	150	仙 선	38	速 속	284
防 방	364	伏 복	46	崩 붕	266	産 산	166	先 선	68	俗 속	356
方 방	366	福 복	256	妃 비	54	算 산	188	宣 선	180	損 손	204
房 방	366	服 복	266	秘 비	116	酸 산	294	船 선	196	孫 손	224
芳 방	366	腹 복	268	悲 비	116	山 산	354	禪 선	212	誦 송	136
放 방	366	複 복	268	非 비	122	殺 살	258	線 선	278	送 송	230
倣 방	366	復 복	268	備 비	160	參 삼	34	鮮 선	332	松 송	288
傍 방	366	覆 복	268	匕 비	198	蔘 삼	34	善 선	332	訟 송	288
謗 방	366	本 본	282	比 비	198	象 상	78	旋 선	366	頌 송	288
旁 방	367	封 봉	108	批 비	198	像 상	78	說 설	68	刷 쇄	256
配 배	58	奉 봉	230	費 비	206	常 상	152	舌 설	94	鎖 쇄	296
輩 배	122	丰 봉	255	卑 비	238	當 상	152	設 설	132	衰 쇠	220
排 배	122	鳳 봉	320	碑 비	238	裳 상	152	雪 설	314	數 수	54
倍 배	138	逢 봉	354	肥 비	348	賞 상	152	攝 섭	96	壽 수	62
培 배	138	蜂 봉	354	頻 빈	142	償 상	152	涉 섭	142	首 수	80
背 배	198	峯 봉	354	賓 빈	204	喪 상	220	星 성	56	須 수	80
拜 배	274	夆 봉	355	貧 빈	236	尙 상	232	性 성	56	囚 수	90
杯 배	292	峰 봉	355	聘 빙	88	床 상	282	姓 성	56	手 수	96
伯 백	40	付 부	34	氷 빙	278	桑 상	282	聖 성	88	受 수	98
白 백	350	父 부	46			相 상	292	聲 성	88	授 수	98
帛 백	351	婦 부	56	(ㅅ)		霜 상	292	省 성	232	收 수	148

380

修수	150	侍시	42	岳악	354	彦언	112	映영	344	尤우	70
輸수	170	市시	52	眼안	84	諺언	112	禮예	74	尢우	71
守수	182	示시	74	顔안	112	焉언	340	豫예	78	又우	98
搜수	208	時시	106	安안	180	嚴엄	66	預예	246	友우	98
愁수	214	詩시	106	案안	180	罒엄	67	藝예	302	憂우	102
雖수	251	視시	118	雁안	322	業업	106	埶예	303	優우	102
殳수	258	尸시	184	岸안	354	余여	32	譽예	374	于우	202
水수	278	矢시	248	謁알	122	女여	52	伍오	42	宇우	202
樹수	290	試시	248	暗암	136	如여	54	傲오	44	雨우	314
殊수	290	始시	268	諳암	136	予여	246	敖오	45	牛우	330
需수	316	施시	366	岩암	354	汝여	246	娛오	92	右우	344
秀수	318	是시	370	巖암	355	輿여	374	誤오	92	郵우	372
雛수	324	氏씨	164	押압	120	與여	374	汚오	212	韻운	204
誰수	324	植식	84	壓압	338	域역	116	五오	234	運운	260
帥수	362	息식	114	仰앙	96	役역	130	吾오	234	雲운	302
遂수	362	識식	136	央앙	344	歷역	142	悟오	234	云운	302
隨수	364	食식	214	秧앙	344	易역	158	烏오	320	雄웅	218
隋수	365	飾식	214	怏앙	344	疫역	168	嗚오	320	熊웅	272
垂수	372	式식	248	愛애	102	譯역	170	午오	330	元원	68
睡수	372	申신	40	涯애	176	逆역	266	屋옥	140	爰원	105
獸수	376	伸신	40	厓애	177	驛역	336	獄옥	328	院원	180
孰숙	50	信신	44	哀애	220	亦역	352	溫온	90	怨원	114
熟숙	50	臣신	60	厄액	176	聯연	88	翁옹	288	援원	104
叔숙	98	神신	74	額액	180	硯연	118	擁옹	322	員원	204
淑숙	98	愼신	84	耶야	88	延연	132	臥와	60	圓원	204
肅숙	334	新신	118	野야	246	軟연	162	緩완	104	遠원	220
宿숙	350	辛신	170	也야	300	宴연	180	完완	180	園원	220
循순	126	辰신	314	夜야	312	演연	180	曰왈	120	原원	350
盾순	127	晨신	316	略약	134	鉛연	196	往왕	128	源원	350
瞬순	140	囟신	359	約약	156	沿연	196	畏외	220	願원	350
旬순	156	室실	178	弱약	250	燕연	222	外외	312	月월	266
殉순	156	實실	178	藥약	290	緣연	226	倭왜	44	越월	377
純순	294	失실	230	躍약	324	硏연	246	要요	268	位위	36
唇순	316	尋심	108	若약	344	蓮연	260	腰요	268	偉위	42
巡순	358	心심	114	襄양	220	然연	274	夭요	228	圍위	42
順순	358	深심	152	讓양	220	燃연	274	搖요	272	違위	42
術술	128	甚심	192	壤양	220	煙연	274	遙요	272	緯위	42
述술	128	審심	210	易양	296	悅열	68	遼요	272	委위	48
戌술	240	十십	238	陽양	296	閱열	188	堯요	309	慰위	108
崇숭	212			揚양	296	劣열	232	曜요	326	衛위	128
拾습	28	(ㅇ)		羊양	332	鹽염	60	辱욕	316	危위	176
拾습	28			洋양	332	炎염	276	欲욕	356	威위	240
濕습	72	兒아	68	樣양	334	染염	288	慾욕	356	胃위	270
習습	350	牙아	94	養양	334	葉엽	346	浴욕	356	謂위	270
襲습	342	芽아	94	御어	130	影영	82	用용	160	僞위	376
乘승	214	雅아	94	語어	234	迎영	96	庸용	160	爲위	377
僧승	236	阿아	202	魚어	342	營영	274	容용	276	幼유	72
昇승	238	亞아	234	漁어	342	永영	278	勇용	338	幽유	72
升승	239	啞아	234	於어	376	泳영	278	偶우	38	乳유	104
丞승	278	我아	244	抑억	96	詠영	278	遇우	38	惟유	114
承승	278	餓아	244	憶억	138	榮영	290	愚우	38	由유	120
勝승	370	惡악	234	億억	138	英영	344	禺우	39	油유	120

부록 | 한자 찾아보기

悠 유	150	夷 이	228	掌 장	152	殿 전	258	諸 제	310	俊 준	294
攸 유	151	二 이	234	葬 장	166	專 전	262	租 조	86	準 준	326
愈 유	168	貳 이	248	粧 장	212	傳 전	262	組 조	86	仲 중	42
俞 유	169	梨 이	288	帳 장	218	轉 전	262	祖 조	86	重 중	306
遺 유	206	移 이	312	丈 장	228	錢 전	296	燥 조	92	衆 중	377
酉 유	216	翼 익	190	藏 장	240	全 전	298	操 조	92	卽 즉	96
猶 유	216	弋 익	248	臟 장	240	電 전	314	爪 조	102	症 증	168
柔 유	286	益 익	364	張 장	250	絶 절	58	助 조	146	憎 증	236
儒 유	31	人 인	28	場 장	296	折 절	252	條 조	150	贈 증	236
誘 유	318	仁 인	44	腸 장	296	切 절	254	弔 조	250	曾 증	236
維 유	322	因 인	90	墻 장	302	竊 절	377	早 조	266	增 증	236
唯 유	324	姻 인	90	壯 장	346	占 점	164	朝 조	266	證 증	276
肉 유	342	寅 인	180	裝 장	346	店 점	164	潮 조	266	蒸 증	278
裕 유	356	引 인	250	莊 장	346	漸 점	262	兆 조	288	志 지	62
遊 유	366	忍 인	254	在 재	38	點 점	352	照 조	306	誌 지	62
肉 육	168	認 인	254	宰 재	182	点 점	353	鳥 조	320	只 지	90
育 육	270	印 인	377	栽 재	244	接 접	54	造 조	330	持 지	106
陸 육	364	逸 일	70	載 재	244	蝶 접	346	調 조	360	至 지	140
閏 윤	188	日 일	304	裁 재	244	亭 정	82	族 족	366	止 지	142
潤 윤	188	壬 임	38	哉 재	244	停 정	82	存 존	38	紙 지	164
允 윤	295	任 임	38	材 재	282	程 정	88	尊 존	216	知 지	248
栗 율	154	臨 임	60	才 재	282	淨 정	102	辛 졸	34	智 지	248
聿 율	196	賃 임	206	財 재	282	征 정	128	拙 졸	354	指 지	270
隆 융	166	入 입	168	災 재	358	廷 정	132	從 종	126	脂 지	270
隱 은	104			再 재	360	庭 정	132	縱 종	126	旨 지	271
銀 은	298	(ㅈ)		爭 쟁	102	政 정	148	終 종	134	地 지	300
恩 은	114			低 저	164	井 정	192	宗 종	210	池 지	300
吟 음	30	仔 자	44	底 저	164	丁 정	202	婢 종	238	遲 지	330
陰 음	30	子 자	48	抵 저	164	頂 정	202	鐘 종	296	枝 지	354
淫 음	104	字 자	48	貯 저	206	訂 정	202	種 종	306	之 지	372
音 음	136	姉 자	52	著 저	310	貞 정	206	佐 좌	40	芝 지	372
飮 음	244	恣 자	114	寂 적	98	正 정	284	坐 좌	182	直 직	84
邑 읍	58	姿 자	162	的 적	156	整 정	284	座 좌	182	職 직	136
泣 읍	136	紫 자	198	籍 적	190	靖 정	348	罪 죄	122	織 직	136
凝 응	110	資 자	206	績 적	206	情 정	348	率 솔	34	珍 진	34
應 응	322	刺 자	256	積 적	206	精 정	348	主 주	36	眞 진	84
依 의	44	者 자	310	蹟 적	206	靜 정	348	住 주	36	鎭 진	84
宜 의	86	玆 자	352	賊 적	242	定 정	370	注 주	36	盡 진	200
疑 의	110	磁 자	352	翟 적	327	除 제	32	柱 주	36	陣 진	260
醫 의	122	慈 자	352	赤 적	352	堤 제	110	鑄 주	62	陳 진	284
意 의	138	酌 작	156	跡 적	352	提 제	110	宙 주	120	震 진	314
衣 의	220	爵 작	377	嫡 적	360	題 제	110	晝 주	196	振 진	314
矣 의	248	盞 잔	242	滴 적	360	齊 제	162	酒 주	216	進 진	326
義 의	334	殘 잔	242	敵 적	360	濟 제	162	奏 주	230	姪 질	54
儀 의	334	暫 잠	262	摘 적	360	劑 제	162	朱 주	290	質 질	206
議 의	334	潛 잠	280	適 적	360	帝 제	218	株 주	290	疾 질	248
已 이	58	雜 잡	322	商 적	361	弟 제	250	珠 주	290	秩 질	370
耳 이	88	將 장	106	典 전	190	第 제	250	州 주	358	執 집	170
吏 이	120	奬 장	106	田 전	210	制 제	256	洲 주	358	集 집	322
隸 이	148	獎 장	107	展 전	220	製 제	256	周 주	360	徵 징	130
目 이	179	章 장	136	戰 전	242	祭 제	272	週 주	360	懲 징	130
異 이	190	障 장	136	前 전	256	際 제	272	遵 준	216		

찾아보기

(ㅊ)

差 차	64	僉 첨	28	縮 축	350	濯 탁	326	便 편	120	荷 하	202
且 차	86	詹 첨	79	逐 축	362	卓 탁	344	篇 편	186	夏 하	80
次 차	162	添 첨	228	春 춘	230	拓 탁	346	偏 편	186	河 하	202
借 차	190	尖 첨	232	出 출	354	誕 탄	132	編 편	186	鶴 학	322
此 차	198	妾 첩	54	衝 충	128	彈 탄	212	遍 편	186	學 학	374
車 차	260	聽 청	182	忠 충	116	歎 탄	222	扁 편	187	学 학	375
錯 착	190	廳 청	182	蟲 충	280	炭 탄	274	平 평	300	限 한	144
着 착	332	青 청	348	充 충	294	脫 탈	68	評 평	300	恨 한	144
捉 착	370	清 청	348	醉 취	34	奪 탈	324	肺 폐	52	閑 한	188
贊 찬	166	請 청	348	就 취	70	貪 탐	32	廢 폐	126	漢 한	222
讚 찬	166	晴 청	348	取 취	100	探 탐	152	幣 폐	150	汗 한	246
察 찰	272	體 체	74	趣 취	100	塔 탑	28	弊 폐	150	寒 한	300
慘 참	34	逮 체	148	吹 취	162	湯 탕	296	斃 폐	150	韓 한	304
斬 참	262	替 체	230	臭 취	328	兌 태	69	蔽 폐	150	旱 한	308
慙 참	262	遞 체	340	側 측	208	太 태	228	敝 폐	151	割 할	182
倉 창	30	滯 체	340	測 측	208	泰 태	230	閉 폐	282	含 함	32
蒼 창	30	楚 초	110	層 층	236	怠 태	268	包 포	158	咸 함	240
創 창	30	礎 초	110	齒 치	32	殆 태	268	胞 포	158	陷 함	362
滄 창	30	秒 초	232	値 치	84	態 태	272	飽 포	158	合 합	28
暢 창	296	抄 초	232	置 치	84	擇 택	170	抱 포	158	巷 항	58
窓 창	356	初 초	254	恥 치	116	澤 택	170	砲 포	158	港 항	58
昌 창	372	肖 초	294	致 치	140	宅 택	178	捕 포	160	項 항	80
菖 창	372	招 초	306	治 치	280	吐 토	90	浦 포	160	恒 항	180
唱 창	372	超 초	306	稚 치	322	討 토	108	鮑 포	214	亢 항	196
債 채	40	草 초	344	則 칙	208	土 토	300	布 포	218	抗 항	196
采 채	102	促 촉	40	親 친	118	通 통	160	幅 폭	256	航 항	196
菜 채	102	觸 촉	276	漆 칠	292	痛 통	168	暴 폭	304	海 해	124
採 채	102	燭 촉	276	侵 침	44	統 통	294	爆 폭	304	害 해	182
彩 채	102	蜀 촉	277	浸 침	44	退 퇴	144	影 표	112	奚 해	320
責 책	206	寸 촌	106	寢 침	44	投 투	258	票 표	154	解 해	330
策 책	256	村 촌	282	枕 침	70	透 투	318	漂 표	154	亥 해	334
冊 책	360	銃 총	294	沈 침	70	鬪 투	377	標 표	154	骸 해	334
妻 처	56	聰 총	358	針 침	294	特 특	330	表 표	220	該 해	334
悽 처	56	總 총	358	鍼 침	295			品 품	90	核 핵	288
處 처	338	肉 총	359	稱 칭	214	(ㅍ)		豊 풍	74	劾 핵	334
棲 처	56	最 최	100					楓 풍	292	行 행	128
		崔 최	322	(ㅋ)		巴 파	59	彼 피	130	幸 행	170
尺 척	184	催 최	322			播 파	210	避 피	170	享 향	50
戚 척	240	帚 추	57	快 쾌	230	破 파	222	皮 피	222	向 향	232
斥 척	252	醜 추	76			頗 파	222	疲 피	222	鄕 향	364
遷 천	154	推 추	96	(ㅌ)		波 파	222	被 피	222	響 향	364
天 천	228	抽 추	120			罷 파	272	足 필	110	許 허	330
賤 천	242	秋 추	214	他 타	44	派 파	280	必 필	114	虛 허	338
淺 천	242	酋 추	217	妥 타	104	把 파	348	筆 필	196	軒 헌	246
踐 천	242	佳 추	322	打 타	202	板 판	98	匹 필	336	憲 헌	280
泉 천	278	追 추	362	墮 타	364	販 판	98	畢 필	377	獻 헌	338
薦 천	340	丑 축	64	唾 타	372	版 판	99	乏 핍	372	驗 험	28
川 천	358	築 축	66	琢 탁	78	判 판	100			革 혁	222
徹 철	150	筑 축	67	託 탁	178	八 팔	236	(ㅎ)		賢 현	60
鐵 철	244	祝 축	74	托 탁	178	貝 패	204			顯 현	72
哲 철	252	畜 축	210	乇 탁	179	敗 패	208	何 하	46	現 현	118
喆 철	253	蓄 축	210	濁 탁	276	烹 팽	50	賀 하	146	縣 현	224

383

부록 | 한자 찾아보기

懸 현	224	戶 호	186	弘 홍	250	環 환	377	候 후	42	喜 희	224
絃 현	250	乎 호	202	禍 화	76	還 환	377	喉 후	42	熙 희	274
弦 현	251	呼 호	202	話 화	94	活 활	94	後 후	126	戲 희	338
玄 현	362	互 호	234	畵 화	196	荒 황	56	厚 후	176		
頁 혈	80	胡 호	270	畫 화	197	況 황	68	吅 훤	221		
穴 혈	356	湖 호	272	化 화	198	況 황	69	訓 훈	358		
脅 협	146	護 호	324	貨 화	198	皇 황	128	卉 훼	239		
協 협	146	浩 호	330	花 화	198	黃 황	174	毁 훼	258		
亨 형	50	虎 호	338	禾 화	214	回 회	92	輝 휘	260		
螢 형	276	號 호	338	和 화	214	悔 회	114	揮 휘	260		
形 형	192	号 호	339	火 화	274	會 회	236	休 휴	42		
刑 형	192	或 혹	116	華 화	377	繪 회	236	携 휴	318		
兄 형	68	惑 혹	116	擴 확	174	灰 회	274	凶 흉	68		
衡 형	128	昏 혼	52	確 확	324	懷 회	377	胸 흉	377		
慧 혜	56	婚 혼	52	穫 확	324	劃 획	196	黑 흑	352		
彗 혜	57	混 혼	142	丸 환	50	獲 획	324	欠 흠	162		
惠 혜	262	魂 혼	302	換 환	78	橫 횡	174	吸 흡	318		
兮 혜	377	忽 홀	158	煥 환	78	效 효	46	興 흥	374		
好 호	52	紅 홍	66	奐 환	79	孝 효	48	噫 희	138		
毫 호	82	鴻 홍	66	患 환	116	曉 효	308	希 희	218		
豪 호	82	洪 홍	190	歡 환	326	侯 후	42	稀 희	218